国家出版基金项目
NATIONAL PUBLICATION FOUNDATION

王力全集　第十九卷

龍蟲並雕齋文集

（二）

王　力　著

中華書局

目　録

漢語語法學的主要任務
——發現並掌握漢語的結構規律

一、爲什麽説漢語語法學的主要任務是發現並掌握漢語的結構規律？

斯大林説："語法把詞的變化和用詞造句的基本共同之點綜合起來，並用這些共同之點組成語法規則、語法定律。"[①]找出那些基本共同之點，就是發現語言的結構規律；組成語法規則、語法定律，令人遵守這些規則和定律，就是掌握語言的結構規律。

發現是爲了掌握。在漢語語法學上，"發現"特別重要，因爲漢語有許多語法特徵是至今還没被發現還没得到滿意的解釋的。

二、關於發現規律

斯大林教導我們"把詞的變化和用詞造句的基本共同之點綜合起來，並用這些共同之點組成語法規則、語法定律"，他並没有叫

---

① 《馬克思主義與語言學問題》第 22 頁，人民出版社 1953 年。

我們先定下一些語法規律，然後把一些語言現象安排進去。

　　這一點很重要。中國語法學在過去走了許多彎路，主要是由於把西洋語法（特別是英語語法）的規律硬套在漢語語法的脖子上。解放後有了一些進步，就是不再有人明顯地這樣做了。但是基本的出發點還是沒有改變，這就是脫離語言實踐。多數語法書或有關語法的論文不會企圖發現語言結構的規律；不曾把用詞造句的基本共同之點綜合起來。或者可以說，不會經過任何綜合的功夫，祇是爲分析而分析。

　　什麼是爲分析而分析呢？這就是說，這些分析並不是語法規律陳述上所需要的；並不是把基本共同之點綜合起來之後，非這樣分析就不能說明問題的。相反地，這些分析會使漢語語法的特徵模糊了，例如純粹從概念的範疇去分析，這些分析從表面看來似乎是全世界任何語言都適用的（如把名詞分爲人名、地名、書名等），實際上是世界上一切語言或大多數語言都不適用的，因爲這不是把用詞造句的基本共同之點綜合起來的結果。

　　詞類的區分和其他分類歸類的問題仍舊是現在中國語法學界爭論得津津有味的問題。這些問題必須解決。中國語法學界應該來一個“協商”會議，趕早解決這個問題。但是，並不是解決了分類歸類的問題就萬事大吉了。解決了分類歸類的問題，祇算是解決了漢語語法學上一個比較不重要的問題。它之所以比較不重要，是因爲它沒有接觸到用詞造句的基本共同之點，即沒有接觸到規律；解決分類問題並不等於已經從語言實踐中推求出一些規律來。相反地，假使將來推求出一些規律之後，分類還應該重新考慮的。

　　我們也希望分類歸類及命名的問題早日得到解決，因爲解決了這些問題之後，大家不再耗費精力在這些不十分值得爭論的問題上，這樣，那些更重要的問題（發現規律的問題）就浮現出來，放在議程的首要地位了。

　　舉些具體的例子來說吧，例如“把、了、被、着”等字所構成的語言形式,它們的規律至今還沒有得到一個令人滿意的解釋;在什麽情形之下用"把"或"被",在什麽情形之下用"了"或"着","了"和"着"的分别在什麽地方等等,都很少有人談及。大家最有興趣的是"把、被"該不該叫做副動詞,"了、着"該不該叫做詞尾之類。這樣就是忘了從語言實踐中推求出一個規律來。忘了找規律的原因,主要是誤認分類歸類爲語法的目的。必須把發現規律提到最重要的地位上來,然後漢語語法學纔能走上正當的途徑。

三、關於掌握規律

近來我們知道了一種思想情況,就是文化界和教育界都有一部分人(可能是很小的部分)懷疑語法對於語文實踐的作用,甚至以爲束縛了語文實踐。這種思想當然是錯誤的,但我們語法學工作者也要負一部分的責任,因爲我們沒有指出人們應該怎樣説話寫文章纔合於漢語的結構規律,相反地,我們喜歡多搬術語,"喜歡甲乙丙丁,開中藥鋪!"我們正像毛主席所指責的:"……他自己是在做概念的遊戲,也會引導人家都做這類遊戲,使人不用腦筋想問題,不去思考事物的本質,而滿足於甲乙丙丁的現象羅列。"[1]這樣一來,讀語法書的人會感覺到語法就是教人把某一些詞或某些形式定出一些稱呼來,稱呼對了,就算一部好的語法書;稱呼不對,就不是好的語法書。這樣就難怪人家討厭,因爲我們"不提出問題,不分析問題,不解決問題,不表示贊成什麽,反對什麽,説來説去還是一個中藥鋪,沒有什麽真切的內容"[2]。

我們不要忘了語法是指導並調節語言實踐的。我們不能滿足於語法上的"自然主義",換句話説,就是不能像照相機把任何語言現象都毫無區別地記錄下來。我們認爲應該做到三件事:

第一,要着重在敍述文學語言。在方言複雜的中國,文學語言

---

① 《毛澤東選集》第三卷第 860 頁,第一版。
② 同上,第 859—860 頁。

更有重大的意義。當然,這不是主張恢復文言文或建立歐化的語體文,衹是在口語中選擇提煉過的文學語言作爲標準語。

第二,要有意識地提倡系統分明的語法規律。假使兩種語言現象同時存在,其中有一種是有規律可尋的,就應該采用它,例如"咱們"和"我們"的分別一般說起來是界限分明的,我們就不該引一些例外來破壞它們之間的分別。

第三,對漢語語法的歐化,要採取鮮明的態度。某種歐化是值得提倡的,某種是不值得提倡的,我們應該心中有數,例如"教師們、同志們"這些"們"字的廣泛應用是值得提倡的,但"誰們"是不值得提倡的,非但因爲"誰們"在西洋語法中沒有根據,而且因爲在未知是誰以前,很難斷定"誰"是不是複數。"她"字值得提倡,"妳"字不值得提倡,亦是此理。

總之,我們研究語法,應該從實踐中來,同時又回到實踐中去指導實踐。若不從實踐中來,一定衹是語言現象的羅列,而不是語法;若不指導實踐,也犯了客觀主義,不能使語法對人民成爲有益的科學。

　　[附注]這是我們的語法教研組的"共同綱領"。我們本來預備根據這個"綱領",寫出一篇論文來,作爲集體研究的開端。但是,因爲搜集的材料不够,一時還寫不出來。現在把這一個"綱領"的初稿先發表了,希望語言學界的同志們不吝指教。

原載《中國語文》1953 年 10 月號

語法的民族特點和時代特點

《中國語文》雜誌社在青島召開的語法座談會的小組上，丁聲樹先生提出了兩個問題：(1)各種語言的語法有沒有它們的特點？(2)古今語法是否可以不分？他提出了問題之後，自己不願意表示意見，并且要我表示意見。等到我表示了意見之後，他表示同意我的意見。這種小組討論是很新穎的。後來我把我的小組發言略加補充，在全會上又作了一次發言。這一篇文章就是基本上根據當時的發言寫下來的。

這兩個問題是不成問題的問題。讀者會奇怪：丁先生爲什麼要提出這兩個不成問題的問題？我爲什麼要談這兩個不成問題的問題？不難理解：這在中國語法學界中，並不是完全解決了的。

這兩個問題可以合併爲一個問題，就是語法的民族特點和時代特點的問題。問題的中心在於具體語言的語法是否由於民族的不同和時代的不同而表現出它的特點。現在我想分爲三部分來談：第一是民族特點問題；第二是時代特點問題；第三是特點的認識對語法研究工作所起的作用。

一

各種具體語言，作爲人類的交際工具，當然有着共同性，因此世界上各種語言的語法也是具有共同性的。語言是思想的直接現實，思維是人類所共同的。這樣纔使翻譯成爲可能。這樣纔有可能吸收外語來豐富自己。各種語言的語法的共同點主要是建築在邏輯思維的基礎上。

但是語言和思維不是同一的東西。把語言和思維割裂開來固然是錯誤的，把語言和思維等同起來，同樣也是錯誤的。前者是唯心主義，後者是庸俗唯物主義，是機械主義，是行爲主義。思維没有民族特點，而語言則有。具體語言是以特定的民族形式（部族形式、部落形式）來表達思想的一種交際工具。正如語音、詞彙一樣，語言之表達思想在各種語言中采取異途同歸的進行方式。同歸，是歸到思想感情的表達上；異途，是運用不同的語音、詞彙和語法。

語言和思維是有機的統一體，但是語言的形式不等於思維的形式。語言和思維各有各的性質特點和發展特點。因此我們可以說，語法和邏輯也是各有各的性質特點和發展特點。

思維是反映客觀現實的，語言也可以說是反映客觀現實的。但是，如果說語法的反映客觀現實和思維的反映客觀現實是采取同一方式的，那就錯了。我們說“我喫飯”，有些民族說“我飯喫”。我們不能說哪一種詞序更真實地反映客觀現實，更不能說有兩種客觀現實。如果要說語法反映客觀現實的話，我們祇能說這種客觀現實不是别的，而是藉以形成這種語法結構的歷史條件。各種語言的語法之所以有它的特點，正是歷史條件所形成的。

在這裏，我們應該把邏輯和語法區别開來。就漢語來說，我們平常所謂主謂不合、動賓不合，往往祇是邏輯上的問題。我們不過是借語法上的術語（其實主語和謂語也是邏輯上的術語，祇有動詞和賓語是語法上的術語）來說明邏輯思維上的錯誤，例如“恢復疲勞”這一個詞組是被某些人認爲動賓不合的。合與不合，不在本文討論之列。假定是不合，那祇是邏輯思維的問題。在這種情況下，我們可以說“恢復疲勞”不能真實地反映客觀現實，因爲在客觀現實中“疲勞”是不可以或不應該“恢復”的。但就漢語來說，這詞組並没有語法上的錯誤，因爲這種詞序是合於漢語的語法規則的。

至於西洋語法中所謂主謂不合和動賓不合（如果有這種説法的話），那就往往不是邏輯問題而是語法問題。譬如説，動詞所支配的名詞變錯了格，我們就不能説，客觀現實要求非改成某種變格不可。

就一種具體語言的語法來説，世界語言的共同性是次要的，而特點是主要的。没有這種特點，就會喪失其爲獨立語言的資格，和另一語言同化了。我們知道，語言有一般的内部發展規律和特殊的内部發展規律。語法是語言的本質特徵之一，具體語言的語法自然也有它的特殊的内部發展規律。就語法的發展情況來説，除了各種語言的語法的特殊的内部發展規律以外，幾乎是没有什麽發展規律可談了。

共同語言是民族特徵之一。正是由於各種具體語言有它的特點，然後可以作爲民族的特徵。語法構造既然是語言的本質特徵之一，自然也就是構成民族特徵的主要因素。

世界語言的形態學分類，正是靠着語法的特點把世界語言分爲若干語系和語族的。從共同的特點上把許多語言歸爲一類，以別於其他各類的語言。假使語法没有特點，那麽形態學的分類就成爲不可能。正如梅耶（Meillet）所説的，一般詞彙是不能作爲語言分類的根據的。

語言對異族同化的強烈抵抗性，説明了語言的語法構造的特點。許多語言的詞彙被異族語言所同化了，剩下語法構造屹然不動，這樣它們就没有喪失語言的本質特徵，我們就可以認爲這些語言並没有滅亡。如果説語言没有特點的話，當詞彙被同化了一大半之後，語言也就可以算是死去了。

大家知道，語法有它的不可滲透性。“五四”以後，漢語語法受西洋語法的影響很大。這件事本身就説明了漢語語法是有特點的，否則無所謂影響。特別要指出的是：必須漢語語法本身有這種發展的可能性，然後纔接受外語的語法形式來豐富自己。這是吸收，而不是同化。因此，漢語語法在一定程度上接近了西洋語法是和語法的不可滲透性沒有矛盾的。

我們中國的語法學家早就注意到漢語語法的特點。馬建忠雖然模仿西洋語法，但是他也知道爲漢語分出助字一類。陳承澤著《國文法草創》，劉復著《中國文法通論》，金兆梓著《國文法研究》，都努力於揭露漢語語法的特點。這是我國語法學的優良傳統。解放以來，青年語法學家們在馬克思主義的思想指導下，在漢語語法特點上做了很多的工作，有了很大的成績。在這次座談會上，大多數同志的發言都體現了發掘漢語語法特點的精神。舉例來說，邢公畹先生很深入地闡述了漢語名詞的形態，這是一篇很好的發言。如果說漢語語法沒有特點的話，邢先生就沒有什麼可說的。他之所以有話說，而且說得很深入，正是因爲世界上沒有什麼語言的名詞形態和漢語的名詞形態是完全相同的，相反地，有許多語言的名詞形態和漢語的名詞形態是大不相同的。

這種情況是非常可喜的。這幾年來，人家說我們的爭論是多的，步驟是亂的。爭論多，我們是承認的，但是這並不可悲，而是可喜。過去我們的先輩如陳承澤等人雖也注意到漢語的特點，但是研究的人太少，也就不夠全面，不夠深入。解放以後，在中國共產黨的正確領導下，社會上一般人纔知道語法是一門學問，研究語法的人漸漸多起來。有了馬克思主義的思想指導，大家注意語言的特點，這樣就不可避免地引起爭論，因爲我們做的是墾荒工作，不能希望一帆風順。如果大家像陳承澤所指責的，"以西洋文法爲楷"，就會很快地趨於一致。爭論是沒有了，但是成績也沒有了。

至於人家說我們的步驟是亂的，人家說我們，我們也原諒人家，因爲人家不知道我們發掘漢語特點的墾荒工作必須經歷一段艱苦的過程。如果我們自己也承認步驟亂了，那麼我們就沒有自知之明。我們的步驟並不亂，我們有了一個明確的共同方向，就是全面深入地發掘漢語語法的特點。

二

在座談會上，有些同志談到古今語法要不要分開來研究。關於這一點，我也想發表一些粗淺的意見。

語法是富於穩固性的。但是，語法雖然在語言諸要素中變化得最慢，它畢竟是發展的，變化的。變化得慢並不等於不變。我們說它穩固，同時說發展，這兩種説法是没有矛盾的。

同志們知道，我是研究漢語史的，因此同志們可以相信我不至於主張割斷歷史。

由於我們不能割斷歷史，所以我們應該重視語法的繼承性；同時，也正是由於我們不能割斷歷史，所以我們重視語法的歷史發展。重視語法的歷史繼承性，因爲語法是穩固的；重視語法的歷史發展，因爲語法是變化的。我們必須研究漢語的歷史，然後知道現代漢語是怎樣形成的，並且知道它將來朝着什麽方向發展。

如果我們知道某一語法形式是自古已然的，固然有助於現代漢語的瞭解；但是，如果我們知道某一語法形式是某一時期纔開始形成的，就更可以幫助我們瞭解祖國語言怎樣逐漸改進自己的語法，走向完善的道路。最困難而又最重要的是辨别古今語法細微的分别，因爲語法是漸變的，不是突變的。

我們也談新興的語法形式。然而新興的語法形式並不是天上掉下來的，它們仍舊是歷史發展的結果，它們是屬於歷史範疇的。這並不是反歷史主義。相反地，這正是歷史主義。

古今語法雜糅來做科學研究工作是不對的。如果那樣做，許多問題都得不到正確的解答。因爲有些語法形式古今是有矛盾的，例如“不我欺、不己知”是上古語法，“不欺騙我（没有欺騙我）、不知道自己”是中古到現代的語法，除了仿古的形式不算，我們很難説兩種語法形式同時存在於漢語裏。活生生的口語是語法的主要根據,文學語言也必須以口語爲源泉,而口語經常是不容許相矛盾的兩種結構形式同時存在的。就現代漢語的研究來説,在承認古代語法有殘留的形式的同時,必須以現代語法的結構形式爲主要的研究對象。

語法的分期研究,在趕上世界先進的科學水平的任務上有頭等重要的意義。正如不能設想有不研究現代漢語的漢語史專家一樣,我們很難設想有不知道歷史發展的現代漢語專家。國家科學規劃委員會的十二年遠景計劃中有語法的分期研究,這樣做是完全正確的。

三

在任何社會科學研究工作中,有一條研究方法是最重要的,就是要注意研究對象的時間、地點和條件。就語法的研究來説,時間就是所研究的語言的時代特點,地點就是所研究的語言的民族特點,條件就是所研究的語言所受的社會發展的影響。我們不可能脱離具體語言來研究語法,而具體語言正是爲時間、地點和條件所制約着的。

上面説過,解放以後,漢語語法的研究是有成績的。依我個人的粗淺的看法,這正是由於同志們的研究方法基本上是合於這一條的。但是,恐怕還不能説就沒有問題了。我這裏提出三點意見。説得對不對,還請同志們批評指教。

第一,我覺得有些同志在研究工作中不知道區別本質的特點和非本質的特點。凡是漢語裏所有的語法形式,不管它是本質的特點或非本質的特點,一視同仁,没有區別對待。一個規則建立起來,按本質的特點來説,應該是站得住脚的,偏偏有人煞費苦心地去搜羅一些例外,説這個規則不能照顧全面。我的意思不是説不要研究例外,相反地,深入的和全面的科學研究正是應該照顧到例外,並且儘可能找出例外産生的原因。但是區別一般和特殊還是必要的,否則讓非本質的特點和本質的特點分庭抗禮,恐怕沒有一條規則能夠建立起來,而我們的語法規範工作也就很難做了。這是強調漢語特點所帶來的一種偏向,我認爲必須糾正。我們應該以文學語言爲根據。文學語言中不見或很少看見的,也就不屬於本質的特點之列。文學語言是同方言俚語對立的(自然方言俚語也可以轉化爲文學語言),方言有它的語法特點,固然不可以和全民語言混淆起來,俚語也有它的語法特點,也不能和文學語言混淆起來。現在有一種偏向是強調俚語,拿俚語去反對文學語言的語法規則,依我看來,這就是把本質的特點和非本質的特點混爲一談了。潘梓年同志在會議的第一天指示我們説:"歷史越久,語言的發展越大,語法的變化也越多,口語更加靈活,和文學語言不一致,例外更多。我們要把變化多的撇開,首先抓住基本的東西。有了幾條,有了立脚點,使教的人和學的人容易掌握。把這個肯定下來,然後去找靈活性。先分別對待,萬變不離其宗,更容易研究出結果來(大意如此)。"依我個人的體會,這就是教我們抓住漢語語法的本質特點。這個指示是完全正確的,我建議大家遵守這一個重要的指示。

　　第二,我覺得有些同志沒有經過調查研究,就忙於做審判官。每逢雜誌上爭論某一問題,總有一些人單憑讀過那些已經發表過的爭論文章,就忙於給它們做總結:某人對了,某人錯了,某人在某一點上對了,在某一點上錯了。除了審判誰是誰非之外,自己並沒有做過充分佔有材料的工作,甚至例子也是人家的。聽説《中國語文》和《語文學習》就收到不少這一類的稿子。這種作風是不值得鼓勵的。百家爭鳴如果是這麼個鳴法,就喪失了百家爭鳴的意義了。《人民日報》提出"持之有故,言之成理"八個字來,我認爲是完全正確的。要充分佔有材料,然後審判官不至於審錯了案。

　　第三,我覺得有些同志忙於建立新的體系,而不忙於做基層研究工作。基層研究工作在漢語規範化會議中就由羅常培、呂叔湘兩位先生提出來了，當時還聽見一些不同的意見，以爲語法體系也是重要的，因爲不先建立了理論基礎，研究就無從下手。這是先有蛋還是先有雞的問題。我個人認爲應該先有雞，後有蛋。所謂理論基礎，應該是馬克思主義哲學，而不應該是從沙灘上建立起來的語法體系。我們也同意羅、呂兩位先生所建議的，先建立一個暫時可以同意的語法體系。那種暫時可以同意的語法體系是不難建立的，現在中學的漢語課本就是一個起點。至於基層研究工作，就比一切都更需要，因爲祇有發現了漢語的語法特點，發現漢語本身的結構規律，然後真正夠得上建立語法新體系的資格。否則匆匆地建立了，將來也必然是匆匆地推翻了。

目前我們對於漢語的語法特點的研究，常常是知其然而不知其所以然。知其然是好的，因爲這是研究漢語語法特點的初步工作，但是如果不更進一步求其所以然，那麼對於漢語語法的特點就祇算知道了一半，而且是次要的一半。張志公先生說我分析了緊縮句而沒有說出在什麼情況下可以或者必須緊縮。他對我的批評是完全正確的，我誠懇地接受這個批評。

求其所以然，是科學研究工作中最重要的一條。這是困難的，但這是重要的。大約不困難的工作也就不重要了。求其所以然，然後真正能使理論和實踐密切地結合起來。

漢語語法特點的深入研究，可以幫助我們建立漢語自己的語法體系。不要害怕現在遷就了暫時同意的語法體系，將來就不好變更了。祇要研究得好，適合於漢語的語法特點，將來一定可以變更。在俄語語法中，起初是沒有分出數詞一類的，後來發現有分出的必要，現在大家都承認俄語詞類中有數詞了。俄語語法有印歐語語法的歷史傳統，尚且可以變更，何況漢語語法體系還在草創的階段，爲什麼不可以變更呢？

有些研究外語的朋友反對我們建立漢語自己的語法體系，以爲看不懂，看不慣。這是善意的批評，但是我們也誠懇地告訴這些朋友們，五億五千萬漢族人民完全有權利建立自己的語法體系，而不依傍任何語言的語法體系。有些人説我們標新立異。没有事實根據的標新立異當然是不對的；但如果是根據漢語語法特點而建立自己的語法體系，那應該是無可非議的。我們也誠懇地告訴他們，我們還要繼續標新立異下去。新，就是我們所要建立的新的語法體系；異，就是我們將來這個語法體系的漢語語法特點。這個新體系建立了之後，將無往而不利。不像現在我們天天談漢語特點，天天還是在西洋語法的範圍內兜圈子。必須跳出了如來佛的手掌，然後不至於被壓在五行山下。我們現在講漢語語法，特別是講古代漢語的語法，常常感覺到西洋的語法體系用不上。不從具體材料出發而從抽象的體系出發，這是反馬克思主義的。當然我們並不是主張摒棄西洋語法研究的成果，也不是企圖抹殺世界語法的共同點；我們衹是説，自己的語法體系是必須建立的。

　　新的切合於漢語語法特點的語法體系建立了之後，對於普通語言學可以增加一些新頁。對於東方語言的語法來説，可以作爲一個藍本，正如梵語語法作爲印歐語系的語法的藍本一樣，因爲東方語言的語法一般還是抄襲西洋語法的。依我個人看來，唯有這樣做語法研究工作，纔能趕上世界科學研究的先進水平。

　　從前研究漢語語法的人是一手包攬，用力多而成功少，既不全面，更不深入。現在我們的隊伍壯大起來了。在國家十二年遠景規劃中，語言學方面的人才要培養出好幾百個來，到那時，人力更加雄厚。青年同志們有朝氣，有旺盛充沛的精力，有馬克思列寧主義的修養，比起前人一定能後來居上，青出於藍。

　　我這個發言實在膚淺得很。如果其中有可采的地方，那是學習得來的，並非我的創見。如果其中有錯誤的地方，那衹能是我個人的錯誤，不可能是別人的錯誤。敬請同志們不吝教誨。

原載《中國語文》1956 年 10 月號

關於漢語有無詞類的問題

一、詞類的定義問題

要判斷漢語有沒有詞類,必須先肯定什麼是詞類。

按説,如果詞類就是詞的分類的話,有詞就該有詞類。從邏輯上講,一般概念總是可以劃分的。詞是用來表達個別概念的言語單位,既然概念可以分類,似乎詞也因此可以分類。但是,語法上所謂"詞類"不是這個意思;它不應該是邏輯上的分類,而應該是語法上的分類。

詞類是詞的語法分類。對於這一點,語法學家的意見是完全一致的。即使有人反對這一個簡單的定義,也祇因爲它不够全面;但是,所謂詞類,基本上是語法的事情,這一點無論如何不會有人反對的。由此可以得出一個結論:單純地從概念範疇去分別詞類是錯誤的。下文第二節我們將回到這個問題上來。

詞類不但帶着形態上的標誌,而且可以從造句的功能上劃分。關於這一點,可以有兩種不同的瞭解:第一種瞭解是:造句的功能雖然也可以認爲詞類劃分的標準,但必須結合着形態來看;假定詞在形態上並沒有任何標誌,則單憑造句的功能是不能分別詞類的。

至少在實詞是如此。第二種瞭解是：在一般不具備某一詞類的外部形態的標誌的語言裏，可以用另外一些標準來劃分詞類，例如1.一定詞類對某一句子成分的不同的擔任能力；2.這一類詞跟其他各類的詞以及跟某些形式成分的不同的結合能力。照我看來，不但第一種能力，連第二種能力也是屬於句法範圍的。下文我們將再回到這一點。

此外還有一種不同的意見，就是認爲祇有形態足以決定詞類，詞類和句法没有多大關係。一般語法書把詞類放在形態學上講，已經容易令人有此印象。"語法範疇"這一個術語，有時候就指具有一定語法範疇的詞類來説，譬如説動詞具有態、體、式、時、人稱、數、性等範疇。語法範疇和詞類，在有語法範疇的語言裏差不多變了同義詞，令人意識到：起初的確是單純地從語法範疇去劃分詞類，換句話説也就是單純地從形態上劃分詞類的。抱着這種見解的語言學家必然認爲漢語没有詞類，因爲他們拿"詞類是單純地從形態劃分的（指實詞）"作爲大前提，又拿"漢語是没有形態的"作爲小前提，他們的結論不可避免地是"因此，漢語是没有詞類的"了。

我個人認爲：如果不把詞彙範疇和語法範疇對立起來，那麼詞彙-語法的範疇和語法範疇並不是不相容的東西；前者是補充後者的，而不是排斥後者的。我在後面將要談到，詞彙範疇和語法範疇正是密切相關的，把詞類看成詞彙-語法的範疇，是把問題看得更全面些。

有人説，詞類是由詞義上的、句法上的和形態上的特徵互相區別開來的。這一個説法和詞彙-語法範疇的説法並没有什麽不同；因爲句法和形態是語法上的事，從詞義、句法、形態上劃分詞類，也就是從詞彙-語法的範疇上劃分詞類。

現在談一談資産階級語言學家對詞類的看法，我祇舉馬魯梭（Marouseau）的《語言學術語詞典》爲例。馬魯梭在説明"詞類"時説：

　　詞類是傳統語法所賴以分別語言的詞的種類的一些範疇。或者依照基本意義來分類（如適宜於指稱一種概念的叫做名詞，適宜於指稱一種性質的叫做形容詞），或者依照它們在句子結構中的作用來分類（聯繫兩項的叫做連詞，限制動詞的叫做副詞），或者依照它們的構詞方式和屈折方式等等。這些分類的原則，沒有一個是有絕對價值的（例如在副詞、前置詞、連詞的中間，往往分不出清楚的界限來），因此，有時候，在屈折語裏，祇好按照屈折形式分爲三大類：1.靜詞（有格變化的詞）；2.動詞（有人稱變化的詞）；3.不變的詞。

　　這一段話的大錯誤是不能分別看待不同的問題，以致嫌分類的原則沒有絕對價值。實際上，實詞和虛詞是應該分別處理的。

　　我們認爲，無論以詞彙-語法的範疇爲標準，或以單純的語法範疇爲標準，漢語都是有詞類的。下面我們將從詞義、形態、句法三方面來證明這一個事實。

二、詞義和詞類的關係

　　詞義和詞類的關係也就是概念和詞類的關係，因爲詞是表示概念的。按理，誰也不能反對這種關係，因爲詞類如果離開了現實，就是離開了物質的基礎。假使我們簡單地説"名詞是指稱事物的，動詞是指稱行爲的"等等，雖然説得不够全面，但是並沒有犯原則上的錯誤。正是在這一個基礎上，連小學生也能判斷"人"和"馬"是名詞，"走"和"跑"是動詞。也正是在這一個基礎上，就漢語來説，爲了教科書的可接受性，用不着給詞類下一些太複雜的定義，祇要抓住詞類反映客觀存在這一個要點就行了。

　　差不多每一部語法書對每一實詞詞類下定義的時候，都先指出這一點。有些書中祇憑詞義的觀點給予各個實詞詞類的定義：

　　　　表示事物的詞類叫做名詞；

　　　　表示事物特性的詞類叫做形容詞；

　　表示事物的數量或表示事物在計算時的順序的詞類，叫做數詞；

　　表示事物的行爲或狀態的詞類叫做動詞；

　　表示行爲的特性或行爲在進行中的各種不同的狀況的詞類，叫做副詞。

　　印歐語系的形態是那樣複雜，而爲每一詞類下定義的時候，也可以祇管詞義方面。就漢語來説更可以這樣做了。

　　我們也知道，就屈折語來説，實詞的詞類是按照語法範疇來分的。但是，必須指出，語法範疇本身也就是以客觀存在的物質和現象爲基礎的。

　　必須強調語法範疇的客觀基礎。名詞之所以有數，是因爲事物是有數量可言的；動詞之所以有時，是因爲行爲是有時間性的；動詞之所以有人稱和數，那是因爲要表示行爲者是説話人、對話人或第三者，而且要表示行爲者是單獨的或不是單獨的；形容詞之所以和名詞同具某些語法範疇，是因爲當人們想象人物的時候，同時想到他們的性質。總之，一切語法範疇都可以從客觀事物的屬性中找根據。資産階級語言學家過分強調了語法範疇與事實不符的一方面，就好像語法範疇是憑空杜撰出來的，和客觀事物没有密切的關係，那就是把語言和思維割裂開來，陷入唯心主義的泥潭中去了，例如法國語言學家勃吕諾（Brounot）和房特里耶斯（Vendryes）都特別強調名詞的性和人物的性的不一致①；但是，我們應該先肯定名詞的性是從人物的性來的，這是主要的一面，因爲這樣就肯定了語法範疇的物質基礎；至於它們之間的不一致，我們可以再從歷史上去尋找其原因。現代俄語裏，數目 2、3、4 後面的名詞用單數生格，表面上是和 5 以上後面用複數的情形不一致了，但是現在這種不一致的原因已經被語言史學家找出來了。關於名詞的性也一

---

① 　勃吕諾《思想和語言》第 35—86 頁；房特里耶斯《語言論》第 108—110 頁。

定能從歷史上找出原因來。我個人認爲這和遠古時期的部落和部族的心理狀態有關。總之，語法範疇也是一種概念，不過因爲它們表現在語法上，所以它們衹是語法概念，而不是一般概念罷了。

但是，把語法概念和一般概念區別開來，這也是非常重要的。詞彙方面（所謂物質意義）和語法方面各有它的特點；概念範疇和語法範疇決不能混爲一談。概念範疇是沒有民族性的，而語法範疇是有民族性的。漢語裏沒有性的語法範疇，並不能證明漢族人民沒有性的概念。在有性的語法範疇的語言裏，性別的區分也不能一致。法語裏沒有中性名詞，這是大家所知道的；此外，在東非洲某些語言裏，對於大而強的東西有一種特殊的範疇，對於小而弱的東西又有一種特殊的範疇。必須這樣去瞭解，然後語言纔能成爲民族特徵之一。拿現代漢語來説，“們”字可以認爲表示名詞複數的詞尾，但是，由於它衹用於指人，而且名詞前面有了數詞就不能再用“們”字，於是有些同志就懷疑它的形態性質。其實“們”字正是表示複數的語法概念，它所受的限制是民族特性的表現；正是這樣，纔能證明語法範疇和概念範疇不是同一的東西。

我們承認詞義對於劃分詞類的重要性，並不等於承認可以單憑概念的範疇來劃分詞類。如果單憑概念的範疇分別詞類，就會造成了所謂“世界文法的通規”，而埋没了語言的民族特點。馬爾（Marr）學派主張有全世界通用的詞類，因爲他們認爲有所謂“一切人類語言所固有的普遍需要的概念”。無論他們怎樣解釋他們和資産階級語言學家所謂共同語法有什麼不同，始終不能掩飾他們對於語言的民族特點的否定。

在這一點上，我過去是有過錯誤的看法的。我在我的《中國語法理論》裏説：“至於中國的詞呢，它們完全没有詞類標記，正好讓咱們純然從概念的範疇上分類，不受形式的約束。”①這顯然是一種

————————

① 王力《中國語法理論》。

形而上學的觀點。我一方面強調漢語的特徵，另一方面又純然從概念範疇上分別詞類，漢語的特徵何在？過去我是輕視詞類的①。輕視詞類是不對的，因爲正是在詞類上表現着漢語的特徵。再説，不管輕視與否，既然要分詞類，就不該單純地依照概念的範疇來分。

　　在斯大林關於語言學的偉大著作發表以後，我對於詞類的錯誤觀點仍然存在。我在對聯文學（對對子）上看詞類的客觀存在。我説在對對子的時候，名詞對名詞，形容詞對形容詞，動詞對動詞，虛詞對虛詞②。其實這是不對的。對對子實際上是概念對概念，而不是同類的詞相對。概念和詞性雖然是密切聯繫的，並不是同一的東西。我那樣混爲一談，仍然是不對的。

　　關於詞義和詞類的關係，我們的結論是：詞是概念的表現，因此詞類和詞義是有一定的關係的，連語法範疇也可以從現實的現象中找到根據；但是，詞是關於現實的概括知識的社會性的表現，離開了民族的特性就無所謂具體的詞，因此咱們不能把詞和概念混同起來，也就是不能根據概念的分類來決定詞的分類。

　　假使漢語的詞類不能根據形態和句法來劃分，而祇能根據概念來劃分，那就等於否認漢語的詞類。我過去正是這樣做，現在我知道這樣做是錯誤的。如果説由於概念能分類，所以詞也能分類，這種主張是站不住脚的。

三、形態和詞類的關係

　　形態和形態學，在英語裏同是一個詞：morphology。這詞來自希臘語的 morphe（形）和 logos（理論）。它是研究詞形的語法部門，同時也是某一語言的詞形的總稱，可見 morphology 既可譯爲形態學（因爲它是研究詞形的語法部門），又可譯爲形態（因爲它是某一

---

①　我説："分類不是語法。"見《中國語法理論》。
②　編者注：見《王力全集》第九卷《漢語語法綱要》所附《漢語的詞類》。

語言的詞形的總稱）。

構形法和構詞法不同。構形法指的是同一個詞的各種變形；所謂詞形也是指同一詞的各種變形來說（有人把漢語歸入"無形語"，就是認爲在漢語裏同一個詞沒有各種變形）。構詞法則是加詞頭、詞尾或構成複合詞等。狹義的形態學祇研究構形法；廣義的形態學則兼研究構詞法。

構形法和構詞法的分別，對於漢語詞類的研究非常重要，因爲我們可以從狹義的形態上看漢語有無詞類，也可以從廣義的形態上看漢語有無詞類。下文我們將要回到這個問題上。現在我們先看一看蘇聯的學者們是不是都承認上文第一節裏所說的漢語屬於"無形語"，換句話說，是不是都否認漢語裏有形態這樣東西。

依我個人的看法，像形容詞詞尾"的"字顯然是構詞性質的，因爲它祇表示修飾或附加，並沒有表示任何語法範疇，也不發生什麼變化。"的"字不但用作形容詞的詞尾，同時它也用作一個修飾性仂語的語尾，因此，"的"字不但帶有構詞的性質，而且還帶有造句的性質。

"兒"和"子"還是屬於構詞性質的，"兒"和"子"不算狹義的形態，它們不像"的"字對形容詞那樣普遍應用。但是，既然就一般說它們可以作爲名詞的標誌，我們也就不能把它們排斥在廣義的形態之外。

"們"字是不是構形法裏面的東西，就很值得研究了。依我看，它是屬於狹義的形態的，因爲它表示了指人的複數。有了數目字不再用"們"，這不能認爲構形法的不能普遍應用，應該認爲：有了數目字之後，單數或複數已經很明白，就沒有加"們"字的必要了。

名詞前面和數詞後面的單位名詞，恐怕還不能算是構形性質的東西。因爲如果把它們看成數詞的形尾，它們都是跟着名詞起變化的；如果看做名詞的前加成分，即冠詞性的詞頭，它們又不是連下念的，而是連上念的。漢語裏的單位名詞還祇是黏在數詞或指示詞後面，它們還没有像越南語的單位名詞那樣發展爲冠詞性的詞頭（con bò 牛、con cá 魚、con dao 刀、cai nhà 房子、bông hoa 花、bông lúa 稻，等）；爲謹慎起見，還不能輕易斷定它們是構形性質的。但是，應該肯定，就廣義的形態來説，無疑地它們是能表示形態的。因爲單位名詞是在數詞和名詞中間起聯繫作用的，它們決定了數詞和名詞的詞性。

　　現代漢語裏的動詞是諸詞類中最富於形態變化的。依我看來，動詞的變化最像西洋的語法範疇。誰也不能否認，情貌（體）也是語法範疇之一。俄語裏的情貌是相當豐富的。衹是因爲《俄語詞典》裏把不同體的詞當做不同的詞看待，所以一般衹説動詞按人稱、時、數來變化，而不説按體來變化。實際上，不但斯拉夫語族裏有情貌這個語法範疇，連日耳曼語族、羅馬語族等也有。英語裏的進行時（progressive tense）其實不是時制，而是情貌，甚至 have 加在過去分詞前面的所謂複合時制（compound tense）也是屬於情貌範疇的東西。同樣，法語裏助動詞 avoir（或 être）加上過去分詞，也應該認爲一種情貌①。可見情貌是屬於語法範疇之列的。漢語的情貌和俄語的情貌（體）雖不完全相同，但作爲一種語法範疇來看，它們是同一性質的。

　　這裏有兩個問題須要解決：第一，漢語裏的情貌大多數是從仿語使成式發展起來的，是否衹能認爲構詞性質，而不能認爲構形性質呢？ 第二，漢語的情貌不能普遍用於一切動詞，是不是因此就不能認爲語法範疇呢？

　　關於第一個問題，我們得承認，漢語裏的情貌確是從使成式發展起來，連構形性質的"了"和"着"在最初也是動詞。但是，我們不能把歷史發展的事實和現存的語言事實混爲一談，因此，應該肯定，已經喪失了動詞的意義的"了"和"着"是純粹的一種形尾，是屬

---

① 參看 Gustave Guillaume《時間與動詞》第二章第 15—28 頁，1929 年巴黎。

於狹義的形態的東西。"過"字和"了、着"的性質相近。至於另外有些由使成式仿語發展起來的單詞,如"擴大、推廣、展開"等,則屬於構詞性質,但是不能因此否認它屬於語法範疇。俄語的完成體和未完成體的分別,很少像 взять 和 брать 的分別、сказать 和 говорить 的分別等,也很少像 собрать 和 собирать 的分別、распространить 和 распространять 的分別等,而多數是把前置詞變爲詞頭。這種加詞頭(接頭部)的辦法顯然是構詞性質的,但是從來沒有人懷疑它們也同樣地表示情貌(體)。凡富於俄文翻譯經驗的人都能體會到,俄語裏多數完成體動詞都和漢語的使成式大致相當。這可以證明漢語的情貌是有它的客觀基礎的。

關於第二個問題,我們也得承認,漢語裏有些動詞用不着"着"字作爲形尾(如"知道"),甚至於"了"和"着"都不能用(如"怕、喜歡")。但是,這衹能顯示詞義對於語法範疇所起的決定作用,而不能因此否認語法範疇的普遍性。當我們說某一規律是普遍的時候,意思衹是説在同一情況下(同一條件下)它是普遍的。漢語裏有些動詞,從詞義上説,它們是特殊類型的動詞;某些"行爲"在漢語的詞義上不能瞭解爲正在進行中,例如"死"這一件事在漢族人民看來是不會有正在進行的情況的,因此"死着"就不成話了。"知道、看見、聽見"等詞也是一樣。這一類的事情,在漢族人民看來,是衹有點而沒有綫的,所以不能用進行貌。使成式一般也都被看做有點沒有綫,所以就一般説使成式或由使成式變成的單詞都沒有進行綫(不説"打倒着、推廣着"等)。另一方面,有些動詞(如"像")並不表示點和綫,因此,也就沒有什麼情貌可言。俄語裏所謂體,也不是十分整齊地配對的。俄語裏有所謂"分體"(подвид),如定態分體、不定態分體等,它們是少數動詞所特有的,那不必詳談了。就拿完成體和未完成體來説,也不是每一種行爲都具有兩種情貌。某些完成體動詞是沒有未完成體和它相配的,例如 очнуться(醒悟)、очутиться(出現)等;至於未完成體動詞没有完成體和它相配對的，就更多了，例如 знаяить（意味着）、обитать（居住）、обстоять（處於某種情況）、содержать（包含有）、соответствовать（適合於）、состоять（存在某種狀態）等。缺乏未完成體的原因是這些動詞表示很快的行爲、頃刻的行爲，或者很快地由某一狀態轉到另一狀態，或者祇表示行爲的結果等。缺乏完成體的原因是這些動詞表示行爲的過程或狀態，與行爲的結果無關，與過程的個別時段無關。這樣，缺乏的原因是被發現了的。漢語在什麼情形之下不用"了"字或不用"着"字，也可以找出個原因來。這種研究工作是值得做的。不過不能呆板地按照俄語的體來類推，而是應該依照漢語自己的情貌系統來看問題，例如漢語的"知道、看見、聽見"等，着重在行爲的結果，所以祇能有完成貌。總之，情貌形尾之不能普遍應用，是不能作爲理由來否定漢語的情貌作爲一種語法範疇的。

由上所論，現代漢語裏，廣義和狹義的形態都有了。現在我們想順帶談一談，古代漢語是不是所謂無形語。

關於古代漢語有無形態這一個問題，我想須要長期研究纔能解決，現在不應該輕下斷語。這裏我不打算多談；祇想提出一些值得注意的事實，就是某些詞類似乎是帶有詞類的標誌的。就動詞來説，不但有一些標誌，而且這些標誌還像是能表示某種時的範疇。舉例來説，在《詩經》裏，"言"字顯然是動詞的詞頭："言告師氏""言刈其楚""言采其蕨""言至於漕""言念君子""言私其豵""言旋言歸""言就爾居""言采其蓬""言就爾宿""言歸斯復""言抽其棘""言從之邁""言示之事""言提其耳""言授之縶"，這些例子足以爲證。"止"字則顯然是動詞的詞尾，如"亦既見止，曷又極止""齊子歸止，其從如雲""方叔涖止，其車三千"等。有人説"止"是"之矣"的合音，那是靠不住的，"歸止"不能解釋爲"歸之矣"！此外還有種種迹象使我們傾向於相信"言"字表示現在時，"止"字表示過去時。《詩·小雅·庭燎》："君子至止，言觀其旂。""至"是過去的事，"觀"是現在的事。就這兩個例子來看，可見研究古代漢語的形態不但要脫離外國語法的束縛，而且要脫離現代漢語語法的束縛。如果冒冒然斷定古代漢語沒有形態，那也是沒有科學根據的。

施萊赫爾（A. Schleicher 1821—1868）對於語言的形態分類法至今將近一百年，仍然有它一定的勢力。馬爾無批判地接受了施萊赫爾的學説，來助成他的語言發展階段論，認爲語言的發展是從根詞語（施萊赫爾叫做孤立語）到黏合語，再到屈折語。假使語言真是這樣發展的，那麼施萊赫爾的學説自然有很大的價值。現在語言發展階段論已經被斯大林批判了，施萊赫爾的學説就沒有很大的價值了。現在我們已經否定發展階段論，然而仍然接受"漢語無形態"這一個施萊赫爾–馬爾學説，我覺得這和馬克思主義語言學是相抵觸的。如果要談語言的形態分類，我認爲這不是一個有無形態的問題，而是一個語法範疇的多寡及其性質的異同的問題。

説漢語語法中沒有形態學是錯誤的。我本人過去曾有過這個錯誤觀點。我一方面發現了漢語有情貌等語法範疇的存在，另一方面又接受資産階級語言學的傳統説法，硬説漢語沒有形態學①。這是應該批判的。當然，如果漢語裏沒有形態，也不能硬説它有；但是如上所述，漢語實際上是有形態的，就不能根據資産階級語言學的傳統説法而把它取消。實際上，資産階級語言學家衹是根據古典文學中的古代漢語來看問題，而漢字單音也引起了許多誤解。

拿漢語來説，狹義的形態加上廣義的形態，也就能解決漢語詞類劃分的一部分問題，另一部分的問題可以由詞義和詞跟詞的配合上獲得解決。

四、句法和詞類的關係

句法又稱造句法，在英語裏是 syntax。這個術語來自希臘語

---

① 王力《中國語法理論·導言》。

syntaxis，本來是組合的意思，而最初又是 syn 加 taxis，syn 等於英文的 with，taxis 等於英文的 order。可見 syntaxis 含有順序安排的意思。它是研究句子和句中詞與詞的組合方式的一個語法部門。可見我們翻譯爲"造句法"或"句法"是不全面的，因爲 syntax 除了造句法的意義之外，還包含着造仿語法或造詞組法的意義。先聲明了這一點，纔不至於引起誤會。

　　首先要説的是：句法和形態學雖然不應該混爲一談，也不應該把它們分割開來。它們之間是有着非常密切的關係的。譬如説，名詞的格自然是語法範疇，但是這個語法範疇却是依存於句法中的。作爲形態的格，它所表現的却是造句的功能，可見沒有句法也就沒有這一種形態。如果把形態孤立起來，和句法斷絶關係，有許多地方是講不通的。

　　關於漢語的形態標準，我同意以詞的結合能力爲標準。拿使成式來説，在兩個詞的結合中，第一個詞必定是動詞，第二個詞必定是内動詞或形容詞。這樣，不但把動詞辨別出來了，而且把内動和外動也辨別出來了。當然有時也需要詞義方面來幫助辨別，例如"燒死"和"燒紅"，從詞義上就能辨別"死"是内動詞，"紅"是形容詞。

　　但是，我們不須要對於每一個詞都放在句子裏實驗過它的功能，然後確定它屬於哪一個詞類。詞類的分別除了句法基礎以外，還有更深刻的基礎——語義的基礎。憑着詞義與客觀現實的聯繫，知道某詞所表示的是事物、性質或行爲，就能大概地知道它是名詞、形容詞或動詞，例如"人、手、刀、馬"等詞不問而知道是名詞，因爲它們是表示事物的；"老、幼、大、小"等詞不問而知道是形容詞，因爲它們是表示性質的；"走、跑、哭、笑"等詞不問而知道是動詞，因爲它們是表示行爲的。表示事物的詞經常用作主語、賓語或領有語，表示性質的詞經常用作修飾語或描寫句的謂語，表示行爲的詞經常用作敍述句的謂語。名詞是因爲表示了事物所以纔用作主語、目的語或領有語,不是因爲用作主語、目的語或領有語纔成爲名詞。形容詞和動詞也是這樣。

我姑且把名詞分爲三類:第一、二兩類基本上没有問題,也就是説,可以按照詞所表示的事物性而很容易辨別出它們是名詞。事件一項可能有一些困難,因爲事件往往和行爲有關,也就往往和動詞有關。第三類是困難所在,因爲行爲本來是動詞所應該表示的,特性本來是形容詞所應該表示的,現在要作爲思想的對象來指稱,而漢語裏對於由動詞和形容詞派生的名詞又往往没有任何標誌①,所以就比較難於辨別了。應該指出,隨着漢語的發展,某些雙音詞已經專用作爲思想的對象的名稱,如"戰爭、睡眠、思想、成就、勇氣、愛情、弱點"等等;看來這種名詞專用的趨勢還要發展下去。另一方面也必須承認,動詞如"批評"等,形容詞如"偉大"等,還是不能跟名詞劃清界綫。在這種情形之下,就得用語法的特徵,特別是句法的特徵加以辨別了。

在漢語裏一詞多類的情形比較普遍,容易令人懷疑漢語詞類的存在。但是,事物、性質、行爲三者本來就是有機聯繫着的,我們不能希望它們中間有一道鴻溝。

五、結　論

上文爲了説明漢語是有詞類的,就論到詞類應根據什麼標準來劃分。因漢語無詞類的理論正是以漢語無法劃分詞類作根據的。

由上文看來,可以得到漢語劃分詞類的三個標準:

第一,詞義在漢語詞類劃分中是能起一定作用的,應該注意詞的基本意義跟形態、句法統一起來;

第二,應該儘先應用形態標準(如果有形態的話),這形態是包

---

① 形容詞後面加"性"字變爲名詞,這一類方法還不能普遍應用。

括構形性質的和構詞性質的；

　　第三,句法標準(包括詞的結合能力)應該是最重要的標準,在不能用形態標準的地方,句法標準是起決定作用的。

　　這三個標準是有機地聯繫着的；不是根據三個標準來分類,而是要求同時適合這三個標準。

　　應該承認,漢語詞類的劃分,在實施上還是有不少困難的。過去我以爲詞類的劃分衹是爲了語法説明上的便利,那種態度是不科學的。説爲了便利,就等於承認漢語實際上沒有詞類的存在。我們研究漢語詞類的劃分,應該有其積極的意義：一方面,我們用歷史觀點來看漢語語法的發展過程,看出現代漢語有可能按形態特徵來分類；另一方面,科學地劃分了漢語詞類之後,還可以有助於漢語發展方向的認識。

原載《北京大學學報》1955 年第 2 期

關於詞類的劃分

一

漢語詞類的劃分，自《馬氏文通》以來，一向就是一個爭論最多的問題。過去有人認爲語法就是詞的分類和歸類，所以非在這上頭多費研究不可。後來有人覺得就漢語來説，句法比詞法重要，研究重點應該放在句法上，所以不十分重視詞類的劃分。但是，即使在不十分重視的情況下，詞類也非劃分不可。況且不重視也是不對的。詞類的劃分可以顯示漢語的特點，可以指導語言的實踐，並不是爲分類而分類。因此，這雖然是爭論最多而又最難解決的問題，我們也不能避而不談。

我在這裏不打算談具體的分類，祇是想談一談分類的標準。首先講漢語詞類劃分的困難，其次提出一個原則來，看大家同意不同意這個原則。

二

在漢語語法研究的第一階段（抗日戰爭以前），爭論的中心不在於分類，而在於歸類。分類就是把漢語的詞分爲幾類的問題，歸類就是具體的某一個詞歸入哪一類的問題。分類在開始的時候之所以不成問題，是因爲大家覺得有一個世界共同的分類法存在着。實際上這個世界共同的分類法也就是以英語語法爲代表的。祇要看看我們漢語裏實在沒有的（如冠詞），就把它去掉；看看我們漢語裏顯然存在而英語裏沒有的（如助詞），就給它添上，這樣就大功告成了。剩下來就是歸類問題，例如"所"字該算哪類詞，"皆"字該算哪類詞，等等。

後來普通語言學傳到了中國，本來不成問題的事情變爲有問題了。在漢語語法研究的第二階段（從抗日戰爭到 1950 年斯大林語言學著作發表以前），詞類劃分上的意見分歧越來越大。到了第三階段（1950 年到現在），意見還是不能一致。這是一個好現象，而不是壞現象。因爲以前不是沒有問題，而是限於我們的語言學水平，不能發現問題。現在問題發現了，就是把漢語語法學推進了一步。

問題在什麼地方呢？問題在於並沒有世界共同的分類法存在。説有世界共同的分類法，是違反馬克思主義的。固然，漢語既是語言之一種，它自然和其他語言有共同點，詞類的劃分也不能和其他語言絕對不相同；但是，問題還有更重要的一面，就是説，漢語之所以成爲漢語，是靠着它的特點的本質而存在的。如果漢語詞類的劃分和其他語言一樣，那就是拿一把鑰匙開一切的門。過去我們的前輩在詞類劃分上也不是完全套用英語語法上的分類，但是今天我們還要在思想上明確，世界共同的分類的説法是不對的。

其次，即使我們要依照世界共同的分類法來辦事，在實踐上也有困難。在過去，我們的先輩往往衹知道有英語語法，就拿英語來代表世界的語言，那是爲時代所局限，我們不能苛求。但是在今天，我們不能衹看見英語語法了。拿俄語來説，俄語的詞類劃分就和英語不同，例如俄語有數詞，英語沒有數詞（英語的數目字歸入形容詞）；俄語有小品詞，英語沒有小品詞。反過來説，英語有冠詞，俄語沒有冠詞。當然，如果我們拿俄語的詞類劃分來代表世界的共同分類法，也會犯同樣的錯誤，因爲世界上除了英語和俄語之外，還有許許多多的語言。就拿人數較少的立陶宛語來説吧，立陶宛語的代名詞和數詞都並不構成獨立的詞類,它們一部分在形態上和名詞相同,另一部分在形態上和形容詞相同。由此可見,在詞類劃分的問題上,並没有什麽世界共同分類法。正確的辦法應該是我們自己根據具體分析的結果,建立我們漢語所特有的詞類系統。

有些懂西洋語法的人,特别是有些教外國語的同志看了漢語語法覺得不舒服。拿詞類來説,他們也覺得爲什麽不索性就用了俄語的詞類或英語的詞類。他們以爲那樣做可以省得學生們學兩套。他們不知道:詞類系統的不同是由於語言結構本身的不同,並不是誰捏造出來的。既然是從語言本身概括出來的東西,應該更有利於兩種語言的比較研究,學兩套並不是毛病。應該肯定地説,漢語的詞類系統一定和其他語言的詞類系統有所不同。

三

問題是提出來了,解決的方法却並不簡單。我們根據什麽標準來建立漢語的詞類系統呢?

一般説來,可以有三個標準:(1)概念標準;(2)句法標準;(3)形態標準。

概念標準可以拿《馬氏文通》爲代表,馬建忠説"凡實字以名一切事物者曰名字","凡實字以言事物之行者,曰動字","凡實字以肖事物之形者曰靜字","凡實字以貌動靜之容者,曰狀字"[1]。他所謂名字、動字、靜字、狀字,就是現在我們所謂名詞、動詞、形容詞、副詞。我們祇要看他所定的名稱——名、動、靜、狀——,就知道他是以概念爲標準的。以概念爲標準,基本上可以做到詞有定類。至少可以説某詞本來屬於某類,例如《馬氏文通》説:"疑年,使之年。——使之年者,使之自言其年也。年,名也,而假爲外動。"[2]又説:"是以十九年而刀刃若新發於硎。——'新'字本靜字也,今

---

① 《馬氏文通校注》上册第3—5頁,中華書局1954年。
② 同上,第243頁。

先'發'字而爲狀字"①。這樣就説明了某詞本來屬於哪一個詞類，但臨時受了上下文的影響，然後被"假借"爲某一類詞。這一個劃分的標準，對後來的漢語語法學家有很大的影響。

但是，概念標準不是没有缺點的。它的主要缺點是把語言和思維混爲一談。概念的分類衹是邏輯上的分類，這種分類可以是全人類一致的，那麽，民族語言的特點就顯示不出來。固然，詞是表示概念的，我們不能説詞類和概念的範疇没有某種對應的關係。但是，必須肯定，詞類應該是詞的語法分類，而不是詞的邏輯分類。

句法標準可以拿黎錦熙先生的《新著國語文法》爲代表。他説"國語的九種詞類，隨它們在句中的位置或職務而變更，没有嚴格的分業"②。譬如説，任何一個詞，如果它寫在主語或賓語的地位，就得承認它是名詞(或代名詞)；如果它處在謂語的地位，就得承認它是動詞；如果它被用作定語，就得承認它是形容詞；如果它被用作狀語，就得承認它是副詞。這個標準很容易掌握，而且這樣定標準也有相當的理由。詞類和詞在句中的職務確也有一定的聯繫。在西洋語法裏，特別是在英語語法裏，這一種聯繫特別明顯。因此，這一種標準更容易爲一般人所接受。

但是，句法標準也不是没有缺點的。它的缺點是把詞法和句法混爲一談。一個詞到了句子裏纔能決定它的詞類，這樣就很容易導致"詞無定類"的結論。既然詞在獨立的時候没有定類，還容易導致"漢語無詞類"的結論。黎先生最近又修改他的主張，他談"本類本職"，談"兼他職"③，那又接近《馬氏文通》的"假借"論了。

形態標準是最近幾年纔有人提出來的。以前我們一向否認漢

---

① 《馬氏文通校注》第292頁。
② 黎錦熙《新著國語文法》第6頁，1923年三版。這衹能代表當年黎先生的意見。
③ 參看黎錦熙、劉世儒《中國語法教材》第7頁。

語有形態學①,所以從前没有人提出這個標準來。其實,在西洋語法裏,形態標準正是劃分詞類的主要標準。在西洋語法裏,特別是在形態豐富的語言如俄語裏,名詞有變格,動詞有變位,形容詞的性、數、格跟着名詞走,單看一個詞本身的形態變化就可以確定它的詞類,例如俄語名詞的定義是表示事物而又經常依照格和數發生變化的詞;形容詞的定義是表示事物的性質、特性和屬性而又依照性、格和數發生變化的詞;動詞的定義是表示事物的行爲或狀態而又依照時間、人稱和數發生變化的詞。我們漢語的詞類不可能下這樣的定義,因此似乎漢語的詞類不能按照形態標準來劃分。

　　但是,漢語的形態雖不豐富,可絕對不是没有形態的,特別在現代漢語裏是如此。我們從前以爲漢語没有形態學,那是錯誤的看法,例如動詞的詞尾"了、着、過"就表示一種時態(又稱"情貌"或"體"),我們可以説凡帶有或經常帶有這一種詞尾(形態標誌)的都是動詞②。表示具體事物的名詞,有不少可以加"兒"或"子";名詞表示人的多數,可以加"們"③。諸如此類,都可以證明,現代漢語是有形態的。形態標準是一個最可靠的標準,我們應該儘可能利用這一個標準。

　　但是漢語的形態既然是不豐富的,我們就不能單靠這一標準。

　　上面所説的三個標準都是好的,但是不能把其中任何一個孤立起來,因爲這三個標準是有機地聯繫着的。聯繫起來,我們就祇有一個標準,這叫做詞彙-語法範疇。

---

① 參看王力《中國語法理論》;呂叔湘、朱德熙《語法修辭講話》第一講第一段。

② "了、着、過"在漢語課本裏叫作時態助詞。按照漢語課本的講法,助詞附着在一個詞上的時候,就成爲這個詞的輔助成分,也就是具有了詞尾性。在另一篇文章裏(《關於漢語有無詞類的問題》),我把"了、着、過"看作形尾,和"兒、子"一類的詞尾區別開來,那是比較嚴格的説法。

③ 兒、子,漢語課本裏叫做輔助成分,"們"屬於助詞,當它附着在一個詞上的時候,也是輔助成分。

四

什麼叫做詞彙-語法範疇呢？

先講範疇。許多人把範疇和範圍混爲一談，實際上它們是完全不同的兩個概念。範疇是一種科學概念，它表示現實中最一般和最本質的現象。拿粗淺的話來說，範疇就是類。不過這是哲學上和科學上的最一般和最本質的類。

其次講語法範疇。語法範疇是一般語法的概念，它是以詞的變化規則和組詞成句的規則爲基礎，由特殊的形態標誌表示出來的。拿粗淺的話來說，語法範疇就是語法上最一般的類，這些類不是主觀決定的，而是由具體語言的詞形變化和造句法來決定的。西洋語言裏的格、性、數、時、式、體、態、人稱等，都是語法範疇。某些語法範疇構成某些詞類，例如俄語的動詞是由式、態、體、時、人稱、數等語法範疇來表示的（過去時的動詞還加上性的範疇）。語法範疇越豐富，詞類的劃分越沒有困難，例如在俄語裏，名詞、動詞和形容詞的界限是分得很清楚的。

現在講到詞彙-語法範疇。依照傳統的語法學，詞類的劃分祇以語法範疇爲標準就够了。但是，蘇聯語言學家謝爾巴（Л. B. Щерба，1880—1944）有一個新的、更合理的看法，就是應該以詞彙-詞法範疇爲標準。這個理論的建立把語法理論向前推進了一步。

非常明顯，所謂詞彙-語法範疇的理論，就是認爲我們在劃分詞類的時候，不但要重視結構方面（形態方面），而且要重視意義方面。應該把結構和意義看成一個有機的整體。對於一個詞來說，與其說是因爲有了這種形態，它纔是名詞或動詞等；不如說是因爲它有了名詞或動詞等的意義和作用，然後讓它具有某種形態。

這一理論完全適合於漢語語法。在劃分漢語詞類的時候，如果我們單憑語法範疇來做標準，就會遭遇很大的困難，甚至得出一個漢語無詞類的結論。事實證明，這樣劃分詞類是不合理的。拿形態豐富的俄語來説，也還應該根據詞彙－語法範疇來劃分詞類，至於漢語就更不用説了。所以，在漢語課本的語法系統裏，劃分詞類以詞彙－語法範疇爲標準。我們認爲這是可以同意的。

五

詞彙－語法範疇應用在漢語的詞類劃分上，應該有些什麽具體内容呢？

我想，應該把前面所敘述的三個標準結合起來看，標準仍舊是三個，但是，由於我們不再孤立地看它們，情況就完全不同了。

第一，概念標準應該看作是詞義標準。詞義在漢語詞類劃分中是能起一定作用的，應該注意使詞的基本意義跟形態、句法統一起來。基本意義對於漢語詞類劃分的標準來説是很重要的，例如“長江、黄河”，由於它們表示具體事物，在任何情況下都應該認爲名詞。在“黄河的水”裏，“黄河”並不像某些人所想象的那樣變成了形容詞。“黄河”在這裏被用爲“水”的定語，但它的詞性並没有發生變化。“想”是動詞，但“思想”不是動詞而是名詞；“聰明”是形容詞，但“智慧”不是形容詞而是名詞；因爲在現代漢語裏“思想”和“智慧”前面都不能像一般動詞、形容詞那樣加上否定副詞“不”。“端正”在近代還祇是一個形容詞，到了最近幾年來，也常用作動詞了（“端正學習的態度”），我們應該按照它的現有價值來考慮它所屬的詞類。由此看來，詞類是一個歷史範疇，我們不但不能按照别的語言的詞類來劃分漢語的詞類，而且不能完全按照古代漢語的詞類來劃分現代漢語的詞類，特別是不能按照古代漢語的歸類法來決定現代漢語每一個詞的歸類。在這一點上，我們的看法和《馬氏文通》的本類説有本質上的不同。我們不是單純地按照概念來分類，而是時時照顧到具體語言的歷史範疇。

第二，應該儘先應用形態標準。例如“兒”和“子”應該認爲名詞的標誌。我們不能根據“慢慢兒”和“一下子”這種例子來否定這個標準。"們"字更顯然是名詞的標誌,它表示名詞的複數;人類複數纔能用"們",非人類不能用"們",這祇意味着現代漢語裏名詞本身還分爲兩個語法範疇:一個是人類範疇,一個是非人類範疇,我們決不能因此否認"們"是名詞的形態。"了"和"着"也應該認爲動詞的形態標誌。總之,有形態的就必須以形態爲標準。

第三,句法標準應該是最重要的標準。在不能用形態標準的地方,句法標準是起決定作用的。但是,我們並不是從每一個具體句子裏去辨別詞類,好像是離開了句子就沒有詞類可言。相反地,我們永遠是離開了句子來辨別詞類:我們不是從某一具體句子裏辨別某詞屬於某類,而是把某詞放在許許多多的句子中的用途抽象出它的詞類來,例如"來"字,在許許多多的句子裏它都被用作謂語①,這是它的經常職務,因此它是動詞;至於"來"字在"他的來使大家很高興"這一個句子裏充當了主語,這是它的臨時職務,我們祇能説"來"字在這一個句子裏事物化了,它臨時帶上了名詞的性質。在詞典裏,我們祇能把"來"字注作動詞,不能同時注作名詞(或形容詞)。在這一點上,我們的看法也和某些句法標準論者的觀點有本質上的差別。

我們所謂句法標準,具體説起來有兩點:

1. 要看這一個詞在絕大多數的句子裏經常擔任什麼職務;
2. 要看這一個詞能和別的什麼詞組合。

記得從前嚴復有一個譬喻:在京劇裏,同一個人可以扮皇帝,也可以扮叫化子;詞類也是這樣,同一個詞可以在這個句子裏做名詞,在另一個句子裏做動詞(大意如此)。他這個譬喻是不恰當的。本來京劇和詞類很難作出比較;如果要比一比,也不應該是這麼個比法。我想在京劇裏有生、旦、淨、丑,倒有點像我們的詞類;如果它們臨時來一個"反串",我們也祇能當做"反串"來看待。這樣纔

_____
① 我把漢語的句子分爲三類:敍述句,以動詞爲謂語;描寫句,以形容詞爲謂語;判斷句,以繫詞(判斷詞)和名詞爲合成謂語。這裏是指敍述句。

能把一般和特殊區別開來。

　　同時,我們應該承認一詞多類的事實的存在。一個詞如果有兩個以上的經常職務,就應該承認它是屬於兩個或更多的詞類。

　　詞的組合能力是劃分漢語詞類的重要標準。我們並不一定要看一個詞在整個句子裏能起什麼作用,祇須看它能和什麼詞組合,就能判別它所屬的詞類,例如動詞和形容詞是能和"不"字組合的,名詞是不能和"不"字組合的,這樣,名詞和非名詞的界限就清楚了。形容詞一般能和"很"字組合,動詞一般不能和"很"字組合,這樣,形容詞和動詞的界限也大致清楚了。個別形容詞不能和"很"字結合(如"卓越"不能説成"很卓越"),那是由於概念本身就表示極度的性質,它不再需要表示高度的副詞"很"字。有一小部分動詞(它們大多數是表示心理狀態的,如"愛、喜歡、希望、願意、悲哀、傷心"等)能和"很"字組合,那是由於這些動詞在性質上接近形容詞[①]。我們如果能區別一般和特殊,就能拿組合能力這個標準來解決漢語詞類劃分上大部分的問題。

　　組合能力的標準不但能解決歸類問題,同時能解決分類問題。譬如説,現代漢語裏的數詞應該自成一類,不應該和形容詞合成一類,這並不是故意拋棄英語語法而采用俄語語法,而是由於現代漢語裏的數詞不能直接和名詞組合,而形容詞能直接和名詞組合。

　　詞的經常職務和組合能力,這是現代漢語語法研究中的兩個重要問題。這兩個問題研究好了,漢語詞類的劃分問題就能順利地獲得解決。

原載《語法和語法教學》,人民教育出版社

---

①　用這些動詞構成的敘述句也接近描寫句,如"我很喜歡""我很傷心"。

漢語實詞的分類

我在 1955 年寫了一篇題爲《關於漢語有無詞類的問題》的文章①。目的衹在於解決有或無的問題，還來不及討論詞類劃分的具體方法。現在我想談一談漢語實詞的分類。

爲什麽衹談實詞而不談虛詞呢？因爲像詞類這麽一個極端複雜的問題，爲時間所限不可能一次談完。如果分個先後，我認爲應該先談實詞。某些語言學家認爲漢語没有詞類，實際上也衹是説漢語的實詞不能分類；至於虛詞，則一般認爲可以分類。爲了和 1955 年那一篇文章密切結合起來，先談實詞是比較適當的。

這並不是説漢語虛詞的分類就没有問題了。現代漢語裏有没有真的介詞？連詞和介詞要不要分立？要不要立助詞一類？這都是尚待解決的問題。至於某一個虛詞（例如"被"字）應歸哪一類，問題就更多了。我們現在不談虛詞的分類，衹是把問題暫時保留下來罷了。

在討論漢語實詞的分類以前，有必要先説明實詞的範圍。這裏所謂實詞，包括名詞、數詞、形容詞和動詞。至於代詞，我仍然認爲它是半虛半實的詞類。代詞在虛實問題上有它的兩面性：就它能代替實詞的用途這一點説，可以把它看成實詞；但是它本身不指稱事物，所以它又是虛詞。不過，既然從某種意義上可以把它看成

---

① 原載《北京大學學報》1955 年第 2 期。見本集第 470—483 頁。

實詞,我們在這一篇文章裏也將要談到它。

一

在這一篇文章裏,我們仍然要從詞類劃分的原則談起。在各家的語法書中,詞類劃分之所以互相不一致,實際上是由於分類原則的不一致。換句話説,也就是觀點方法的不一致。當人們觀點方法不一致的時候,無論討論任何問題都不會獲得共同的結論,語法問題也不能是例外。

在漢語詞類劃分的問題上有兩個極端相反的原則:一個是純粹從句法功能去看漢語的詞類,譬如説,用作主語和賓語的詞一定是名詞,用作定語的詞一定是形容詞,用作狀語的詞一定是副詞,用作敘述句的謂語中心的詞一定是動詞,等等。我們可以把這個原則叫做功能論。另一個是純粹從形態學的觀點去看漢語的詞類,譬如説,漢語的名詞沒有任何形態標誌足以表示它是名詞,所以它不能被稱爲名詞,也不能和其他實詞區別開來,我們可以把這個原則叫做形態論。

從表面上看,似乎功能論優於形態論,因爲功能論主張漢語有詞類,而我們也認爲漢語是有詞類的。實際上恰好相反:從功能論到形態論是一種進步。

功能論實際上是把句法和詞法混同起來。我們如果深入考察,可以看見,這一類語法書中祇有句法,沒有詞法。黎錦熙先生所謂句本位,所謂"依句辨品,離句無品"正足以説明功能論者離開了句子就沒有法子辨別詞類。解放以後,黎先生雖然放棄了這些口號,他並沒有放棄功能論的實質。功能論似乎也能做到詞有定類,因爲在一個具體的句子裏,某一個詞祇有一個功能,也就祇能(按照功能論的看法)屬於一定的詞類。但是毛病正是出在這裏。一個詞如果祇在具體的句子裏纔能顯示它的詞類,那就説明了它本身並沒有詞類的任何特徵。功能論者説,某一個詞在第一個句子中是動詞,在第二個句子中是名詞,在第三個句子中是形容詞,在第四個句子中是副詞等等。同一個詞可以分屬於兩個、三個甚至於四個詞類,歸根到底等於否定了詞類的存在。在 1938 年開始的中國文法革新討論中,傅東華先生主張"一綫制",就是把詞類和功能統一起來,例如把名詞和主語統一起來,稱爲名詞(取消了主語這一術語),把動詞和述詞(即謂詞)統一起來,稱爲言詞(取消了動詞和述詞這兩個術語)[1]。這樣倒也乾脆,因爲順着功能論的道路走去,也衹有這樣辦,纔算比較地言之成理。傅東華先生説:"我的第二總原則是否認詞本身有分類的可能,就是認定詞不用在句子就不能分類。"[2]他認定詞不用在句中就不能分類,這就是"依句辨品,離句無品",但是他明白地否認詞的本身有分類的可能,這又比黎錦熙先生更徹底些。黎先生在他的《新著國語文法》裏常常是提出一個單詞來就斷定它的詞類,並沒有貫徹他自己所定的"離句無品"的原則。這個"離句無品"的原則在"一綫制"中纔真正貫徹了,但是"一綫制"實際上是取消了漢語的詞類,而與形態論相接近。傅先生説:"西文法有 parsing 和 analysis 兩步工作,中國字因無形體變化(按:即形態變化),parsing 一步就不能不依附在 analysis 工作内。"[3]這是無形中承認了漢語衹有句法,沒有詞法。

我們之所以認爲形態論比起功能論來是進步的,是因爲功能論者用太簡單的方法來處理漢語的詞類問題。功能論者沒有注意漢語詞類的特點,衹知道"大體按照世界文法分別詞品的通規"[4]。而所謂世界文法的通規,實際上衹是英語語法;"世界"二字是誇大了的。這樣處理漢語的詞類,必然是模仿的。既然是模仿的,就難免簡單化,不會有深入的研究。形態論者與此相反,他們不是尋找

① 傅東華《三個體制的實例比較和幾點補充的説明》,《中國文法革新論叢》第 41—46 頁,1958 年。

②③ 傅東華《請先講明我的國文法新體系的總原則》,《中國文法革新論叢》第 27 頁。

④ 黎錦熙《新著國語文法》第 8 頁,1925 年。

"世界文法的通規"，而是否認漢語的詞有形態標誌，從而否認漢語詞類的存在。在尋找漢語特點這一點上，形態論顯然是比功能論正確。有人説，否認漢語詞類的存在就等於否定了漢語語法的存在，這種推論是不合邏輯的，因而是不足以服人的。否定了詞類以後，並不是没有別的辦法來敘述漢語的語法。舉例來説，假使采用另一種"一綫制"，專講句子成分，不講詞類，也能構成一個語法系統。其次，即使否認漢語詞類的存在，我們也不能從此引出結論，以爲漢語因此就變成了低級的語言。"無形態語言是低級語言"這個命題，正像"單音節語是低級語言"這個命題一樣，是荒謬的。

我們之所以不同意形態論，並不是由於上述的理由。我們的理由是：(1)不一定要根據形態標誌纔能劃分詞類。如果我們不承認形態的多寡決定語言的高低，那麼就不必勉强説什麼"廣義的形態"。(2)單就形態學而論，也不能説漢語完全没有形態。解放前，我一方面説漢語語法没有形態學，另一方面又大談其情貌（即體），顯然自陷於極大的矛盾。

我們之所以不同意功能論，也不是要完全抹殺句法標準在漢語詞類劃分中的作用。但是，我們在分類的原則上和功能論者有根本的差別，表現在三方面：(1)我們儘可能在形態上區別詞類（如果存在着形態標誌的話），而功能論者根本不談形態。(2)當我們應用句法標準的時候，並不專從功能着眼，例如我們以結合能力爲標準就祇牽涉到詞組的問題，甚至僅僅牽涉到構詞法的問題。(3)當我們從句法功能上看詞類的時候，還注意區別基本功能和臨時功能。這樣，我們分類的結果就和功能論者大不相同。

我們劃分詞類的原則，如我在1955年所提到的，是以詞彙-語法範疇作爲標準。具體説來，就是詞義標準、形態標準和句法標準的三結合。現在我們的主張還是這樣的。

二

要解決漢語實詞分類的問題，必須對意義範疇和語法範疇的關係先有了正確的認識。同時我們應該從民族特點來看語言的語法範疇。

　　先有意義範疇還是先有語法範疇？我們認爲是先有意義範疇。意義是客觀事物的反映，語法範疇祇是通過意義範疇來反映客觀事物。試拿名詞爲例：各個名詞儘管有着各種不同的詞彙意義，但它們都能指稱事物，這種事物性就是一切這些名詞的意義範疇。有了這個意義範疇，然後名詞的語法範疇纔有了依據。忽略了意義範疇，就是割斷了語法範疇和客觀事物的聯繫。一般説來，意義範疇對漢語實詞的詞類劃分具有決定性的作用；沒有某種意義範疇，決不可能有和它相當的語法範疇。

　　但是，強調意義範疇的重要性並不意味着輕視語法範疇的民族性。事實上，有了某種意義範疇，在具體語言裏，並不一定有一種語法範疇和它相當。可以這樣説：意義範疇是超民族的，而語法範疇是具有民族特點的。我們同意這樣的意見：世界上任何語言，如果有詞存在，也就有印歐語言中的名詞、數詞、形容詞、動詞等意義相當的詞（或詞組）。但是我們不同意這樣的意見：世界上的語言，在詞類劃分上，都有這些詞類。我們特別反對完全憑意義來區別詞類，這樣分類的結果將使世界語言的詞類都歸一律；也反對用與外國語對照的辦法來區別詞類，那樣就會主觀片面，削足適履，抹殺了語言的民族特點。舉例來説，如果在英語裏把數詞獨立一類，那是不妥當的，因爲英語的數詞並沒有什麼特徵使它區別於形容詞；但是，在現代漢語裏不把數詞獨立成爲一類也是錯誤的，因爲現代漢語的數詞不能直接和名詞結合（其間要有量詞），而形容詞能直接和名詞結合，就結合能力來看，顯然不能認爲同一詞類。

　　詞類的派生和不派生，以及詞類派生的多少，決定於語言的民族特點。所謂派生，有些語法書叫做轉化，其實是分化。某些語言對於不同的句法功能要求不同的詞類去擔任，於是由同一個基本意義分化爲兩個或更多的詞類；另一些語言正好相反，同一個基本意義往往祇由同一個詞去表達,而不管句法功能上的差別如何,這就是説,它們並不要求詞類的轉化或分化。就漢語來説,基本上是後一種情況。這一個原理非常重要;許多誤會都是由於功能論者的偏見,這種偏見把句法功能對詞類的作用看成是絶對的,以致本來没有糾纏的東西都糾纏起來了。如果解決了這些糾葛,漢語實詞的分類問題也就跟着解決了。

第一,先談名詞派生形容詞的問題。當一個事物概念和另一個事物概念結合成爲一個複雜概念的時候,往往成爲一個主從結構的詞組,也就是名詞前面加上一個定語。這個定語,在甲語言中用名詞來表示(名詞作定語);在乙語言中用形容詞來表示(形容詞作定語),例如"黄金時代"在法語裏是 l'âge d'or(名詞作定語),在英語裏是 golden age(形容詞作定語)。如果拿俄語和法語比較,這種差別更是突出。在俄語裏是形容詞的地方,在法語裏祇用名詞前面加介詞(不加冠詞)[1],例如 золотой = d'or(金的)、серебряный = d'argent(銀的)、железный = de fer(鐵的)、стальный = d'acier(鋼的)、горный = de montagne(山的)、водный = d'eau(水的)、сосновый = de pin(松的)、ивовый = de saule(柳的)。在俄語裏,這些形容詞都是從名詞派生出來的,是所謂關係形容詞。但是,當俄語要表示一個事物概念和另一個事物概念的關係的時候,關係形容詞並不是唯一可用的形式。在俄語裏,關係形容詞和定語名詞是交錯着應用的。至於什麽地方用關係形容詞,什麽地方用定語名詞,那完全由民族的語言習慣來決定。這個語言習慣實際上也是歷史發展的結果。試拿俄語和漢語作一個比較,俄語的關係形容詞和定語名詞交錯應用的情況就非常明顯。以"山"爲例,對於"山口、山峰、山背、山嘴、山脈、山窪子"等,俄語用關係形容詞,説成 горный проход、горный пик、горный кряж、горный

---

[1]　英語和法語的語法書中雖然没有定語這個名稱,實際上這一種介詞結構就是定語,等於俄語的生格。

перевал、горная цепь、горная долина 等；而對於"山脚、山脊、山尖、山根、山腰、山坡子"等，俄語則用定語名詞，説成 подошва горы、гребень горы、вершилна горы、подножие горы、середина горы、склон горы 等。就漢語本身來看，在"山背"和"山腰"的比較中，或者在"山窪子"和"山坡子"的比較中，很難得出結論説定語"山"字和被修飾的名詞之間的關係是不一樣的，因而斷定"山背"的山是形容詞，"山腰"的"山"是名詞定語；"山窪子"的山是形容詞，"山坡子"的山是名詞定語，等等。在漢語的詞類劃分中，我們必須把這些"山"字歸到同一詞類中去。歸到什麽詞類纔算是合理的呢？我們認爲歸到名詞一類纔算合理。因爲：(1)從意義範疇看，"山"顯然是屬於事物範疇的。印歐系語言如俄語、英語等，它們的關係形容詞一般總是從名詞派生出來的①。漢語裏没有這一種名詞派生形容詞的事實(它在這一點上和法語是同一類型)，所以"山"字仍然是名詞。(2)從結合能力上看，"山"字不能用"很"字來修飾(我們不能叫"很山")，不能用"不"字來否定(我們不能説"不山")，又不能單獨用作謂語，所以它本身祇能是名詞。其餘名詞都可以類推。當它們被用作定語的時候，並没有喪失它們的名詞的性質。

　　第二，讓我們來談形容詞派生名詞和副詞的問題。大家知道，印歐語系的形容詞常常派生爲名詞，例如"高"在法語裏有 haut：hauteur，在英語裏有 high：height，在俄語裏有 высокий：высота；"富"在法語裏有 riche：richesse，在英語裏有 rich：riches，在俄語裏有 богатый：богатство；"準確"在法語和英語裏有 exact：exactitude，在俄語裏有 точиый：точность。就古代漢語來説，形容詞並没有派生出名詞，它們雖然也有用作主語和賓語的時候，也没有任何語法特點或形態標誌證明它們喪失了形容詞的性質。就現代漢

_____

① 有些語言雖然没有關係形容詞這個術語，但是有這種事實。

語來説，它的確産生了許多新詞，使它們和英語、法語、俄語這些抽象名詞相對應，例如"高度、財富、準確性"等等，但是這些名詞和相當的形容詞有了明確的分工，更使非派生的形容詞保持着原來的詞性而没有分化成爲名詞。我們不能説凡是用作主語和賓語的形容詞都必須認爲是名詞。即以印歐系語言而論，也不乏形容詞充當主語和賓語的例子。謝爾巴在他主編的《俄語語法》裏就説到：除了名詞經常充當主語外，其他詞類如形容詞、形動詞、數詞和不定式動詞都可以充當主語[①]。形態非常豐富的俄語尚且如此，其他如英、法等語不問可知。形容詞派生爲副詞，在印歐語系中是很普遍的現象。在這些語言裏，形容詞和它所派生的副詞在詞形上是有分别的，例如英語的 sincere（誠懇的）和 sincerely（誠懇地）。在漢語裏這種區别是不存在的。詞尾"的"和"地"的區别，衹是書面語言中的人爲的結果，口語裏並不能從語音上把它們區别開來。這就是説，這一類的形容詞並没有派生出副詞一類，它們衹是在某些情況下，以形容詞的資格去擔任狀語的職務罷了。

　　第三，我們要談談數詞派生名詞的問題。這個問題很簡單，不但漢語的數詞不派生名詞，連印歐系語言的數詞一般也不派生名詞。像俄語裏的 пятёрка（五個）、пятеро（五個人）這樣的數目名詞是很少見的，而且它們也衹用於特殊的場合。在印歐語系裏，數詞常常以原來的詞類的資格去擔任主語和賓語的職務，例如法語的 deux et deux font quatre（二加二等於四）[②]，俄語的 одиннадцатьнечётное число（十一是奇數），сто пятьдесят восемь на три не делится（一百五十八不能除三）。功能論者在這裏碰了壁，他們説主語和賓語必須由名詞充當，本來是模仿西洋的説法，在數詞的問題上，他們全失了模仿的根據了。

―――――――――――――

①　參看謝爾巴主編的《俄語語法》第二册（句法部分）第 10 頁，譯本下册第 15 頁。
②　法語的數目字是屬於形容詞的。蘇聯的法語教科書爲了便於與俄語對比，把法語的數目字認爲數詞。這裏衹想説明數目字在用爲主語和賓語時並不轉類。

　　第四，我們要談動詞派生名詞和形容詞的問題。大家知道，在印歐系語言中，與行爲範疇相當的詞用作主語和賓語，有兩種主要的情況：一種是用不定式動詞；另一種是用行爲名詞。"死"在法語裏是 mourir：mort，在英語裏是 die：death，在俄語裏是 умереть：смерть；"飛"在法語裏是 voler：vol，在英語裏是 fly：flight，在俄語裏是 лететь：полёт；"解決"在法語是 résoudre：résolution，在英語是 resolue：resolution，在俄語是 решить：решение。雖然不定式動詞和行爲名詞不是隨便可以互換的，但是就漢語的實際情況來説，處在主語和賓語的動詞顯然不能認爲喪失了動詞性，因此它們也就比較地接近於不定式動詞。中學《漢語》課本把"學習並不是很簡單的事情"裏面的"學習"、"這個孩子非常喜歡舞蹈"裏面的"舞蹈"、"解放軍還没有停止射擊"裏面的"射擊"認爲是動詞，那是完全合理的①。動詞和形容詞的界限，在印歐語系中本來是比較清楚的。行爲範疇表現爲定語的時候，在印歐語系中，是由分詞表示的。所謂分詞，顧名思義，本來是分擔（兼有）動詞和形容詞兩種性質的，而我們的功能論者完全忽略了這一點，把作定語的動詞（如"飛鳥"的"飛"）簡單地認爲是形容詞。我們的看法與此相反，這一類詞仍舊是動詞，不是形容詞。如果把"飛鳥"的"飛"看成形容詞，那麼"飛着的鳥"的"飛"是什麼詞呢？"在天空中飛着的鳥"的"飛"字又是什麼詞呢？如果把"喝的水"的"喝"看成形容詞，那麼"工人們喝的水"的"喝"又是什麼詞呢？

　　本來，我們討論漢語的實詞分類，不一定要拿印歐語系的語法來比較；但是，和我們不同意見的同志們（無論是功能論者或者是形態論者）實際上是根據西洋的語法理論來反對我們。因此，我們在這裏談談漢語在實詞分類上和印歐語系的異同，不是没有用處的。

---

① 《漢語》課本第三册第 59—60 頁。

<h1 style="text-align:center">三</h1>

在漢語實詞的詞類問題上，意義範疇和語法範疇基本上是一致的①。和事物範疇相當的是名詞，和行爲範疇（動作範疇）相當的是動詞，和性狀範疇相當的是形容詞，和數量範疇相當的是數詞。詞類反映客觀世界的觀點是唯物觀點。遠在 18 世紀，羅蒙諾索夫就説實詞永遠表徵着人物和行爲②。的確，如果我們祇看根詞（非派生詞），連印歐語系的實詞的詞類也是真實地反映客觀世界的，例如"乾淨"這一個基本意義在俄語裏既是形容詞（чистый），又是副詞（чисто），又是名詞（чистота），甚至是動詞（чистить），但是其中祇有 чистый（чист）是根詞，可見形容詞纔是和性狀範疇相當的。漢語實詞的詞類和客觀世界的一致性最爲突出，主要是因爲漢語裏很少派生的詞類。這樣，名、動、形、數這四個詞類相互間就有了明確的界限，如果説客觀世界的事物、行爲、性狀、數量是可分的，那麼，漢語實詞也是可分的。

當然，在區別漢語實詞的詞類的時候，單憑詞類的意義，不憑詞類的語法特點，那也是錯誤的。中學的《漢語》課本指出名詞、動詞、形容詞的語法特點如下③：

（1）名詞可以用數量詞作定語，表示人物的名詞還可以在後邊加上"們"表示多數；不能用副詞作定語，名詞作謂語，一般要求前邊有判斷詞"是"，構成合成謂語。

（2）動詞能夠跟副詞結合，受副詞的修飾，能夠用肯定否定相疊的方式表示疑問；能夠重疊，重疊起來表示一些附加的意義；能夠帶上"着、了、過"這些時態助詞表示一些附加的意義。

---

① 本文所謂語法範疇，指的是詞的語法分類所憑的語法特點，不限於性、數、格、時、態一類的語法範疇。

② 參看王力《中國語法理論》新版自序。

③ 《漢語》課本第三册第 35—36、49—51、74—75 頁。

（3）形容詞可以跟副詞結合，受副詞的修飾或者限制，可以用肯定否定的方式表示疑問；可以重疊。

憑着這些語法特點，名詞和動詞間、名詞和形容詞間，都有分別了。課本注意到詞類的形態標誌和結合能力，這是值得讚揚的。但是動詞和形容詞之間却找不出一個分別來。課本在後面補了一條說："雙音的動詞和形容詞各有自己的重疊方式，這是動詞和形容詞在詞形變化上的區別。"接着又說有些形容詞采用動詞的重疊方式，動詞采用形容詞的重疊方式，這樣却又使這區別模糊了。

我們認爲：各種實詞的語法特點的辨別，祇限於詞形變化和結合能力是不够的；完全撇開功能不管，也未免矯枉過正。課本雖然不是完全撇開功能，但是講得還是比較片面的。我們既然不能單憑意義去辨別詞類，而漢語的形態又不够豐富，在某些情況下，還是靠功能來辨別，例如動詞和形容詞的主要區別在於動詞作定語時一般必須用助詞"的"字，而形容詞可以不用"的"字。必須承認：語法範疇雖然基本上和意義範疇相當，到底不是完全符合。由於歷史發展的結果，也有着少數參差的情況。如果不靠語法特點——其中有些是句法功能的特點——來檢驗，就會得到錯誤的判斷。

在判斷一個詞是不是名詞的時候，要看它是不是經常具有主語和賓語的功能；在判斷一個詞是不是動詞的時候，要看它是不是經常具有敘述詞（敘述句的謂語中心詞）的功能；在判斷一個詞是不是形容詞的時候，要看它是不是經常具有定語的功能。

根據這些判斷，我們將發現極少數的詞處於特殊的情況。有些來自動詞的詞，到了今天，已經不再是動詞，因爲它們已經不再具有敘述句的功能，例如"思想、戰爭"在現代漢語裏祇能用作名詞，不能用作動詞。楊延輝在《四郎探母》裏說的"思想起來"，唐詩人李涉所詠的"却笑江山又戰爭"，我們今天已經不能這麼說了。就拿"生活"一詞來說，它也許偶然能有動詞的作用，但是由於它經常用作主語和賓語，它就是十足的名詞。我們再也不能像《孟子》

那樣説"民非水火不生活"了。這個原則很重要。在一切語法問題上，都應該重視語法的形式。我們不能藉口説內容決定形式，因而不再根據語言的語法結構形式去判斷詞類。正是由於內容有了改變（這裏是由行爲概念轉變爲抽象的事物概念），所以這些詞不能不由動詞轉變爲名詞。這不是詞類的分化，而是轉類。我在解放前在詞類問題上所犯的錯誤，就是單純從意義範疇去區別實詞的詞類，沒有把句法功能與詞類問題結合起來。

　　上文説過，我們應該把基本功能和臨時功能區別開來。缺少了這一個重要的原則，我們就和功能論者沒有很大的差別了。有時候，某種句法手段可以把某一個詞放在它平常不佔有的位置上，這衹是它的臨時功能。曾經有一個時期，語法學家對"人其人、火其書、廬其居""父不父，子不子"這一類的結構很感興趣，以爲在這些結構裏，名詞可以用作動詞。其實，"人、火、廬、父、子"在任何時候都是名詞，主語和賓語是它們的基本功能，敘述詞衹是它們的臨時功能。如果沒有"其、不"這些虛詞作爲語法手段，它們這種臨時功能就無從形成或引起歧義（如"父父、子子"就是不足爲訓的）。直到今天，我們還可以憑着語法手段去製造類似的"動詞"，例如在下象棋的時候，我們可以説"拿象象了他的車"，第二個"象"字靠着動詞詞尾"了"做了敘述詞，這也是它的臨時功能。臨時功能是不能決定詞性的。在"不男不女"裏，"男"和"女"並不是形容詞，因爲它們僅僅靠着"不"字而暫時充當描寫詞，但是它們本身並不具有形容詞的一般語法特點，它們不受一般副詞的修飾，例如我們不能説"很男"或"很女"。在"爲了除四害，他們用毒藥把老鼠都藥死了"裏，第一個"藥"用於基本功能，第二個"藥"字用於臨時功能，因爲"藥死"是一個使成式，使成式的第一成分一般是由外動詞充當的，"藥"字處在這個地位，自然不能不臨時起着外動詞的作用。但是，如果在詞典裏注明"藥"字兼有名、動兩性，那就是把本質的東西和非本質的東西混同起來了。

　　明白了基本功能和臨時功能的區別以後，許多問題都迎刃而解。例如上文所述的，形容詞可以采用動詞的重疊方式，動詞可以采用形容詞的重疊方式，但是從它們本身的基本功能來看，形容詞本身始終是形容詞，動詞本身始終是動詞。就拿《漢語》課本所舉的例子來說①，"熱鬧"可以說成"熱熱鬧鬧"，也可以說成"熱鬧熱鬧"。後者祇是靠着動詞的語法手段使它臨時起着動詞的作用，但是"熱鬧"本身仍是形容詞，因爲它經常被用作定語。"搖晃"可以說成"搖晃搖晃"，也可以說成"搖搖晃晃"。後者祇是靠形容詞的語法手段使它臨時起着形容詞的作用，但是"搖晃"本身仍是動詞，因爲它並不經常用作定語，而是經常用作敘述詞。

　　根據上述的原則，我們對漢語實詞分類的結果，和功能論者大不相同。現在分類說明如下②：

　　（1）名詞用作定語時，仍然是名詞，不是形容詞。例如"正面墻上掛滿了模範紅旗""郵局的檢信員讓他查了查信"。馬建忠把定語名詞看作是實字（即實詞）的"偏次"③，那是非常正確的。黎錦熙先生把定語名詞看作領位，領位再分爲統攝性的和修飾性的④，黎先生的意見也是正確的⑤。在這個問題上，黎先生並不是功能論者。一方面，由於模仿英語語法，他不能不把"物主"之類認爲領位（genitive case）；另一方面，他又看出了《馬氏文通》的"偏次"的"界說較廣，不限西文所云"⑥，而且他采用了馬建忠的意見。這樣處理是合理的。如果拿英語語法來比較，祇有在上文提到的關係形容詞的地方纔發生定語名詞算不算形容詞的問題。但是，就在這種

①　《漢語》課本第三冊第 75 頁。
②　舉例儘可能用《漢語》課本所舉的例子。這樣對於那些熟悉暫擬漢語教學語法系統的同志們來說，更便於瞭解。
③　《馬氏文通》校注本上冊第 107—117 頁。
④　《新著國語文法》第 58—64 頁，1925 年。
⑤　詳細的分類有可商榷之處。
⑥　黎錦熙《比較文法》第 127 頁。

情況下，也並不一定非認爲形容詞不可。馬建忠把"獸蹄鳥迹之道"裏面的"獸蹄鳥迹"認爲是偏次，那是不錯的。黎錦熙先生把"玻璃的窗户、大呢的夾袍"裏面的"玻璃"和"大呢"認爲領位，雖然領字不好講，但是他把它們認爲名詞是對的。本來，在這種地方，英語也有兩種可能的結構。當英語要説"鋼鐵的膽量"的時候，既可説成 iron nerves（或 steel nerves），又可以説成 nerves of iron（或 nerves of steel）。在前一種結構中，iron（鐵）或 steel（鋼）固然被認爲是名詞作形容詞用；但是，在後一種結構中，没有任何人懷疑 iron（或 steel）是名詞。漢語既然常常加"的"字，就和英語的 of 比較接近，爲什麼還要把這種定語名詞看成形容詞呢？至於一般的領屬關係，如"水的純潔性"（俄：чистота воды，法：pureté de l'eau，英：purity of water），在印歐系語言中，一般都是用兩個名詞來表示的，即使要模仿西洋語法，也没法子把這種定語名詞認爲是形容詞。如果硬把它們説成是形容詞，那祇好説是功能論者的偏見了。

（2）領有代詞和指示代詞始終是代詞，它們被用作定語的時候也不改稱爲形容詞。馬建忠對於這個問題處理得很正確，他把用作定語（偏次）的代字都歸入代字（代詞）一類。他的《文通》是模仿拉丁語法的，不是模仿英語語法的。從梵語、希臘語到拉丁語，都没有所謂領有形容詞或指示形容詞。在希臘語裏，指示代詞和所謂指示形容詞實際上是同一樣東西。我們並不説模仿希臘、拉丁就算對了，模仿英語就算錯了。我們祇是説，馬建忠這樣做已經符合漢語語法的實際，而後來的語法學家片面地根據英語語法去批評《馬氏文通》反而顯得是所見不廣。楊樹達首先以刊誤的姿態去指責馬建忠説："此"字乃"指示靜字"，西文或稱"代名靜字"。馬氏於此種但作代字，不另分析指示靜字一種，致獨立用之代字與附於名詞用之靜字毫無區別，其説非也①。劉復也批判馬氏説：

---

① 楊樹達《馬氏文通刊誤》。引文見《馬氏文通》校注本上册第 4 頁。

"《馬氏文通》裏的'指示代字'一節,實在講得不大好。他把指示代詞分爲……四類,據我看,祇特指類中的'彼、此、是'等字是代詞,而且是靜性代詞……文言中的'彼'字,如相當於白話中的'他',與'我、爾'相對待,則爲人稱代詞;如相當於白話中的'那',與'此'字相對待,則爲靜詞或靜性代詞。"①在這一點上,黎錦熙先生和楊、劉二人的見解是一致的,於是他根據英語語法,把用作定語的指示代詞稱爲指示形容詞②。至於用作定語的領有代詞之所以没有被他認爲形容詞,自然祇是由於英語語法没有這樣做的緣故。其實從功能論的觀點來看,倒反是把二者一律歸爲形容詞更顯得徹底。法語語法正是這樣做的,在法語語法書中,不但有指示形容詞,而且有領有形容詞③。但是,俄語語法正好相反。在俄語語法書中,既没有指示形容詞,也没有領有形容詞。正如它把用作定語的名詞仍然認爲是名詞一樣,它把用作定語的代詞(不管是領有代詞或指示代詞)仍然認爲是代詞。漢語實際上並没有領有代詞,有的纔是人稱代詞加"的"字表示領有。至於指示代詞用於定語的時候,自然應該按照漢語的實際,仍然認爲是代詞。

(3)動詞用作定語的時候,仍然是動詞,不是形容詞。關於這個問題,上文已經説得很清楚了。黎錦熙先生把"飛禽"的"飛"、"走獸"的"走"和"來的人"的"來"都看成散動詞第二種,但是又認爲"飛、走、來"都是作形容詞用的④,這裏有矛盾。

(4)形容詞作狀語的時候,仍然是形容詞,不是副詞。例如"快走吧,不然來不及了""他低着頭慢慢地走",《漢語》課本把"快"和"慢慢"都歸入形容詞,那纔是對的。關於這個問題,上文也交代

---

① 劉復《中國文法講話》。引文見《馬氏文通》校注本上册第 4 頁。

② 《新著國語文法》第 154—156 頁。

③ 就語法本身説,這也不能算是合理的。法國語言學家 A.Dauzat 在他所著的《合理的法語語法》裏,把性狀形容詞和所謂形容代詞分成兩章。形容代詞被認爲"語法工具"(按:即虛詞)和人稱代詞合爲一章。那纔比較合理。

④ 《新著國語文法》第 76—78 頁。

過了。

（5）動詞、形容詞用作主、賓語的時候，仍然是動詞、形容詞，不是名詞。例如："學習並不是簡單的事情""他從小就喜歡冷靜，不喜歡熱鬧"。這個問題比較複雜，下文還要再談。

以上所述各點，中學《漢語》課本正是這樣處理的。我們認爲，《漢語》課本是對的。

四

一詞多類和詞無定類，據説是漢語實詞分類工作上的致命傷。但是，如果依照上文所闡述的分類標準，漢語一詞多類的情況並不像某些同志所想象的那樣嚴重，相反地，在大多數情況下，可以説是詞有定類。某些詞有跨類現象，也祇跨兩類，不跨三類以上，所以也不能認爲一詞多類。這種情況比英語的情況還好一些，英語雖然在某些方面詞類具有特別的形式（例如由形容詞或動詞派生的名詞），但是，漢語在另一些方面的形態還比英語豐富（如名詞前面有量詞，動詞有情貌的表示，有使成式的結構，形容詞和動詞有重叠式，等等）。打開英語詞典一看，絕大多數的詞都是跨類的，有些跨三類，最多的還跨到四類、五類（up 這個詞兼跨副詞、介詞、形容詞、名詞、動詞）。某些資産階級語言學家也常常説英語詞類劃分得不合理①。但是，直到今天爲止，還没有人説英語没有詞類。我們認爲：漢語的詞類相互間的界限要比英語清楚，漢語的實詞的確可以分類。

名詞和動詞的界限是相當清楚的。應該特別指出，現代漢語的具體名詞的詞性是非常固定的，"人、馬、山、水、玻璃、葡萄"等詞在任何時候都祇用作名詞。在古代漢語裏，名詞藉着語法手段，還可以具有敘述詞的臨時功能（如"人其人、火其書、廬其居"）；到了

---

① 參看 H. A. Gleason, An Introduction to Descriptive Linguistics, 第 92—100 頁，又 C. C. Fries, The Structure of English, 第 68—86 頁。

現代漢語裏,這種語法手段已經不用了。有極少數的詞,如"釘、鋸"等,似乎兼屬名、動兩類;但是,在普通話裏它們並没有兼屬兩類,因爲它們用作名詞的時候必須加上詞尾説成"釘子、鋸子"等。在古代漢語裏,某些名詞藉着語法手段也可以用作狀語(如"人立、蛇行"),現在這種語法手段也不用了。具體名詞在漢語詞彙中佔着極大的數量;具體名詞有了定類,已經足以駁倒漢語詞無定類的説法。

其次,我們要指出,漢語的數詞是有定類的。那些靠語法手段造成的主賓語(如"知其一不知其二")既然不算名詞,那麽,數詞永遠是數詞。

其次,我們要指出,單音的動詞是有定類的。"吃、喝、哭、笑、飛、走"等詞在任何時候都是動詞。單音動詞在漢語詞彙中也佔着極大的數量。

其次,單音的形容詞也是有定類的。"大、小、多、少、長、短、粗、細"等詞在任何時候都是形容詞。單音形容詞在漢語詞彙中也佔很大的數量。具體名詞、單音動詞、單音形容詞三者合起來佔了現代漢語詞彙的大部分。我們還能説漢語詞無定類嗎?

動詞和形容詞之間的界限是清楚的。上文説過,除了個別的固定結構以外,動詞用作定語時必須靠着"的"字的幫助,而形容詞用作定語時(特别是單音形容詞)則没有這種要求。某些形容詞可以靠着語法手段(如利用情貌記號"了"和準情貌記號"起來")擔任敘述詞的職務(如"紅了、密切了、豐富起來"),但是,正如有些研究者所指出的,這些語法手段永遠衹給它們以成爲什麽樣的意義,也就是形成性質的意義,因此它們仍然是形容詞,不是動詞。

現代漢語的雙音詞中存在着跨類的現象(關於這一點,下文再説),但是,並不是所有的雙音詞都跨類。相反地,某些複合詞由於構詞法的關係,它們的詞性更加明顯,更加固定了。

由上所述,我們可以確信:漢語實詞不但可以分類,而且基本上還是詞有定類。但是,既然客觀事物是互相聯繫着的,詞類也就

不能判若鴻溝。抹殺漢語的詞類固然是不對的；但是，如果説漢語
實詞絶對没有跨類的現象，那也是不妥的。我們須要實事求是。

　　大家知道，抽象名詞是來自動詞和形容詞的。"五四"以後，漢
語的抽象名詞大量增加，這是有它的歷史根源的。現代漢語雙音
詞大量産生，其中有相當大的一部分就是抽象名詞，而抽象名詞的
大量産生則是由於西洋語法的影響。漢語語法有它的不可滲透
性，同時也有它的靈活性。動詞和形容詞轉化爲名詞，這是漢語憑
着它的靈活性吸收外國語法來豐富它自己，但是它們轉化爲名詞
之後並没有變爲另一個詞形，這就是漢語語法的不可滲透性的證
據。我們分析了這一個歷史事實，應該得出結論説：漢語實詞的跨
類現象，大多數是西洋語法的影響所造成的。

　　來自形容詞的抽象名詞，和來自動詞的抽象名詞又有不同的
情況。印歐語系形容詞的詞尾，例如英語的-ty、-ness、-tude，我們漸
漸傾向於製造一個詞尾"性"字去表示它，例如 vivacity＝"生動性"、
clearness＝"鮮明性"、exactitude＝"準確性"。這樣實際上已經由形
容詞派生出來了一部分抽象名詞，消除了不少的跨類現象。

　　剩下來的是來自動詞的抽象名詞，印歐語系的形容詞詞尾，例
如英語的-tion、-sion、-ment，我們並没有製造任何詞尾去表示它。
因此，動詞和它們所派生的抽象名詞就祇能用同一形式表示，例如
produce、production＝"生産"，discuss、discusion＝"討論"。這種情況
在英語裏也不是没有，例如動詞"報告"和名詞"報告"在法語和俄
語裏都分爲兩個詞（動詞 rapporter，докладывать，名詞 rapport，
доклад），而在英語裏祇有一個詞（動詞和名詞同形，都是 report）。

　　我們不能用臨時功能來解釋這種現象，因爲像"生産"這樣一
個詞，它用作主賓語的機會，至少也和用作敘述詞的機會一樣多。
這一類詞之所以必須認爲名詞，還有更重要的論據：有些抽象名詞
雖然來自動詞，但是發展到今天，它們已經不再是動詞。上文舉了
"思想"和"戰爭"爲例，如果仔細找一找，還可以舉出不少的例子，

例如"成就"等。此外還有一些詞正在轉變中,例如"運動、生活、死亡"。直到"五四"前後,"運動"還常常用作動詞(指政治上或外交上的活動),但是到了今天,"運動"通常祇用作名詞了。"生活"和"死亡"除了偶然用作動詞外(如"在原子時代生活着""資本主義必然死亡"),一般也用作名詞。因此,我們應該承認現代漢語有抽象名詞的存在。

上文說過單音動詞不跨類。雙音動詞有些是跨類的,有些是不跨類的。我們必須做許多細緻的研究工作,然後能對每一個雙音動詞的跨類與否作出正確的判斷。

漢語詞類的劃分,是一件非常複雜的工作;正因爲客觀事物的範疇相互的關係是錯綜複雜的,所以各種詞類之間的關係不可能是簡單的。在劃分漢語詞類的時候,我們既要承認絕對的東西,又要承認相對的東西;既要承認普遍的東西,又要承認特殊的東西;既要承認共性,又要承認個性。我們要反對絕對主義的研究方法。

原載《北京大學學報》"人文科學"1959 年第 2 期

詞和仿語的界限問題

一、爲什麼要分別詞和仿語的界限

爲了下面的三個目的,咱們應該分別詞和仿語的界限:

1. 在語法上,應該分清楚哪些是詞,哪些是仿語。雖然在原則上一個仿語的作用等於一個單詞的作用,但是在具體應用上仿語既是單詞的組合(詞組),它的構成方式在語法書裏就不能略而不談。

2. 在語法書中,應該認定哪些是詞,哪些不是詞(是字或仿語)。是詞的,就收進詞典裏作爲一條。字或仿語,就不能作爲詞收進詞典裏作爲一條。因此,辨別詞和非詞的界限對於詞典的編纂工作是完全必要的。

3. 在漢字拼音化的工作中,也應該注意詞的辨別。詞兒連寫的辦法是一定要實行的。雖然連寫的不一定全是複音詞(關於這一點,下文再詳細討論),但是複音詞非連寫不可。就習慣於一字一音的漢族人民來說,應該防止他們把字看成了詞,把詞看成了仿語。

　　關於哪些是詞，哪些不是詞，在西洋語法裏是不成問題的，因爲詞典裏已經把所有的詞都登載在上面，而且一切書報也都有了一致的寫法，咱們從詞兒連寫上看得很清楚每一句話包含着多少詞。至於漢語，它一向不是用拼音文字的，咱們用的是字典而不是詞典，書報上也没有用詞兒連寫的辦法，一般大衆對於詞的概念是很模糊的。因此，今後中國的語文教育中有一件事是要做的，就是教育後一代把詞的概念建立起來。在未教後一代之前，咱們這一代的語文工作者對於詞的看法首先要取得一致的認識。

　　我個人以爲：在區別詞和仿語的界限的時候，首先以能否達到上面的三個目的爲標準。咱們要全面考慮問題，不可以爲了一方面的便利而招致其他兩方面的不便。

　　這裏附帶説明一件事：就書面的漢語來説，詞有兩個邊界：它一方面和字交界，另一方面和仿語交界。但是，嚴格地説，字在語法上是没有地位的。如果把字瞭解爲音節，那是談語音方面，不如索性談音節好了。如果把字瞭解爲詞的一個成分，那就應該分爲各種構成部分來區別對待，不能囫圇吞棗地沿用這一個不能具有語法定義的"字"字。字是什麼？若説它們是一種形體單位，那它衹是文字上的單位，適足以證明語言本身無所謂字。等到將來漢字拼音化了，"字"也就壽終正寢了。若説它們是代表一個音節的一個方塊，那仍是語音方面的事，和語法没有什麼關係。字，從語法上看，它是四不像的東西。一個詞可能是一個字（書），也可能是兩個或更多的字（報紙，共産主義）。單就不成爲詞的字來説，也就五花八門。"葡萄"的"葡"字是毫無獨立意義的成分，它和"鐵路"的"鐵"字同稱爲"字"，實在是搭配不上。"刀子"的"子"和"子女"的"子"同稱爲"字"，兩種性質不同的東西被認爲同一的概念，真是不知怎樣纔解釋得通！我以爲在語法書裏最好不談字和詞的界限，如果要談到字的時候，就索性從否定方面説這一個一個的方塊在語法上是不足爲憑的東西。因此，這裏祇談詞和仂語的界限，不談字和詞的界限。

二、怎樣去分別詞和仂語的界限

要分別二者之間的界限，自然應該從定義出發。仂語的定義是比較好下的。在漢語語法裏，習慣上所謂仂語（短語），並不等於英語的 phrase，而是等於俄語語法裏所謂詞組（словосочетание）。因此，仂語就是兩個以上的詞的組合。自然，組合成了句子的時候，就不再稱爲仂語或詞組了。至於詞的定義，却是比較難下的。我在《中國現代語法》裏把詞認爲"語言的最小意義單位"；又在《中國語法綱要》裏把詞認爲"簡單的意義單位"。呂叔湘先生在《語法修辭講話》裏（8 頁）把詞認爲"意義的單位"，又在《語法學習》裏把詞認爲"語言的最小的獨立運用的單位"。在我看來，這四個定義是基本上相同的。這是較好的定義，但這不是完善的定義。這是較好的定義，因爲它抓住了詞的本質屬性；詞是由句子中分出來的最小意義單位，這就是說，詞是句子所由組成的各個可以獨立運用的部分，除詞之外，再沒有可以獨立運用的東西。然而這不是完善的定義，因爲所謂最小，所謂單位，它們的本身在這裏就是一種相當模糊的觀念，本身還須要再下定義，所以不是完善的。有人要問：怎樣纔算最小？什麼是意義單位？等等。我們的意思是：一個詞假使它能表示一個概念，當然是有意義的了；假使它是一個虛詞，它雖不能表示一個概念，但是作爲語法工具來說，仍舊是有它的意義的，因此，一切詞都是意義的單位。不成詞就沒有意義，所以不是意義單位。但是，仂語也是有意義的，因此，爲了和仂語區別開來，就加上"最小"兩個字，或"簡單"兩個字。一種定義需要這許多補充解釋，就不能算是完善的定義了。

詞的另一種比較普遍的定義是"詞是表示概念的語言形式"，或者更淺顯地說"詞是表示概念的"（說詞表示概念比較說詞表示

“觀念”好,因爲“觀念”祇是感性地被認知的形象,而概念纔是由感
性認識提高到理性認識的東西)。據我個人的瞭解,當一位語法學
家説詞表示概念的時候,他是指全性的詞(лольные слова)來説的,
至於輔助詞(служебные слова,即介詞、連詞等)祇能表示某種關
係,它們並没有表示明確的概念。但是問題並不在於詞是否都表
示概念;問題在於一個概念是否祇用一個詞來表示。我們知道,一
個概念常常是用幾個詞來表示的。因此,在没有詞典的現況之下,
咱們就不容易斷定某一概念在漢語裏是由幾個詞來表示的呢,還
是由一個詞來表示的?

在單詞和仂語之間,有所謂複合詞的存在。在漢語裏,典型的
複合詞是“火車”和“鐵路”等。它們不是純粹的單詞,因爲“火”和
“車”、“鐵”和“路”都是有獨立運用的可能的;它們也不是仂語,因
爲“火車”不單純是燒火的車,“鐵路”不單純是鐵造的路。複合詞
似乎是詞和仂語的“緩衝地帶”。但是,複合詞在原則上應該是詞
之一種,它不應該是和詞及仂語鼎足而三的東西。複合詞實際上
祇是單詞中的一種特殊的結構,它並不能使詞和仂語的界限更清
楚;相反地,有了它,更模糊了二者之間的界限。林漢達先生説得
對:“如以英文爲例,複合詞是有不同的寫法的,連寫、分寫或加短
橫祇是一種習慣,誰也説不出一定的道理。”[1]當他們分寫的時候,
事實上是把它們當做兩個詞(仂語)來看待的,至少一般人的看法
是如此。

有人企圖在語音上辨別出詞的起訖點來,然而都不是很成功
的。先説從重音上分別,這對於一般的實詞是有效的,但也有一些
例外;至於介詞、連詞之類,它們經常不念重音,但是咱們不能否認
它們也是詞。再説從節奏上分別,就更靠不住了,例如俄語介詞 b、
k、c 等,它們經常是附在後面的名詞的音段上的,但它們仍不失爲

①　林漢達《名詞的連寫問題》,《中國語文》1953 年 6 月號,第 8 頁。

單詞。又如法語 on m'a dit 裏面的 m'a，je l'ai fait 裏面的 l'ai 等，它們祇有一個音節，但是在語法上説，這一個音節裏包含着一個助動詞和一個賓語（間接的或直接的）。漢語有許多方言裏無所謂重音，而語氣詞之類又没有節奏，因此，從語音上是辨別不出詞的起訖點來的。

從形態上辨別，要比較從語音上辨别可靠些，例如俄語 железная дорота（鐵路）顯然是兩個詞，因爲 железный 這一個形容詞是依照規則來變化的；而 железнодорожный（鐵路的）倒反是一個單詞（不是複合詞），因爲裏面的 железно-不再按照形容詞的規則來變化了，它已經和 дорожный 合爲一體了。但是，漢語的形態變化比較少，咱們很難從形態上辨別詞和仂語的界限。

一切都可以説明，詞和仂語之間是没有絶對的界限的。我們中山大學語法教研組曾經談論到取消仂語這一個名稱，後來又想，這還是解決不了問題。問題不在於有無仂語這一個名稱，而在於某一語言形式算是一個詞呢還是兩個詞抑或是半個詞。

詞和仂語没有絶對的界限，這對於語文教育有没有害處呢？没有。仂語的作用既然和詞的作用大致相同（就實詞來説，仂語和單詞都是表示一個概念的）。偶然有一些語言形式被主觀地定爲仂語而不定爲單詞，或被主觀地定爲單詞而不定爲仂語，對於祖國語文的純潔，絶不至惹起任何的損害，例如"鐵路"這一個語言形式，我們認爲複合詞，但也有人認爲純粹的單詞，還可能有人認爲仂語。但是，複合詞也好，單詞也好，仂語也好，它所表示的祇是一個概念，決不是兩個概念，這應該是没有什麼可以爭論的。因此，假定"鐵路"歸入複合詞纔是對的，學習漢語的人們決不因爲"鐵路"歸入了仂語就被害得文章也寫不通。

我們雖然承認詞和仂語間没有明確的界限，同時也強調一點，就是界限辨别的困難並不應該引導到不可知論上去。我們不能像 Vendryes 那樣，把法語 je ne l'ai pas vu 這六個詞認爲實際上祇有一個詞①,那樣就陷入了煩瑣哲學的泥坑。咱們應該實事求是地從語言實踐中解決問題。語言應該爲生産而服務。人類使用語言,就應該能動地説明語言現象,而不應該受語言現象的束縛。

就語法方面説,在辨別詞的時候,咱們應該讓它儘量地顯出漢語的特徵。首先要避免從翻譯上看問題。同一概念,在甲語言裏是一個詞,在乙語言裏是兩個詞,在丙語言裏還可能是三個詞。如果從翻譯上看問題,勢必徘徊歧路,例如"鐵路",依英語 railway 看來是一個單詞(嚴格説來應該是複合詞,但一般認爲純粹的單詞),依俄語 железная дорота(鐵的路)看來是兩個詞,依法語 chemin de fer 看來是三個詞(有人認爲一個複合詞,但是既然分開來寫,一般總認爲三個詞)。漢語裏衹有"鐵路"兩個字,當然不可能認爲三個詞了;但是,到底咱們應該依照英語把它寫成一個詞呢,還是應該依照俄語把它分爲兩個詞呢? 我以爲這裏不發生依照哪一種外國語的問題,咱們應該依照漢語本身的構詞法來下結論。"鐵"和"路"至今還是獨立運用的兩個詞,在這裏它們雖然合起來成爲一個詞,畢竟是和"葡萄"之類有分別的;同時,"鐵路"不能説成"鐵的路",所以它又不能認爲兩個詞。它既不是純粹的單詞,又不是兩個詞(仂語),自然應該是複合詞了。就漢語來説,"火車"和"鐵路"是一類的,所以"火車"也應該是複合詞,咱們並不能看着俄語、英語、法語對於"火車"這一個概念用的是純粹的單詞(поезд、train、train),因而否認漢語"火車"這一個名詞的複合性。這樣講語法有一個好處,就是使人們能更精密地分析問題。

上面所談的複合詞的問題還是次要的問題,因爲複合詞畢竟是屬於單詞的一類的。咱們在教初級語法的時候可以不談這個;詞典裏一定要收它們;拼音新漢字一定要把它們連寫,所以問題不大。現在我們再就詞和仂語的界限問題來談一談。關於這一點,

---

① Vendryes《語言論》第 103 頁。他説:一般語法書把 je ne l'ai pas vu 分析爲七個詞。我想"七個詞"應是"六個詞"之誤。

我們仍舊堅持顧全漢語的特徵。例如"放大、加深、做好、弄壞、打倒、推翻"這一類的語言形式（我們叫做使成式）是漢語的重大發展之一。漢代以前沒有它，六朝纔有了它的萌芽，晚唐以後纔大量應用。漢語裏有了它，語言的内容更加豐富了。過去沒有人注意這一個語言事實的性質，祇從翻譯看問題，以爲"放大"等於英語的 enlarge，"加深"等於英語的 deepen，等等，就把它們認爲單詞。其實這是錯誤的。有兩件事實可以證明這一個錯誤：第一，英語 enlarge 和 deepen 之類，其中包含一個簡單的意思，就是由"大、深"等形容詞轉化爲使動詞（causatives），呆板的翻譯應該是"使大、使深"等。漢語的使成式就不是這樣簡單，它們是由一個外動詞加一個形容詞或内動詞而成的，這兩個成分各有其獨立性和重要性，前者表示一種動作，後者表示動作的結果，因此它們的變化的多樣性比英語的使動詞豐富得多了。就拿"放大"來說，它的前一成分變化的時候，可以變成"擴大、加大"，以至於"吹大"（汽枕被小孩吹大了）、"沖大"（窟窿被水沖大了）等等，後一成分變化的時候，可以變成"放寬、放高、放低、放遠"等等。這種自由變化是和英語的使動詞大不相同的。第二，就結構形式來說，外動詞和形容詞或内動詞中間可以插進一個"得"字或"不"字，如"修得好、咬不破"等，假使咱們把"修好、咬破"認爲單詞，對於"修得好、咬不破"就不好解釋了。固然，爲了拼音漢字的便利，也許可以考慮把"修好、咬破"之類認爲單詞，而把"修得好、咬不破"中間的"得"字和"不"字認爲詞腹（infixes），但是，這樣似乎是考慮拼音漢字太多，而考慮語法的特徵太少。當不能兩全其美的時候，多考慮拼音漢字也是應該的；但是我個人以爲某些雙音仂語也可以連寫（見下文），就不必應用到那種比較不合適的詞腹説了。我們認爲，漢語裏的使成式是兩個詞組成的，它們的組成，有一定的規律，就是外動詞加形容詞或加内動詞。咱們可以把外動詞認爲這個詞組的中心詞，把形容詞或内動詞認爲補語（動詞後面的附加語）。這祇是舉一個例，來說明漢語的特徵是應該重視的。

就詞典方面說,咱們應該從獨立運用的觀點上決定詞的標準。漢語詞彙的豐富,是不容否認的事實。但是,所謂豐富,首先應該瞭解爲没有什麼概念是漢語所不能表達的,其次應該瞭解爲漢語的構詞法有最大的靈活性,它能用種種巧妙的方式構成複合詞和詞組,令人有取之不盡、用之不竭的感覺。假使咱們不從這一方面去瞭解,祇管追求數字,以爲詞典裏所收容的詞越多,就越顯得漢語的詞彙豐富,那就犯了形式主義的錯誤了。試拿使成式爲例,將來編詞典的時候,也許可以把一些單詞化了的或傾向於單詞化的使成式編進去,例如"擴大"的"擴"不能單獨運用,"推翻"和"打倒"有它們的特殊的抽象的意義,不同於一般使成式,而且傾向於不再加"不"字或"得"字說成"推不翻、推得翻、打不倒、打得倒"之類,這些作爲複合詞編進去是可以的。但是,咱們不能把一切使成式都編進詞典裏去。假使咱們把"咬破、敲破、打破、鈎破、戳破、穿破、衝破、撕破、啄破、刺破、踏破"……等等都收進了詞典,詞典將憑空增加了幾厚册,而且毫無用處,徒然增加了讀者的負擔。一個人懂了"咬"和"破",決不會不懂"咬破"。假使咱們認爲"咬破、撕破"之類都是單詞,單詞決不能不收進詞典裏,而這數以萬計的"單詞"收了進去,在人力、物力上都是一種浪費。或者有些同志說,使成式祇收一部分,並非全收進去,所以篇幅不會太大。是的,這正是我們所建議的,例如"擴大、推翻、打倒"可收;但應以不收爲原則。我們認爲,從獨立運用的觀點上決定詞的標準纔是合理的辦法。

就漢字拼音化一方面來說,似乎有些同志從不同的角度來看問題,以爲漢語同音字太多了,詞的範圍越擴大,詞兒就越長,同音詞就越減少,將來詞兒連寫,就越容易懂。我們認爲同志們這種動機是好的,但這種解決方法還是可以商榷的。下一節我們就來談談這一個問題。

三、拼音漢字中怎樣解決詞兒連寫的問題

　　林漢達先生説："詞兒的分析跟詞兒的寫法有密切的聯繫,但二者不是一會事兒,因爲規定了詞兒不能因此全規定寫法,規定了寫法也不能因此全規定詞兒。"①這話是完全正確的。

　　漢語在現階段上,單音詞還是很多的。我們説單音詞很多,並不等於説單音詞比複音詞更多。我們雖然沒有精確的統計,但雙音詞比單音詞更多這一個事實大約是可以承認的。我們説單音詞很多,是説它們的數量僅次於雙音詞;尤其是動詞一類,單音詞的數量未必少過複音詞。咱們知識分子用慣了許多新興的複音詞,就忘了工農大衆日常口語裏還不大用它們。我們承認新興的複音詞是會漸漸被工農大衆接受的(實際上也已經接受了一些),但是,在拼音漢字新推行的時候,最好是用工農大衆所最熟習的口語來寫通俗文章,因此,大量的單音詞還是不可避免的。咱們不但要解決同音字太多的問題,而且要解決同音詞頗多的問題。擴大詞的範圍還不是一個很好的辦法。最好的辦法是林漢達先生提出來的:"複音詞必須連寫,但連寫的不一定全是複音詞,因爲複合詞,甚至短語(按:即仂語)也有可以連寫的。"②

　　我們完全同意林先生這一個看法。單靠擴大詞的範圍還解決不了問題,反而使語法和詞典兩方面發生困難。倒不如靈活運用連寫法,把一些仂語也連寫起來。這樣,不但"火車、鐵路"應該連寫,而且仂語"搞好、教壞"之類也可以連寫。既然靈活,就不要和語法理論一致,例如"搞好、教壞"雖然連寫,"搞得好、教不壞"却不一定要連寫(如果連寫,也該用短橫隔開,如"搞得—好、教—不壞")。動詞及其賓語,在語法上總不能認爲一個單詞吧? 但是,在拼音漢字裏,當動詞和賓語各祇有一個字的時候,爲了容易看懂,

────────────

①② 《中國語文》1953 年 6 月號,第 8 頁。

有些地方也可以連寫。"説話"和"走路"在漢語裏應該是仂語,因爲同時有"説大話、説錯了話"等等形式,動詞和賓語是分開了的。但是,在拼音漢字裏,"説話"和"走路"之類,顯然是可以連寫的。甚至"喫飯"也未嘗不可以連寫。在拉丁化新文字初興的時候(1936),我看見有人把"各黨各派"連寫在一起,我以爲不合語法。當時我是把問題看得太死了。爲了容易看懂,"各黨各派"爲什麽不可以連起來寫呢?

自然,我們仍舊主張規定寫法和規定詞兒的出入不要太大。首先要肯定一點,就是詞兒必須連寫,非但"葡萄、蝴蝶、豆沙、墨水"之類必須連寫,而且"火車、鐵路、銀行、圖書館、共產主義"之類也必須連寫。其次,四個音以上的仂語,除了某些新名詞之外,一般以不連寫爲原則,例如"中華人民共和國"就應該分爲三個詞來寫。雙音和多音,不但在音節的多少上有分別,在概念的簡單和複雜上也有分別,例如"鄉下"是一個單詞,"鄉村裏頭"是兩個詞的組合,説話人在説"鄉下"的時候,腦子裏祇有一個簡單的概念;而在説"鄉村裏頭"的時候有的是比較複雜的概念。這些都是規定寫法和規定詞兒相一致的地方。出入較大的是某些兩個音的詞組,例如"喫飯、飯盌"之類,此外還有肯定的和否定的使成式,如"搞得好、搞不起來"之類。這些問題也並不難解決,祇要文字改革研究委員會根據易寫易懂的原則定出一個寫法來,將來再逐步改善就是了。

四、詞的長短會不會牽涉語言發展問題

斯大林説:"語言是隨着社會的產生而產生,隨着社會的發展而發展的。"[1]"詞彙反映着語言發展的狀態,詞彙越豐富、越紛繁,那麽語言也就越豐富、越發展。"[2]"工業和農業的不斷發展,商業和運輸業的不斷發展,技術和科學的不斷發展,就要求語言用工作需

---

[1]　斯大林《馬克思主義與語言學問題》第 20 頁,人民出版社。
[2]　同上,第 21 頁。

要的新的詞和新的語來充實它的詞彙。"①

　　由此看來,語言是不斷地發展的,這種發展,在詞彙中更是顯明。但是,有一點必須先弄清楚,就是先有了新的事物、新的概念,然後在語言中產生新的詞,因此,咱們應該在新事物、新概念中看詞彙的發展,而不是從詞的加長去看詞彙的發展。假使有了新事物、新概念,即使用兩個或更多的詞(詞組)來代表這一件新事物,表現這一個新概念,詞彙仍舊是發展了的;因爲不但新的詞能充實詞彙,新的語也能充實詞彙。斯大林在這裏所謂"語"(выражение)是成語之類(包括新成語),並不完全等於仂語;一般仂語的結合比較自由些,成語的結合比較固定些。但是,咱們同時要注意,所謂成語也就是以仂語(詞組)的形式出現的。

　　斯大林說:"俄羅斯語言的詞彙有了某種程度的變化,這就是說,由於發生了新的社會主義生產,出現了新的國家、新的社會主義文化、新的社會精神、新的道德,以及由於技術和科學的發展,添加一大批新的詞和語;有許多詞和語的意思改變了,獲得了新的意思;有一些陳舊的詞在詞彙中看不見了。"②在這裏,"新的意思"很重要。這新的意思必須有所寄托(赤裸裸的思想是不存在的),無論創造新詞或改造舊詞,都無非是使這些新的意思有一個安身之處。至於這一個安身之處是一個單詞或一個詞組,那都是沒有關係的。

　　試以"鐵路"爲例。假使我們把"鐵路"單純地解釋爲"鐵做的路",那就是不瞭解語言的發展,也就是不瞭解社會的發展。但是,祇要全社會的人們都瞭解"鐵路"是勞動人民偉大創造之一,語言的發展是肯定了的;至於"鐵路"到底是一個單詞,或一個複合詞,那祇是語法學界的小爭端罷了。咱們不能說因爲英文把"鐵路"寫

① 斯大林《馬克思主義與語言學問題》第 8 頁,人民出版社。
② 同上,第 2 頁。

成單詞,俄文把"鐵路"寫成詞組(仂語),就説俄文比英文落後。假使這樣説,那是上了形式主義的當了。

有些同志們的錯誤在於認爲一個詞表示一個概念,而没有瞭解到,一個概念常常是由幾個詞來表示的。當咱們錯誤地以爲一個概念不可以由幾個詞來表示的時候,就會覺得那樣是割裂,是没有能够從詞彙中找出一個完整而又獨立的單位去表示那整個的概念,例如"工人階級"顯然是整個的概念,如果在拼音漢字中寫成了兩個詞,有些同志就會覺得不妥當。到底該不該寫成兩個詞,這是文字改革研究委員會可以決定的,這裏我們所想要討論的則是:假使寫成了兩個詞,究竟犯不犯原則性的錯誤? 答案應該是否定的。

在這裏我們重複提醒一下,必須從漢語本身去體會,拿外國語來比較是不能解決問題的。咱們不能從概念出發,以爲某一概念相當於一定數量的詞(譬如説相當一個詞),又以爲這是邏輯上規定了的,因而是全世界所共同的。這樣想問題就錯了。試以"生産方式"爲例。"生産方式"應該是幾個詞呢? 蘇聯人、英國人、德國人對於這個問題的答案是各不相同的。德文 produktionsweise 是一個詞,俄文 способ производства 是兩個詞,英文 mode of production 是三個詞。假使咱們説德文最合於語言的發展,俄文次之,英文最不合於語言的發展,那就是一種錯誤的推理。依我們的意見,在拼音漢字裏,"生産方式"寫成一個單詞(單詞中的複合詞)比較妥當,但這不是因爲"生産方式"寫成兩個詞在邏輯上比較合理,也並非因爲《資本論》原文 produktionsweise 比俄文 способ производства 是更進步的寫法,而祇是依漢語本身觀察所得的結論。就漢語本身來説,凡用"的"字隔開來的名詞應該認爲兩個詞("鐵的路、生産的方式");凡不用"的"字隔開的名詞應該認爲一個詞("鐵路、生産方式")。但是,這一個理論也不能够絕對化,例如上文所舉的"中華人民共和國"仍應該認爲三個詞,因爲名詞太長了,在語法上是不很便於分析的。由此看來,詞的長短是不會牽涉到語言的發展的。

俄語裏有一種特殊的複合詞。它們是簡稱之一種；但是，當全稱漸漸被一般人所不瞭解的時候，它們也漸漸失去了簡稱的性質，例如，"集體農莊"在俄語裏的全稱是 коллективное хозяйство，簡稱是 колхоз，現在大家都忘了它是簡稱。連斯大林同志在《蘇聯社會主義經濟問題》裏也把它寫成 колхоз，可見它已經不能再算是簡稱了。咱們應該把它當做一個新詞來看待。我以爲這纔真正是語言的發展。коллективное хозяйство 所給予人們的是一個複雜的概念，但這個複雜的概念却不如 колхоз 那樣更能全面地概括集體農莊的本質屬性。因爲它在作爲兩個詞的時候，祇表示"集體"的"農莊"，還有可能令人簡單地想象祇要集合許多農民來共同耕種就算是"集體農莊"；等到結晶爲一個詞的時候，概念簡單了，但是它的涵義更加全面了，它表示一種社會主義制度的整體。當它被翻譯爲英文的時候，有兩種譯法，或譯爲 collective farm，或譯爲 kolkhoz。我想主張譯爲 kolkhoz 的人們也一定以爲這樣音譯纔能更全面地表達這一種社會主義制度。自從它變成了一個單詞之後，更衍生出來 колхозный（集體農莊的）、колхозник（集體農莊男莊員）、колхозница（集體農莊女莊員）等。這更説明了概念簡單化的優點。但是，在這裏咱們應該把語言發展的事實和文字上的寫法分別清楚。自然，在"集體農莊"由兩個詞來表示的時候也已經是一種發展，因爲它代表了一種新事物；但當它變成了單詞的時候，却又是更進一步的發展。假使語言上沒有發展爲 колхоз，文字上怎樣改變寫法都不算是代表了這進一步的發展。在漢語裏，當咱們還把這一種社會制度叫做"集體農莊"的時候，隨便語法學家們把它認爲一個詞或兩個詞，在語言發展上祇能等於 коллективное хозяйство 的階段，不能等於 колхоз 的階段。可見寫法的規定和語言的發展並不一定是有關係的。

五、小　結

總而言之，詞和仂語之間不是完全沒有界限的。就漢語來説，規定詞兒的主要標準在於漢語的特徵。對於詞兒的規定，新文字工作者和語法學界可能有不同的意見。這一個矛盾的解決方法，應該就是林漢達先生所主張的，"規定詞兒不能因此全規定寫法，規定了寫法也不能因此全規定詞兒"。

必須承認，詞和仂語之間沒有絕對的界限。承認這一個客觀事實，對於語法、詞典和拼音漢字都毫無害處。以前我們遇着"兩可"的情形就徘徊、躊躇，下不得判斷；現在我們的看法不同了，既然是"兩可"，我們就有權利選擇其中的"一可"！中國科學院語言研究所和中國文字改革研究委員會在這些地方最能而且最應該表現領導的力量。語言文字本來都是約定俗成的東西；就"兩可"的情形來說，正用得着約定俗成。約定應該是自上而下的，國家學術機關在語法書中，在詞典中，在文字的寫法上，都定出一些規則來；俗成應該是自下而上的，大家覺得這樣行得通而且說得過去，也就不再來翻案了。

原載《中國語文》1953 年 9 月號

中國語言學的繼承和發展

一、中國語言學的光榮傳統

中國語言學是有光榮的傳統的。二千多年前中國就有了很好的語言學理論，實在值得我們引以自豪。荀子在他的《正名》篇裏所闡明的都是語言學上的重要問題。他説語言是社會的産物（"名無固宜""約定俗成謂之宜"）；又説語言是有穩固性的，同時又是發展的（"若有王者起，必將有循於舊名，有作於新名"）；又説概念的形成緣於感覺（"然則〔名〕何緣而以同異？曰，緣天官"）。這些理論，直到今天我們還認爲是正確的，而在當時的歷史條件下，則應該認爲是卓越的學術造詣①。

我不打算逐個地敘述中國歷代語言學家的成就；我祇想談一談中國語言學傳統上的三個突出的優點。

第一個優點是重視實踐。中國古代没有"語言學"這個名稱；古人所謂小學，大部分可以認爲屬於語言學範圍。顧名思義，小學

---

① 關於荀子的語言學理論，參看邢公畹《談荀子的"語言論"》，見 1962 年 8 月 16 日《人民日報》。

和語文教育有着極其密切的關係。許慎在他的《説文解字‧敘》裏說:"蓋文字者,經藝之本,王政之始,前人所以垂後,後人所以識古。"可見小學的目的無非是教人識字,讓讀古書的人先攻破文字關(其實是語言關);祇不過小學家的要求比較高,識字的標準和一般人所瞭解的稍有不同罷了。有許多東西,在今天看來是很寶貴的漢語史材料,在當時也不過是爲了實用的目的。《切韻》的編寫目的是"凡有文藻,即須音韻"①。《中原音韻》的編寫目的是"欲作樂府,必正言語;欲正言語,必宗中原之音"②。韻圖是對語音系統進行分析,利用橫推直看的方法來幫助人們瞭解反切,也就是幫助人們查得漢字的讀音。張麟之在《韻鏡‧序》裏說:"讀書難字過,不知音切之病也。誠能依切以求音,即音而知字,故無載酒問字之勞。"直到今天,我們利用韻圖來查古代反切的讀音,還是最有效的方法③。人們盛稱"段王之學",其實段玉裁、王念孫等人所做的也不外是提高閱讀古書能力的工作。

　　這種做法,自然也有不足之處。過於注重實用,就容易放鬆了語言學理論的探討,荀子《正名》篇那樣卓越的語言學理論在後世不多見了;關於語言學方法,很少有系統性的敘述。

　　但是,重視實踐仍舊應該作爲傳統的優點繼承下來。今天時代不同了,我們研究語言學,當然不單是爲了通經。即以通經而論,也不是因爲它是聖人之道,而祇是因爲我們要繼承文化遺産。我們今天研究語言學,是爲社會主義建設服務。語文教育是今天祖國教育事業的一個重要環節;因此,今天的中國語言學就必須爲語文教育服務。今天我們的實踐範圍擴大了,我們不但要提高閱讀古書的能力,我們還要爲祖國語言的純潔和健康而鬥爭。我們

---

① 語見陸法言《切韻‧序》。今本"須"下有"明"字,各手寫本均無。

② 語見周德清《中原音韻‧序》。

③ 例如《詩‧秦風‧小戎》"竹閉混縢",《經典釋文》引徐邈音:"縢,直登反。"依照橫推直看法,在《韻鏡》裏查得是音"縢",而不是音"澄"。

不排斥"純科學"的研究,衹要是真科學,對社會主義建設也一定有好處。但是,理論必須聯繫實際,這一個大原則是必須肯定的。

第二個優點是重視材料和觀點相結合。由於時代的局限,古人不可能有馬克思主義觀點。但是,古代成就較大的語言學家都是重視他們所認爲正確的觀點的。戴震説:"學有三難:淹博難,識斷難,精審難。"①拿今天的話來説,淹博就是充分佔有材料,識斷就是具有正確的觀點,精審就是掌握科學的方法。

段玉裁的《説文解字注》一共寫了三十年,桂馥的《説文解字義證》一共寫了四十年,朱駿聲自述他撰著《説文通訓定聲》的經過説:"渴(竭)半生之目力,精漸消亡;殫十載之心稽,業纔艸刱(草創)。"爲了充分佔有材料,不能不付出足夠的時間和精力。但是,單靠苦學還是不夠的。戴震説得好:"前人之博聞強識,如鄭漁仲、楊用修諸子,著書滿家,淹博有之,精審未也。"②這就説明了必須材料和觀點、方法相結合,然後纔能在學術上有較大的貢獻。

如何對待材料,也是屬於觀點、方法的問題。梁啓超在敘述清代的學風時,曾舉出其特色十條,其中有兩條是:1. 孤證不爲定説,其無反證者姑存之,得有續證則漸信之,遇有力之反證則棄之;2. 隱匿證據或曲解證據,皆認爲不德③。顯然,這是我們所應該繼承的優良傳統。

第三個優點是善於吸收外國的文化。中國的反切,不先不後,產生在東漢後期,這顯然跟佛教的傳入有關。梵書隨着佛教一起傳入中國,於是梵文的拼音方法就對漢文的注音方法發生影響。鄭樵《通志·藝文略》、陳振孫《直齋書録解題》、姚鼐《惜抱軒筆記》、紀昀《與余存吾書》都認爲反切是"原本之婆羅門之字母"。反切的産生是中國語言學史上值得大書特書的一件大事,這是中

---

① ② 參看梁啓超《清代學術概論》第 27 頁,中華書局。

③ 同上,第 35 頁。乾嘉之學以經學爲中心,而經學又以小學爲中心。所謂清代的學風,主要是指清代語言學家的學風。

國古代學者的巨大創造。應劭、孫炎等人善於吸收外國文化,同時結合漢語特點,發明了反切來爲中國文化服務,這是值得頌揚的。錢大昕在《潛研堂文集·答問》中却説:"自《三百篇》啟雙聲之祕,司馬長卿、揚子雲益暢其旨,於是孫叔然制爲反切。"又説:"乃童而習之,白頭而未喻,翻謂七音之辯,始於西域,豈古聖賢之智乃出梵僧下耶!"錢氏這樣對外國文化采取關門主義的態度是我們所不能同意的①。

字母和等韻之學來自西域,更爲一般人所公認。但是,我們試拿梵文字母和守温三十六字母對比②,就可以看見,中國學者們不但没有照抄梵文字母,而且字母的排列也有所不同。至於字母和四等的配合,更顯得學者們匠心獨運,完全是以漢語語音系統的特點爲依據的。

清代劉獻廷(繼莊)也是一個善於吸收外國文化的人。全祖望《鮚埼亭集·劉繼莊傳》説:"繼莊自謂聲音之道別有所窺,足窮造化之奥,百世而不惑。嘗作《新韻譜》,其語自華嚴字母入,而參以天竺陀羅尼、泰西臘頂話、小西天梵書,曁天方、蒙古、女真等音;又證之以遼人林益長之説,而益自信。"看來,《新韻譜》大概是屬於普通語音學一類的書,可惜這部書没有傳下來,否則在中國語言學史上一定增加光輝的一頁。

馬建忠是漢語語法學的奠基人,但是,大家知道他的《馬氏文通》是模仿泰西的葛郎瑪而寫成的。他認爲葛郎瑪在語文教育中是會起巨大作用的。他在《文通》的序裏説:"夫華文之點畫結構,視西學之切音雖難,而華文之字法、句法,視西文之部分類別,且可以先後倒置以達其意度波瀾者則易。西文,本難也,而易學如彼;

---

① 陳澧在《切韻考》卷六説"何不"爲"盍"、"如是"爲"爾"等就是反語,用來證明反語不受西域的影響,這也是不對的。這種二合音衹是無意識的,並非像反切那樣成爲一套注音方法。

② 實際上衹有三十字母,這裏不詳細討論。

華文，本易也，而難學如此者，則以西文有一定之規矩，學者可循序漸進，而知所止境，華文經籍雖亦有規矩隱寓其中，特無有爲之比儗而揭示之，遂使結繩而後四千餘載之智慧材力無一不消磨於所以載道，所以明理之文，而道無由載，理不暇明，以與夫達道明理者之西人角逐焉，其賢愚優劣，有不待言矣。”由此看來，馬建忠之所以吸收外國文化，正是從愛國主義出發的。《馬氏文通》雖然存在着不少缺點，但是，在吸收外國文化這一點上，馬建忠是做對了的。

我們認爲上述的古代中國語言學的三大優點都應該好好地繼承下來，並加以發揚光大。

二、發展和繼承的關係

繼承，就意味着發展。不能發展，就不能很好地繼承。在中國語言學上，如果祇知道繼承，不知道發展，結果就會覺得古人是不可企及的，我們對繼承也會失掉信心；如果是批判地繼承，同時考慮到發展，結果是在總的成就上超過了古人，即使在某一點上不及古人，我們也算是很好地繼承了古代中國語言學家的衣鉢。

古代學者的學習條件和我們今天的學習條件是不一樣的。古代學者從小就讀古書，重要的經書都能成誦，有的人還能做到於學無所不窺，十三經、二十四史、諸子百家，都能如數家珍。這就是所謂的淹博。今天我們不可能這樣做，而且不必要這樣做。其所以不可能，是因爲我們還有許多現代書籍要讀，還有許多現代科學知識要掌握；其所以不必要，是因爲前人已經有許多研究成果，特別是近年來已經有了許多可以利用的工具書。假如我們要在古典文獻上跟清人比賽淹博，許多人都會感歎望塵莫及；但是我們有一定程度的馬克思列寧主義的修養，有比較先進的現代科學知識，有比較正確的觀點和方法，則是清人所沒有的。《孟子》説得好（《告子下》）：“不揣其本而齊其末，方寸之木可使高於岑樓。”我們衡量新的一代的語言學者修養要看得全面些，不要因爲他們的舊學知識稍差一些就以爲一代不如一代,更不要引導他們專往故紙堆裏鑽,不求現代的科學知識。

封建社會對一個學者的要求和社會主義社會對一個學者的要求也是不一樣的。在今天,語言學工作者的使命比封建社會的小學家們的工作要複雜得多,性質也不一樣。我們要研究普通語言學,因爲我們需要語言學理論來指導我們的工作;我們要研究少數民族語言,因爲我們的國家是多民族的國家;我們要研究實驗語音學,因爲它對語言教育等方面有現實意義;我們要研究語言風格學或辭章學,因爲它有助於改進文風;至於語法學、詞彙學、語義學、詞典學等等,也都是我們的研究對象。我們還應該培養一批專家研究漢藏系語言和研究印歐系語言及其他語言。語言教學法也應該是實用語言學的一個部門,這是過去比較忽略而今後應該加強的一個部門。這一切都不是過去小學的舊框框所能包括的了。即以小學而論,也應該使它現代化,以便爲漢語史服務;同時使它通俗化,以便爲古代漢語教學服務。如果亦步亦趨地走乾嘉學者的老路,不但不會趕得上他們,而且不能適應社會主義社會的需要,不能滿足廣大人民的要求。少數人這樣做,未嘗没有一些好處;如果在語言學界普遍提倡,那就不相宜了。

一個時代有一個時代的要求。一個學派全盛的時代,自然光芒四射。但是,這個時代一過去了,後人即使追隨前人的芳躅,效果也會差得多。一則因爲時代的要求不同了,二則因爲前人已經開墾過的園地,可以發掘的地方不多了,祇好拾遺補闕,做一些修修補補的工作,放出螢火般的微光。

五四運動以後,漢語的研究向前推進了一步,其中並没有其他的奥妙,祇不過是把普通語言學的理論應用到漢語研究上。對象仍舊是原來的對象,祇因觀點、方法改變了,研究的結果就大不相同。當然其中有許多須要批判的東西和過時了的東西,但是今天我們要發展中國語言學,絕不是要回到封建社會的觀點、方法上去,而是要把語言科學向前推進,在馬克思列寧主義、毛澤東思想的指導下,攀登世界科學的最高峰。解放後十三年以來,中國語言學已經有了很大的發展,這正是我們接受了馬克思列寧主義、毛澤東思想,接受了現代語言科學的結果。

以下談談怎樣發展中國語言學的問題。

《紅旗》雜誌的社論說:"馬克思列寧主義使哲學、社會科學的面貌發生了根本的改變。在哲學、社會科學的領域內,人們如果不是自覺地站在馬克思列寧主義的立場上和運用馬克思列寧主義的觀點和方法,那就幾乎不能真正解決任何一個實質性的問題。"①這是一個根本性的原則,違反了這個原則,就談不上發展中國語言學。社論又說:"但是,馬克思列寧主義不能代替每一門具體科學的研究。馬克思列寧主義的指導作用,就在於它提供了一種基本理論和方法,依靠這種理論和方法,科學研究工作者還要付出艱苦的勞動,大量地收集材料,獨立地進行思考,纔能在某一個具體問題的科學研究中得到成績。"②根據這個原則,在語言學的科學研究工作中,還有必要建立這一個具體科學部門的理論和方法,這種理論和方法是以馬克思列寧主義的基本理論和方法爲基礎,在具體語言的研究中總結出來的基本理論和方法,這就是我們所說的馬克思列寧主義語言學。馬克思主義語言學在中國正在形成。

無批判地接受舊的中國語言學,其危險性在於連它的糟粕也繼承下來。戴震的識斷,比起鄭樵、楊慎來,當然高明得多了,但是拿今天的眼光來看,則又有可以批評的地方。拿今天馬克思主義的尺度來衡量戴震,從而抹殺他在當時的進步性,貶低他的學術成就,固然是不對的;但是,看不見他的缺點,讓青年人一味盲從,那也是不應該的。舉例來說,他在《答段若膺論韻》裏說:"僕謂審音本一類,而古人之文偶有相涉,有不相涉,不得捨其相涉者,而以不

---

①② 《在學術研究中堅持百花齊放百家爭鳴的方針》,見《紅旗》雜誌 1961 年第 5 期。

相涉者爲斷;審音非一類,而古人之文偶有相涉,始可以五方之音不同,斷爲合韻。"他所講的原則是不錯的,但是他根據宋人的等韻來審音,要憑它來斷定先秦韻部的分合,這就是缺乏發展觀點。朱駿聲在中國語言學史上有很大貢獻,他的得意之作在於闡明字義的引申(他叫做"轉注")和假借。但是他把許慎的假借定義"本無其字,依聲托事"擅改爲"本無其意,依聲托字",硬説是先有本字纔能假借,這就違反了文字的發展過程。這種例子可以舉得很多。

我們不能説古人的糟粕對今人已經没有影響了。現在隨便舉兩個例子來談一談。

自從宋代王聖美創爲右文之説,至今在文字學界還有一些影響。楊樹達説"形聲字中聲旁往往有義"①,有了"往往"二字,這話本身没有毛病,祇是没有能夠説明原因。胡樸安説:"蓋上古文字,義寄於聲,未遑多制,祇用右文之聲,不必有左文之形。"②原因是説出來了,但是還不夠明確。實際上,凡按右文講得通的,若不是追加意符的形聲字,就是同一詞族的字(如章炳麟《文始》所講的),並不是存在着那麼一個造字原則,用聲符來表示意義。傅東華先生最近在他的《漢字的各種字義的各種訓釋》裏説:"形聲字(包括轉注字)的本義是由它的聲旁決定的,例如'吃飯'的'吃'本作'喫',從'口''契'聲。'契'是'刻'(咀嚼)的意思,所以'喫'字的本義是用口咀嚼食物。至於它的簡體'吃',原是另外一個字,從'口''乞'聲,本義是口吃。它的'乞'聲用來表示'乞乞'的聲音。'乞乞'猶'期期',形容説話重叠,難以出口的樣子。"③這一段話可商榷之處很多。古時飲食都叫"喫"(杜甫《送李校書》"對酒不能喫";《病後遇王倚飲贈歌》"但使殘年飽喫飯"),可見喫不一定用

① 楊樹達《積微居小學述林·自序》。
② 胡樸安《中國文字學史》上册第 232 頁。
③ 見《文字改革》月刊 1962 年第 4 期。

得着咀嚼。而且從刻契到咀嚼也未免太迂曲了。從"乞"重叠爲
"乞乞",從"乞乞"轉爲"期期",更是勉強。而總的原因則是受了
右文説的影響①。

語源的探討,本來不是一件容易的事。但是人們喜歡傅會成
説,有時候也能以假亂真。李時珍在《本草綱目》中説,葡萄"可以
造酒,人醅飲之則醄然而醉,故有是名"。最近有人寫了一篇知識
小品,題爲《醅醄——蒲桃——葡萄》②,還加以解釋説:"'醅',指
大飲酒,見《説文》。'醄',極醉之意,見《集韻》。"③其實"葡萄"祇
是當時大宛語的譯音④,和"醅、醄"沒有關係。李時珍是傑出的醫
學家和植物學家,然而他對語源學是外行。應該承認,不是外行的
人也會犯同樣的錯誤,在文字學界中,這種情況也不是沒有。

批判古代中國語言學的糟粕,這是消極的一方面;積極的一方
面應該是提高馬克思主義語言學的修養。現在我國《語言學概論》
一類的書雖然還是初步的基礎知識,但是要求語言學工作者先掌
握這種基礎知識是必要的。

馬克思主義是科學的科學,馬克思主義者永遠走在現代科學
的前面。世界上任何新的語言學派、新的語言學理論,都值得我們
研究。即使是反動的語言學派,也可以充當我們的反面教員。我
們應該經常注意世界語言學的"行情"。古人説得好:"泰山不讓土
壤,故能成其大;河海不擇細流,故能就其深。"⑤學術上的關門主
義,對中國語言學的發展是不利的。

語言學工作者最好能學一點自然科學。這不僅因爲語言學在
社會科學中是接近自然科學邊緣的,生理學、物理學(特別是聲

① 佘長虹同志有一篇反駁的文章,登在《文字改革》月刊 1962 年 7 月號,可以參考。
② 見 1962 年 9 月 6 日《北京晚報》,作者署名樂工。
③ 《集韻》祇説"酕醄,醉兒(貌)",沒有説"極醉之意"。"葡萄"一詞産生在前,"酕
醄"一詞産生在後,這是顛倒了時代次序。
④ 參看王力《漢語史稿》第 494 頁注②,中華書局 2013 年。
⑤ 李斯《諫逐客書》。

學)、心理學等,都和語言發生關係。而更重要的還是爲了訓練科學的頭腦。清人的樸學的研究方法實際上受了近代自然科學的深刻影響。有人以爲清人爲了逃避現實纔走上了考據的道路,那是不全面的看法。晉人同樣是逃避現實,然而他們祇競尚清談,而並没有走上科學研究的道路。清人在小學的領域上,開中國語言學的新紀元,可以説是從清代起纔有真正的科學研究,這並不是突如其來的。自徐光啟把西洋的天文曆算介紹到中國以後,許多經學家都精於此道,最值得注意的是江永、戴震、錢大昕、阮元等。據張之洞《書目答問》所載,江永在天算中屬於西法,戴震、錢大昕、阮元屬於中西法。江永所著有《江慎修數學》九種及《推步法解》,戴震所著有《勾股割圜記》《策算》《九章補圖》《古曆考》《曆問》,錢大昕所著有《三統術衍》《四史朔閏考》,阮元所著有《疇人傳》①。江、戴等人經過近代科學的天文曆算的訓練,逐漸養成了縝密的思維和絲毫不苟的精神,無形中也養成了一套科學方法。拿這些應用在經學和小學上,自然跟從前的經生大不相同了。我們知道,戴震是江永的弟子,段玉裁、王念孫、孔廣森又是戴震的弟子,學風從此傳播開來,纔形成了乾嘉學派。我們今天要繼承乾嘉學派,必須繼承這種熱愛真科學的精神。如果我們能熱愛現代自然科學,那就既是繼承,又是發展了。

三、中國語言學和外國語言學

　　上文講到了中國語言學,也提到了外國語言學。其實中國語言學和外國語言學既不是對立的東西,也不是可以截然分開的東西。文化是可以交流的,許多科學上的大發明,已經成爲全人類的

---

① 《書目答問》祇列江永和阮元的著作。其餘各人姓名則見於後面所附的《姓名略》。孔廣森也著有《少廣正員術内外篇》,雖是中法,但孔氏是戴震的弟子,不可能不受西法的影響。此外,朱駿聲也精於天文曆算,所著有《天算瑣記》四卷,《歲星表》一卷,未刊行。

文化。外國的科學成就，中國可以吸收進來；中國的科學成就，外國也可以吸收過去。我們可以說中國語言研究工作有它自己的特點，例如比較着重在漢語和中國少數民族語言的研究；但是我們不能說中國語言學在觀點、方法上也應該有它自己的特點。我們正在建立馬克思主義語言學；全世界真正的馬克思主義者如果研究語言學，也必須應用同樣的馬克思主義語言學。同時，我們也必須經常吸收外國語言學中正確的、有用的東西來豐富自己。

關於吸收外國文化的問題，毛主席給了我們明確的指示。他說①：

> 中國應該大量吸收外國的進步文化，作爲自己文化食糧的原料，這種工作過去還做得很不够。這不但是當前的社會主義文化和新民主主義文化，還有外國的古代文化，例如各資本主義國家啟蒙時代的文化，凡屬我們今天用得着的東西，都應該吸收。但是一切外國的東西，如同我們對於食物一樣，必須經過自己的口腔咀嚼和胃腸運動，送進唾液胃液腸液，把它分解爲精華和糟粕兩部分，然後排泄其糟粕，吸收其精華，纔能對我們的身體有益，決不能生吞活剝地毫無批判地吸收。

回顧五四運動以後解放以前中國語言學界的情況，正如毛主席所批判的，我們大都是生吞活剝地毫無批判地把外國語言學吸收過來。雖然也產生了一些新的東西，但同時也把資產階級的一些錯誤觀點不加批判地介紹到中國來，引起了不良的後果。這是值得我們警惕的。

"五四"以後，新的語言學和舊的語言學形成對立，但是和平共處、井水不犯河水，有對立而沒有鬥爭。當時新派語言學家們的主要工作在於調查方言、進行《切韻》研究等，調查方言固然跟舊學無關，即以《切韻》研究而論，搞的是高本漢的一套，和舊學關係不大。

---

① 《毛澤東選集》第一版第二卷第678頁。

至於語法的研究，更不是原來小學範圍內的東西。舊派語言學家仍然搞小學的老一套，跟新派語言學家所學的東西可說是風馬牛不相及。這種情況對中國語言學的發展是不利的。有一些新派語言學家們對中國傳統語言學采取虛無主義的態度，以爲舊學沒有什麼可取的東西，自己在狹窄的範圍內鑽牛角尖，外國的東西學得不深不透，中國原有的東西知道得更少。有一些舊派語言學家又故步自封，滿足於中國原有的成就，即使有所述作，也是陳陳相因，不脫前人的窠臼。這樣就不能新舊交流，取人之長，補己之短。

解放以後，情況大有不同，今後還要注意怎樣把傳統的中國語言學的精華很好地繼承下來，並且經常從外國的先進的語言學中吸取營養，使新舊熔爲一爐。在這一方面，我們是做得不夠的。搞普通語言學的人往往是知道語言學理論較多，而不太善於結合到本國的具體語言，更談不上繼承古人的小學；研究漢語或本國少數民族語言的人往往強調材料，輕視理論知識。我們並不是說在語言學工作中不應該有所分工，而是説語言學工作者應該先具備了廣泛的基礎知識然後走向專門。將來進一步要求學好語言學理論，同時把它應用到具體語言研究上。

我們中國人自己是能夠研究語言學理論的；但是，我們並不能因此拒絕學習外國的東西。毛主席説："中國應該大量吸收外國的進步文化，作爲自己文化食糧的原料，這種工作過去還做得很不夠。"拿語言學來説，過去我們所接觸到的外國語言學知識，實在很不夠，即以普通語言學而論，很少有人把幾部重要的著作從頭到尾仔細看過。我們的翻譯工作也做得很不夠。總之，我們學習外國的東西不是太多，而是太少了。今後我們應該注意吸收外國的先進的語言學理論和方法，來幫助中國語言學的發展。

要不要聯繫中國的實際？當然要。在中國，即使是研究普通語言學，也應該以漢語或中國少數民族語言爲主要材料。因爲對自己所熟悉的語言比較容易進行深入的觀察，這種觀察也比較容易顯示研究者的創造性。在西洋，幾乎没有一個普通語言學家不是對一兩種具體語言有專長的，假如對任何具體語言都祇有浮光掠影的知識，那麽普通語言學也不會研究得好的①。至於漢語的研究，更是中國語言學研究工作的特點，世界上没有任何國家對漢語研究有我國這樣豐富的文獻和經驗，祇要我們在語言學的觀點、方法上能够更有所提高，我們的漢語研究也一定能够有更多更好的成績。但是我們不能把墨守海通以前的成就看成是結合中國實際，因爲上文説過，我們如果不能發展就不能很好地繼承。

"青出於藍而勝於藍"，這一成語給我們很大啟示。我們深信我們這一代的語言學工作者一定能勝過古人，我們更深信我們後一代的學術成就必將遠遠地超過我們這一代。

原載《中國語文》1962 年 10 月號

---

① 但又不能走另一個極端，專就漢語來講普通語言學。即使某些語言現象跟漢語無關，祇要世界語言有這種現象，也得講到。否則祇能算是漢語學，而不是普通語言學了。

漢字改革

一、總　論

(一) 漢字的優點與缺點

要知道漢字應否改革,須先知道它的優點與缺點。關於優點,依最普通的說法,漢字爲尚形的文字,不因語音的變遷而影響及於字形,所以我們可以讀二千年以前的書,而不感覺認字上的困難。假使漢字是純粹的拼音文字,恐怕三百年以前的書已經不容易看得懂,不要說千年或二千年以前了。再者,現在各地的方言很複雜,若用純粹拼音的文字,勢必使方言不同的人沒法子傳達思想,倒不如保存這種尚形的文字,使語言極不統一的國家還有文字可以補償缺憾。依照抱着這種主張的人看來,漢字實是傳久傳遠的良好工具,我們不應該改變它。

但是,這種說法太浮泛了,我們應該把問題看得更深入些。文字是代表概念的①,必須文字與概念結合,然後文字纔能發生功用。假使文字不代表概念,它祇好比偶然潑在紙上的墨汁,又假使文字所代表的概念不爲我們所知,那麼它對於我們仍舊像潑在紙上的

① 嚴格地說,文字是間接代表概念的。文字代表語言,語言代表概念。

墨汁。我們對於二千年前的文字,看去像是很熟識,讀起音來似乎
也不十分困難,然而我們若不是講究過訓詁的,對於很"淺"的字也
會不知道它所代表的確實概念。這樣,至多祇能像從來不會讀過
日文的人看見日本報紙上的"子供、手形"之類,望文生義,瞎猜而
已。學者們之所以能讀幾千年前的古書,並非漢字的功勞,乃是他
們精研小學所致。一般民衆沒有時間去講究訓詁,對於古書自然
無緣,與漢字的改變與否,毫無關係。

　　如果拿西洋的文字來比較,現代的英國人沒有詞典就讀不懂
14 世紀喬叟(Chaucer)的英文,而現代的中國人還可以讀得懂 11
世紀歐陽修、蘇軾或更古的人的文章,似乎又是尚形文字的好處
了。其實不然;這也該歸功於中國文人不肯用俗語,而用古人的辭
彙。這種中古辭彙相沿至今,所以纔成爲好懂的文章。試拿元朝
的白話碑文及御批來看,就比司馬遷的文章還更難懂了。可見這
上頭仍是辭彙的關係,也並非漢字的功勞。

　　若説漢字可使方言不同的人互相傳達思想,這比之傳久的説
法強得多了。最淺的例子是南方人遇着北方人,言語不通的時候,
可以利用文字來表達他們的意思。所謂利用文字,並不一定要乞
靈於文言文,就是用普通話寫下來的白話文,幾乎全國人都看得
懂。這因爲方言辭彙的差異沒有古今辭彙的差異來得大,而且普
通話靠着通俗小説的傳播,與幾百年來政府的提倡,已成爲各地方
言以外的一種輔助語(auxiliary language),它的辭彙差不多爲全國
人所瞭解。上文偶然潑在紙上的墨汁的譬喻,不再適用於以普通
話寫成的白話文。不過,這種白話文必須是用漢字寫成的,然後全
國能懂;若用拼音文字,因爲方言的隔閡,甲方言區的人却又不能
看懂乙方言區的文字了。

　　漢字憑什麼能有這種功效呢? 依一般的見解,也説因爲漢字
是尚形的。我們閱書看報,都是由文字直接引起我們的概念,用不
着語音做媒介。方言的隔閡也祇能使同國的人言語不通;漢字是

超語音的,所以不受方言隔閡的影響。然而這也是似是而非的論調。先説,我們閲書看報都離不了語音。有些人看小説,看布告,都是連看帶念的;不念,就看不下去。我們普通閲書看報,雖然不必念出聲音來,但我們心裏在默念着。換句話説,文字必須先經過語音(顯明的或潛在的)的媒介,然後能引起我們的概念,與圖畫之直接引起我們的美感者絶不相同。由此看來,漢字的作用仍是尚音,祇不過它與西洋文字的拼音作用不能相提並論罷了。普通一個形聲字,它的音符可以叫做代數式的音符,例如"其",在北平人看去是[tɕʻi],在上海人看去是[dʐʻi],在廣州人看去是[kʻei],於是從"其"得聲的"棋旗祺淇期"等字,在北平人看去也是[tɕʻi],在上海人看去也是[dʐʻi],在廣州人看去也是[kʻei]。"其"字的語音雖是隨着方言區域而不同,但若在同一區域內,它的聲音與從它得聲的字的聲音却是一致的。這好像代數中的 x 與 y:在甲公式中 x 可以代 5,y 可以代 8,在乙公式中 x 可以代 3,y 可以代 5。至於例外的字(如"箕"從"其"聲,而"箕""其"不同音),則可以稱爲變音(如從"其"得聲之字有"箕"音,我們可以説它遇竹則變)。然而變音也是各地一律的,並非甲地念變音而乙地不變。總之,漢字雖是尚音,而仍不爲方言所隔閡者,是因爲有這種代數式的音符(連"日、月"等字也可以認爲代數式的音符,祇有文字學家説它們是象形字)。祇可惜變音太多,同價值的音符又太多,在認識上頗感困難罷了。

主張漢字改革的人並不否認這種優點,但他們以爲它敵不過那難認難寫的缺點。依我們看來,認還容易,寫最困難。古人所謂六書,轉注、假借是用字之法,不算數;象形是具體的意符,指事是抽象的意符,會意是合體的意符,形聲是意符與音符的合體。歸納起來,祇有兩大類:純粹的意符(象形、指事、會意);標音的意符(形聲)。現存的漢字當中,標音的意符約佔十分之九以上,然而它們的意符與音符却没有一定的標準。同屬一個範疇的字,不一定用同一的意符(如"歌"從"欠"而"詠"從"言");同屬於一個語音的字,不一定用同一的音符(如"愚"從"禺"而"娛"從"吳")。甚至同是一字,也可以有兩種以上的形式:其意符紛歧者,如"篓牋、嬾懶、誤悮";其音符紛歧者,如"踶蹄、螘蟻、糧粮"。然而這種紛歧的特許也祇是約定俗成,並非每個字都可以亂寫,例如現在我們把"歌"寫作"謌"雖然可以,把"詠"寫作"秌"却絕對不爲一般人所承認。此外,漢字還有一個最大原因,就是字的成分太複雜,配合的方式太多①,例如"龜"字裏面的"龟"與"叝"實在是很奇怪的結合,在別的字裏是找不出來的。

　　由於時代的變遷,字義發生變化,以致意符不像意符(據《説文》:散,雜肉也,故從肉,今"散"字不作雜肉解);字音發生變化,以致音符不像音符("特"從"寺"聲,今"特""寺"的聲音相差甚遠)。這類的事實越來越多,所以一般人學習文字的困難也跟着時代而進展。固然,我們在這裏要説句公道話。意符,西洋文字裏沒有,姑且不談;若説音符不像音符,這是歷史所造成的事實,西洋各國的文字也難免這個缺點。愛爾蘭文的 saoghal、oidhche、cathughadh,念起來只像 sïl、ï、cahu;英文的 enough、knight、wrought,念起來祇像 inaf、nait、rot;法語裏的[o]音,在文字上有五十多種的寫法! 可見這並不是漢字特有的缺點。但是,缺點終歸是缺點,我們不能因爲西洋文字也有這種情形而説漢字沒有缺點。

　　文字學家會告訴我們許多道理與識字的祕訣。然而他們所謂道理,是把許多不合理的寫法歸罪於隸變,於是教我們先學篆文。他們所謂識字的祕訣,是教我們研究古義,以便瞭解意符,研究古音,以便瞭解音符。這些乃是文字學家終身的事業,却輕輕地放在大衆的肩上! 文字學家所謂祕訣,等於教飢民食肉糜! 而漢字之

---

① 因爲結合的方式太多,故甲字常爲乙字所同化而誤,如"尋"爲"築"所同化而誤作"尋","慧"爲"豐"所同化而誤作"慧","臨"爲"監"所同化而誤作"臨","厚"爲"原"所同化而誤作"厚","節"爲"鄉"所同化而誤作"節","函"爲"丞"所同化而誤作"圅","奮"爲"舊"所同化而誤作"奮","巨"爲"臣"所同化而誤作"臣"或"叵"。

難學，仍是公認的事實。

＊　　　　　＊　　　　　＊

我曾在《獨立評論》上說過，最難學的語言並不一定是最壞的語言，最難學的文字也不一定是最壞的文字。文字的功用在乎表達思想，而漢字表達思想的能力並不比別種文字差些。儘管怎樣豐富複雜的思想，漢字也能表達；新名詞、新術語，都可以用漢字組合而給予它一種新涵義。固然，以漢字翻譯西洋語音，總不免有極勉強的地方，然而這不是漢字本身的缺陷，而是翻譯上不可避免的現象。以西文翻譯中國語音，困難是一樣的。然而法國人儘管把Changhai（上海）念像廣州音的"爽街"，却從來不曾嫌法文不能確切地翻譯中國語音，更休說情願把法文改成漢字了。

難認難寫，這是花費時間多少的問題，假使我們喜歡漢字的任一特色（如帶意符以表示概念的範疇，或書法的藝術化），甘心多費一些時間去學習它，未嘗不可以推崇它，認爲世上最優美的文字。譬如最難爬的一棵樹，它的果子並不一定是最不好吃的。祇因難認難寫就怪漢字不好，這完全是一種功利主義。

然而在這個時代誰還能反對功利主義！當今的急務是把全國的文化水準提高，是在乎用最有效的方法把現代文化灌輸到每一個國民的腦子裏。自全面抗戰以後，文字爲宣傳的主要工具，更令人感覺漢字的難學或易學關係及於抗戰的前途。如果漢字是難學的，哪怕有一百個優點，也爲功利派所排斥；如果有另一種文字比漢字更容易學習，哪怕有一百個缺點，也該爲功利派所歡迎。由此看來，漢字的優劣，應該純然以易學或難學爲判斷的標準。上文說過，漢字是難認難寫的，自然怪不得有人提倡改革了。

改革的方案雖很多，然而可分爲兩大派別：甲派主張改良代數式的音符（如新形聲字、簡體字等）；乙派主張改用有固定價值的音標（如國語羅馬字、漢字拉丁化等）。關於方案的優劣，等到第三、四兩章再談。但我們先該知道，甲派用意在乎保存漢字原有的優

點——全國通行無阻;乙派用意在乎純然拼音,減省學習的困難至
於最低限度。此外當然別有用意,但那些用意是隨着方案而不同
的,這裏不能詳談。

總而言之,從學習的難易上看來,漢字是有缺點的。然而它的
缺點所生的弊病及其嚴重性,到了什麼程度呢? 這就是下節所要
討論的了。

(二)漢字與文盲

人們因爲中國人的文化水準低,就歸罪於文盲太多;因爲文
盲太多,就歸罪於漢字的難認難寫。其實問題決不會是這樣簡
單的。

文盲並不是完全没有機會接受現代的文化,例如電影、幻燈、
漫畫與話劇的宣傳,村民大會的演講,都是利用語言與影像的,並
不一定需要文字的幫助。試問我們政府對於這種非文字的宣傳工
作,是否盡了最大的努力? 可見中國人文化水準之低,自有其他的
原因;文盲太多,祇是許多原因中之一種罷了。

然而我們決不能藉口於此,就不想法子去掃除文盲。文字對
於文化的宣傳,確是比非文字的宣傳更便利,更經濟。假使我們能
把文盲逐漸減少到全國人民百分之十以下,我們可以想象那時的
中國是怎樣一個興盛的國家。

文盲之多,是否可以完全歸罪於漢字的難認難寫呢? 我們對
於這個問題,可以堅決地作否定的答覆。文盲之多,自有其最大的
原因,就是教育不能普及。假使我們不想法子普及教育,縱使漢字
怎樣改革,也與一般民衆不發生關係。教育之不能普及,自然農村
經濟破産是一個主要的原因①。你叫他們讀書,他們的答覆是"我
們喫飯要緊"。這個問題,不在本書範圍之内,我們不想詳加討論。
我們所可斷言的,就是假使兒童能有機會受四年以上的教育,或成

---

① 這是指的國民黨政府統治下的農村經濟破産。這篇文章(原是小册子)發表在 1940
年,其中所謂教育不普及等情況也是指的那時的情況。

年的民衆能補受一年以上的業餘教育,哪怕漢字永遠是現在的漢字,他們也決不會是文盲。漢字決不像反對漢字的人們所説的那樣難認難寫。這是我們應該替漢字呼寃的。

先説難認吧。所謂認,應該指念得出它的聲音與懂得它的意義而言。有些字,如果念的聲音不對,同時就不懂它的意義;也可以倒過來説,如果不懂得意義,對於它的聲音也就不會念,例如"牛、馬、雞、狗"等日常應用的字,都是屬於這一類的。另有些字,念的聲音儘管不對,意義仍舊可以懂得,例如"會計"的"會"該念像"檜"音,而誤念像"開會"的"會";但是許多人都不會因爲念錯了聲音就不懂它的意義。這樣的誤讀,在文字學上當然以爲是不識字;但我們若從實用上説起來,文字的意義已經懂得,就算是識字了。所以我們如果要知道漢字是否難認,衹該在文字的形式與概念的聯繫上去觀察它。

上章所説漢字的成分太複雜,配合的形式太多,這都衹是難寫的原因,不是難認的原因。我們普通認字,衹是認得一個輪廓,就接着看第二個字。假使每逢一個字都按照一筆一畫去辨認,看千字以上的布告,豈不是要站上兩個鐘頭?譬如認一個"漢"字,我們衹須認左邊的三點水,右邊像一個很長的兩脚架子,就知道它是"漢"字了。

有人説,漢字的難認在乎没有系統,得零零碎碎地認,認一個是一個。這自然是真的。但是,幸虧普通常用的字並不很多,大約衹用得着二三千字。這是單音字的好處,因爲複音的詞都可用單音字湊合而成,所以常用的字數比英法諸國文字較少,假定成年的文盲每天能認十個字①,一年之間就把常用的字都認識了。至於現在的小學畢業生,除了各種功課之外,也没有一個不能認識二三千字的。

---

① 這是大概的説法。認字當然不能這樣呆板。

　　我們也承認,現在有許多文字宣傳品是民衆所不懂,或不大瞭解的;然而這祇是辭彙上的問題,不是漢字本身的問題。我們生活在知識社會裏,往往不知道一般大衆的理解力能到什麼限度,隨意地把譯自西文的名詞或采自古書的成語,硬塞進他們的腦子裏去,自然難怪他們不懂了,例如"帝國主義"一個名詞,在我們是成了口頭禪了,而在一般農民看來,"主義"已經很不容易懂得,因爲土話的辭彙裏没有它;至於"帝國主義"更非農民所能望文生義,因爲從"帝國"二字悟不出很明顯的意思來。又如"傀儡"一個名詞,是從文言的辭彙裏借來用的,現在我們若説"北平的傀儡政府",他們也是莫名其妙。這種話,非但用任何易認的文字寫出來他們不懂,就是親口對他們説也不能令他們瞭解。如果我們認定這一類的名詞是必須大衆瞭解的,就該先設法灌輸到他們的辭彙裏去;否則不妨拐個大彎,用土話裏所有的辭彙,或極淺近的普通話,勉強地翻譯出我們所要説的意思。現在兩種工作都没有做,却埋怨到漢字的身上來,這簡直變了"遷怒"了。

　　所以我們必須把那寫成的宣傳品先念給一個不識字的普通農民聽,看他能完全聽懂了,然後拿它去給一個曾受一年的業餘教育的農民看,如果看不懂,我們纔有權利去埋怨到漢字的缺點。

　　現在再説難寫罷。上文説過,漢字認還容易,寫最困難。其所以難寫的原因,上文也已經敘述清楚。我們試看現在的大學生,讀了十二年以上的書,筆下仍不免有錯字,就可以證明漢字難寫到什麼程度了。但是我們曉得,大衆的接受文化,如果是以文字爲媒介的,就完全是從書報上得來,祇要會認字就够了,不會寫字也没有多大關係。何況他們決不至於不會寫字! 上文所謂難寫,意思是説很難依照字典所載的形式,把漢字寫得完全没有錯誤。其實,普通人認爲錯字的,大多數仍是没有失掉表達意思的效用,譬如把某字胡亂增加或減少了筆畫(如"宰"字該從"辛"而誤從"幸"、"達"字該從"土"從"羊",而誤從"幸"、"含"字該從"今"而誤從"令";

"冷"字該從"令"而誤從"今"），或把同音的字隨便代替（即所謂別字），除非增減得離開原形太遠，或同音的字在讀者念去也覺得不同音，否則我們絕對不會不瞭解他所表達的意思。文字原衹是表達思想的一種符號，思想表達了以後，寫者的目的已完全達到；讀者的挑剔或嘲笑，衹是寫者違反讀者習慣所引起的一種不關痛癢的反響。由此看來，漢字若要寫得不錯雖然很難，若求其僅能達意，並不是十分困難的事。總之，我們如果把辭彙上的障礙除開了，又不拿小學家的眼光來苛責一般民衆，漢字難認難寫的程度就會降低了幾十倍。既不從經濟上設法普及教育，又不從辭彙上設法與大衆的語言接近，衹管咬定漢字難學是文盲衆多的唯一原因，這是絕大的謬誤。我們雖相對地贊成漢字改革，然而這種違心之論，乃是我們所不願意説出口的。

＊　　　　　　＊　　　　　　＊

我們説了以上這一大段的話，無非要給漢字洗刷造成文盲的"主犯"的罪名，並不想説它連"從犯"的罪也沒有。我們雖以爲學習漢字的困難程度，不像有些人所誇張的那樣高，但我們始終不曾否認它是難認難寫的。中國文盲之多，漢字難學雖不是唯一的原因，却也是原因之一。假使我們能改革漢字，把兒童學習本國文字的時間由四年減爲一年，成年的文盲由一年減爲二三個月，加以從經濟上設法普及教育，從辭彙上設法與大衆的語言接近，其效力必比沒有改革漢字的時候更大幾倍，而文盲也可以多消滅幾倍。數十年來，漢字改革論者的大聲疾呼，並不是無病呻吟。有時候把它罵得格外兇些，這恰像爲了一件事要攻擊某人下臺，就索性數他的十大罪惡。這也是人情之常，沒有什麼可怪的。我們不能因此就説漢字不該改革。

（三）漢字改革的利弊

由上文看來，漢字改革的利益是顯然的。我們既經證明了漢字的難認難寫，自然會趨向於尋求更易認、更易寫的一種文字來代替它。如果代替的文字真的容易學習，非但中國文盲可以逐漸減少，而且普通學生少花一分光陰去學習漢字，就可以多花一分光陰去做學問。道理明顯到了這地步，自然用不着多加論據了。

提倡拼音文字的人以爲漢字拼音化之後①，非但容易學習，而且有言文一致的好處。這裏所謂言文一致，是指語音與文字符合而言。各地土話裏，有許多詞兒不是漢字所能代表的，若用拼音文字，就可以免除這種困難。即以漢字所能代表的而論，也是拼音文字比較地能表現得更確切；因爲語言本是聲音所構成，文字既爲代替語言而設，最好就是把聲音記錄下來。拼音文字代替了漢字之後，我們說出什麼聲音就寫下來什麼聲音，文字的功用等於無綫電收音機，當然更能給予我們親切的印象了。

反對拼音文字的人則以爲言文一致衹是暫時的，經不起歷史的摧毀。英、法文字在造字之初，何嘗不是最有系統最忠實的紀錄？然而現代的英、法文字拼音系統這樣紊亂，竟至引起改造的聲浪了。

這兩說誰是誰非，都不值得我們詳細討論；因爲這是比較枝節的問題。有了容易學習的利益，就把這種枝節的問題都遮蓋住了。

此外，在國粹論者看來，漢字改革簡直是有百弊而無一利的。尤其是對於羅馬字深惡痛絕，感慨的人說"國未亡而文字先亡"；嘲笑的人說"等到我國亡國以後，自然有人替我們造一套"。我們沒法子說服這一派的人，因爲他們的成見是很深的。但是有些青年也不免懷疑：在這提倡民族意識的時候，該不該把富有民族特色的漢字滅掉？其實我們須知，最能代表我們的民族特色者，乃是我們的語言，不是我們的文字。漢字改革之後，漢語的特色並不因此而稍變。譬如說漢語富於分析性，決不會因爲漢字改革就變了綜合語。將來我們的民族興盛起來，非但漢語不至於衰落，還可以借羅

────────

① 漢字改革論者以拼音派最佔勢力，其改革方案也最徹底，所以本書的主要對象是漢字拼音化，有時說及漢字改革就索性專指拼音化而言。下仿此。

馬字的力量使全世界的人們都容易學習漢語。分析語並不像從前的語言學家所排斥:它非但不是未進化的族語,而且該是最進步的語言模型;誰也不敢斷定没有那麽一天,漢語隨着漢族的興隆而擴大其應用區域。由此看來,國粹論者倒反應該贊成漢字改革了。

　　但是擺在我們面前有三個很大的難題,倒是值得我們鄭重考慮的:第一,是歷代書籍的處理問題。没有一個人敢説,漢字改革之後,原有的書籍是應該完全燒掉的。最簡單的答覆就是讓學者們去研究漢字,像西洋學者們研究拉丁文字一般;普通民衆盡可以與古書絶緣,簡單的歷史與故事自然有新文字编成的書籍給他們念。但是説這種話的人忘了由拉丁文到現代的法、意、英文衹是字式的變遷,而由漢字到拼音新字乃是字體上的徹底改革①。單就法文而論, examen、est、extra、primo 等字與拉丁文完全相同,姑且不説;就是 excuser 之與 excusare、inversion 之與 inversio、main 之與 manus、pension 之與 pensio、presser 之與 pressum、soldat 之與 soldato、vertu 之與 virtus、pilote 之與 piloto,何嘗不是與拉丁文大同小異?這種大同小異的例子極多,法文大部分的字都是與拉丁文極相近似的。總之,法、英、意等國既然沿用拉丁字母,即使字音或拼法差得頗遠(例如英文),在文字的習慣上仍是很相接近的。非但拉丁文不能與被廢後的漢文相比,連希臘文也不能比,這因爲從希臘文到現在的西洋文字雖然經過很大的變化,連字母也有一部分不相同,然而拼音的習慣是差不多的。我們如果廢除漢字而以羅馬字代替,乃是從囫圇的形聲字轉到拼音,從直行變爲橫行,從方塊變爲曲綫,其變化之大,比之從甲骨文變到現代的漢字還更大百倍。我們試想想看,漢字被廢之後,再過數十年,認識漢字的人,會像現代認識甲骨文的人那樣少,甚至更少,那麽,我們的史料憑誰整理?到那時候,我們的文化豈不是與前代的文化打成兩橛了嗎?

---

①　字式是文字的結構方式,字體是文字的整個體系。

　　另外一個可能的答案就是把中國原有的書籍完全譯成新漢字，或至少把重要的翻譯下來，使中等以上學校的學生能有間接閱讀古書的機會，這在理論上不失爲正當的辦法，祇是實行起來會遇着很大的困難。中國古書之繁多，真所謂浩如烟海，非但全部翻譯是絕對不可能的，就是說揀重要的書翻譯罷，以每年每人能翻一册計算，恐怕得要請幾千個人擔任這種工作。假使祇請十來個學者擔任，那祇好等待一百年後纔能完成；在這一百年的等待期間内，學生們難免無書可讀的痛苦。這種工作之所以困難，不在乎文字本身的直譯，而在乎以現行的大衆語言去翻譯高古的文言。文字上的隔閡還小，辭彙上的隔閡最多。我們可以逆料用新漢字翻譯中國古書要比翻譯現代的西洋書籍更難懂。六朝以後的書也許可以逐字翻譯，漢以前的書就祇能譯出大意。譯得錯不錯，還是很大的疑問。實施漢字改革以前，我們應該用極慎重的態度來考慮這一個很嚴重的問題。

　　第二，是語言的選擇問題。新漢字所代表的，應該是一種新漢語；新漢語非但不是士大夫的口語，同時也該不是現代中國農民的口語。就理論上説，中國農民佔全民的大多數，新漢字所寫下來的應該是他們的語言，然後他們看得懂。大多數人民看得懂的文字，纔是我們所需要的文字。但是，農民的語言雖然生動活潑，還有待於語言巨匠們的加工，然後有足够表達現代思想的辭彙和縝密的語法。我們如果完全采用農民的口語作爲新漢語，再根據新漢語寫成新漢字，那還是不能滿足全民文化的要求的。

　　現代語體文的辭彙，不知不覺地造成了中國文言辭彙與西洋辭彙的合流。看慣了西書的人，閱讀現代的雜誌（尤其是談論國際形勢的文章），往往看得很順利，很滿意，這因爲差不多每一個詞兒都反映出西洋的辭彙來，適合了他們的習慣。西洋辭彙爲什麼可以用中國文言翻譯而不能用農民的口語翻譯呢？這因爲文言是死的語言，詞兒又是單音的，如果併合兩詞爲一詞，而給予它一種新的涵義,恰像用希臘、拉丁的已死辭彙改造成爲西洋的新術語,比之用現代口語翻譯容易得多了。可惜這種辭彙非但不合於農民的口語,而且不合於士大夫的口語;全中國没有一個人會説這種話,有人叫它做新文言,一點兒也不錯。

老實説,現行的語體文完全倚靠漢字而生存;反過來説,也衹有漢字能寫現行的語體文,拼音文字決不能勝任愉快。假使把它用拼音文字寫出,而讀者能看得懂,就因爲讀者腦子裏先把它仍舊翻譯成爲漢字,然後去瞭解它。假使把它念出來,而聽者能聽得懂,就因爲聽者看慣或寫慣了這一類的語體文,他的"聽像"(image auditive)與平日讀寫的習慣相適合。總之,假使現在就使語體文與漢字完全脱離關係,那麼,新漢字所寫成的語體文會比漢字所寫成的文言文更難懂十倍。這樣的文字改革,豈不是有損無益嗎?

説到語法方面①,語體文的語法也是與農民的語法大不相同。本來,一般士大夫的語法就與農民的語法不一樣:"雖然、如果、否則、縱使"一類的關係詞,在農民口語裏是没有的;在某一些方言中,連價值相等的虛詞也没有。近十餘年來,學者們不知不覺地受了西洋語法的影響,在報紙雜誌上,非但語體文總多少不免有幾分歐化,連文言文也往往不能完全符合中國原有的語法。辭彙的差異與語法的差異併合起來,越發使一般民衆没法子與現代的報紙雜誌接近。現在用漢字印刷,有時候還可以望文生義;如果改用新字,更使大衆與報紙雜誌絶緣了。

我們現在真是所謂"徘徊歧路":如果我們仍舊寫這種語體文,就衹好沿用漢字。非但像"涵義、術語"這一類從翻譯而來的字眼,或像"徘徊、周旋、傀儡、肉搏"這一類從文言借來的成語,用拼音文字寫出後,不會爲民衆所瞭解;就是那些爲行文的便利而創造的複音詞,如"差異、終結、書寫",也不能即刻搬到新字所寫的文章裏

---

① "語法"就是 grammar,普通譯爲"文法"。

去,否則非但農民看起來茫然不懂,連我們也得費心去猜想半天。反過來説,如果我們爲了遷就新字而完全利用農民口語,懂是容易懂得多了,因爲拼音文字正是爲這種活潑潑的語言而設的;然而這種語言如果不經過加工洗煉,就祇能作家常談話之用,不能表達豐富而縝密的思想。由此看來,用現行的語體文既不行,用農民的口語又不行,兩條路都走不通,豈不是祇好沿用漢字嗎?

　　補救的辦法不是沒有,祇是需要相當長的時間。第一步要促進新辭彙與新語法的普遍化與統一化,不像現在每一個人都可以隨意製造複音詞,弄成一種極端紛歧的現象(如"差異"與"差別、殊異","終結"與"終了");第二步,要促進語體文的辭彙語法口語化;第三步,要促進知識分子的辭彙語法與大衆的辭彙語法合流。不過,無論如何促進,決不是短期間所能成功的。尤其是第三步,需要更長的時間。然而我們如果希望實行拼音文字,當然也應該促使這三步都能完全達到目的。總之,我們必須先有了新漢語(指辭彙語法而言,語音猶在其次),然後可用新漢字(指拼音文字);否則在這辭彙語法亂七八糟的情形之下,新漢字倒反成了害人的東西。

　　第三,是新舊交替的問題。儘管新漢字怎樣盡善盡美,中國識字的人們已經與現行的漢字結了"不解緣"。如果一旦把漢字廢掉,公文報紙布告雜誌書籍之類一律改用新字,原來識字的人們都變了文盲,祇好再來學習新字。且休説一個人要兩度學習本國文字是一件很討厭的事情,單説習慣的改革,也是極端困難的。號稱難認難寫的漢字,在已經識字的人的心目中,非但困難的印象早已模糊了,而且產生了無限的感情。在他們看來,漢字與漢語,同樣地是他們不可一刻分離的東西。尤其是知識社會的人們對於漢字是那樣熟習,竟常常把思想、語言、文字三者混而爲一,正像語言學家 Vendryes 所説(Le Langage, p.400):"在今日,我們絕對不能離開文字的形式而運用思想。"假使一旦叫他們離開漢字,就會如魚失

水。他們雖也能勉強學會了新字,然而用新字寫起文章來,總覺得
處處受束縛,不像漢字來得痛快;讀起新字的文章來也總覺得非常
不合胃口。提倡改革的人會説:"在這過渡時代,祇好大家喫苦些,
等到我們的兒子或孫子就好了,他們不會再受漢字的枷鎖,我們喫
苦也甘心了。"話是不錯的,可惜中國人不見得個個都有這種犧牲
的精神。

　　以上所述的三大難題,如果有法子把它們好好地解決,漢字改
革就是有利的,否則利未見而弊先來。固然,現在主張漢字改革的
人,大多數不主張立即把漢字廢掉,這樣,三大難題都可以不至於
發生,尤其是第一、第三兩問題都可以暫時作爲懸案。但是,對於
這一點,我比一般改革派還更左些,我認爲漢字一日不廢,則新字
一日不能取得代替漢字的資格,而所謂改革祇是一場熱鬧,終於煙
消雲散而已。所以這裏的三大難題仍是改革派所應該鄭重考
慮的。

(四)漢字改革的可能性

　　漢字改革運動,自清末至今,已經四五十年了,並沒有多大的
效果。提倡新方案的人,對於這種徒勞無功的事實,往往都歸罪於
舊方案的不良,例如提倡羅馬字的人認爲假名式的拼音字母不能
國際化,或不便於詞兒連寫,等等。然而依我們看來,這些都不是
主要的原因。

　　語言文字都是社會的産品,祇有社會的大力量纔能改造它們。
固然,文字的改革比語言的改革容易得多,改革漢字絕對不是改革
漢語,相反地,却是爲漢語擺脱它的笨重的古代衣冠,而替代以極
輕便的現代服裝。但是,單就這替換服裝一件事而論,也必須取得
全社會的同意,然後行得通。全社會的同意却是不容易取得的!
社會的習慣的壽命越長,越難推翻。試看陽曆推行了二十餘年,民
間仍是陰曆的勢力。清代婚喪的排場,大約只是二三百年的習慣
吧,要推翻也不容易,試看某一些都市(如北平)的大街上,差不多

每日還有幾十個叫化子穿着綠衣,拿着旗傘,隨着棺材遊行①。再拿白話文來説,大家提倡了二十餘年,而現在除了新文藝、新思想的書報雜誌外,仍然是文言文的勢力。可見社會的習慣是最不容易改變的:漢字改革之難於成功,這就是主要的原因。

　　提倡漢字改革的人們會説:我們並不希望全社會的同意,祇要新字能像現在的陽曆與白話文那樣佔勢力,就算初步的成功了。是的,著者也是這樣想。可是不幸得很,新字就很難像陽曆和白話文那樣成功。日曆雖是與民眾極有關係的一種制度,但它的組織非常簡單(指通用的日曆),我們不妨同時記住兩個日子。説到白話文,似乎是與新漢字的情形相仿佛了,所以有人拿現在白話文的成功與將來新漢字的成功相比。然而我們如果再想得深入些,則見新漢字的成功要比白話文的成功更難百倍。白話文與文言文祇是文體的異同,二者之間的界限本來就不甚明顯;至於從漢字到新字(指拼音字),乃是文字本身的徹底的改造,二者之間非但界限分明,而且在結構上也絕無相似之處。白話文的最大特色是言文一致,然而世界上絕對沒有言文完全一致的國家,反過來説,也沒有言文完全不一致的國家;人們儘管模仿古文,總不免偶爾摻雜白話的語法與辭彙。歷代文法辭彙的變遷,可以説是古文與當代白話合流的結果。可見中國人沒有一天不在傾向於采用白話的語法辭彙(有意的或無意的),而白話文的提倡祇算是因勢利導,讓我國人痛快地擺脱古文的羈勒而已。由此看來,白話文非但不曾違反社會的習慣,倒反是迎合了社會的習慣,所以能造成今日的勢力。新漢字就不然了。有人説漢字拉丁化是東方偉大的革命,這是對的。正因它的革命性很大,所以不能與舊習慣妥協,必須徹底改造。正因它是徹底改造,所以它的使命更艱巨百倍,同時,它的成功也比白話文的成功要難百倍,例如上節所述的三大難題,都是白話文運

① 這是説 1938 年以前的中國。

動時代所不曾遭遇過的。

　　漢字改革論者爲了要達到目的，主張努力宣傳。然而實際上，無論任何制度、風俗、習慣的改革，必須先有整個思潮爲其背景，否則單爲某一件事而宣傳是没有多大成效的。我們可以説，没有五四運動，白話文的宣傳將成爲徒勞無功；若不是西洋思想不斷地輸入，白話文的勢力也不會膨脹到現在這種程度。上面説過，由漢字到拼音文字，比之由文言文到白話文更難成功，自然需要比"五四"時代更大的潮流，然後能促其實現。總之，漢字改革必須有整個的政治思潮爲後盾，否則永遠没有成功的希望。四五十年來的漢字改革運動都是不痛不癢的，這兩年來的拉丁化運動竟能掀起頗大的波瀾，這決不是偶然的事。我敢斷説，將來新字如果有成功的一天，一定是在某一個政黨把它作爲政策之一，而這一個政黨已經取得政權的時候，當然，新字也不限定哪一種新字，政治思潮也不限定哪一個政治思潮。語言文字的本身是中性的：不拘任何黨派，都能與漢字改革的政策相容；任何黨派利用它爲政策之後，它所産生的結果，無論好壞，也不會因黨派之不同而有所差異。這裏我所要指出的衹是：漢字改革的政策如果爲某一政黨所采用而努力宣傳，則其成效要比幾個書呆子的宣傳遠勝千百倍。

　　然而我們要進一步追問：漢字改革政策，爲政黨所采用而努力宣傳之後，是否就可以像白話文那樣容易成功呢？依我的看法，仍舊是不可能的。上面説過，白話文與文言文的界限並不顯明，而新字（如果是拼音的）與漢字的界限却像隔着大海。看得懂文言文的人也會看白話文，看得懂白話文的人也能勉強看文言文；至於看得懂漢字的人，却絶對没法子看懂新字。假定新字衹爲一黨的人所采用，那麼，它至多衹能成爲一種特殊文字，通行於同黨或同嗜好者之間；它不能成爲一種新字，因爲它不能代替漢字的用途。

　　現在提倡漢字改革的人多數主張暫時不廢漢字。我不能瞭解這種妥協的主張。我對於漢字改革，是一個 all or nothing 主義者。

這理由很簡單：一個民族衹許有一種文字存在，正像衹許有一種族語存在一般。若因方言的歧異而制定分區的拼音文字，猶有可説，因爲同區的人的文字仍是統一的；字母相同，拼法相同，仍可説是全民族衹用一種文字。假使以拼音文字與漢字同時並用，那麼任何區域都須用兩種文字，任何人都須學習兩種文字，費時失業，利未至而害先來，所謂漢字改革又有什麼用處呢？

也許有人説，新字是爲文盲而設的，我們知識分子不妨仍用漢字。知識分子若肯學習新字，是毫不費力的；文盲呢，讓他們專學新字就是了。這種理論更是我們所不能贊同的。姑勿論這劃分階級的兩種文字會引起知識分子與工人、農民的隔閡，單就應用上説，現代書信、布告、契約、招牌及其他與工人、農民接觸最多的文字，都是用漢字寫成的，他們認識了新字之後，對於普通的布告、契約、招牌，仍舊莫名其妙，要寫一封書信仍舊要找會寫漢字的人代筆，豈不依然是一個文盲？新字對於他們，豈不成了贅疣或消遣品？

也許又有人説，我們預備拿新字去印刷許多書報雜誌給他們看，使他們不至於學非所用。是的，這是熱心改革漢字的人的當然工作；上面所謂努力宣傳，是包括這個而言。如果連這一步也辦不到，越發不配提倡改革了。衹可惜單靠這種工作仍是不夠的。上面説過，新字若不能代替漢字的用途，就衹算一種特殊文字，由此類推，用新字寫成的書報雜誌也衹算是一種特殊的書報雜誌。用它們來灌輸知識，也許不無益處；但是我們不要忘了文字的作用是兩方面的：一方面是從文字上知道別人的意思，另一方面是從文字上表達自己的意思。工人、農民讀了這些特殊的書報雜誌，自然知道別人的意思了；可惜他們不能利用這種特殊文字去向那些不懂特殊文字的人表達意思。而在漢字未廢以前，我敢斷定不懂特殊文字的人要佔國民總數百分之九十以上，那麼，就表達意思一方面而論，文盲學會了新字豈不仍舊是學非所用嗎？再就另一方面而論，特殊的書報雜誌究竟有限，普通的漢字書報對於文盲仍是緊閉大門，則所謂從文字上知道別人的意思，也祇是知道少數人的意思而已。

　　在目前的中國，老百姓所急急要學會的是漢字，而我們偏偏教他們學習另一種文字，實在令人有牛頭不對馬嘴之感。到處都用不着的東西（因爲到處都是漢字的勢力），硬要他們學習，縱使你宣傳得天花亂墜，他們也會當作耳邊風的。說到這裏，我們可以明白，新字與漢字勢不兩立，不是西風壓倒東風，就是東風壓倒西風。妥協論者的提倡改革，其成效必等於零，徒然在報紙雜誌上鼓吹鼓吹，聊以自慰而已。

　　總括上面所說，可見若要新字確實執行它那代表民族語言的職務，必有待於漢字之徹底廢除。然而漢字之徹底廢除，又必有待於政府的力量。我們試看下面一段關於清末王照官話字母的記載（黎錦熙《國語運動史綱》27—28 頁）：

　　　　次年（1904），直隸學務處便通令全省啟蒙學堂傳習，又專設許多義塾，又派了專員經理，又撥了官款拼譯書報，又定了獎勵辦法，又由督署札飭直隸提學司將官話字母加入師範及小學課程中，並在天津設立大規模的簡字學堂，輾轉傳習。於是兩江總督周馥、盛京將軍趙爾巽，也各在省城設立簡字學堂，傳習官話字母，奏准立案……那時由京津而奉天而南京，官話字母傳播很廣，約遍於十三省的境界，到現在還有許多人沒有忘記。

自有漢字改革運動以來，這可算是極盛的時期，然而這種盛況完全是靠政府的力量。後來王氏官話字母終於失敗了，第一因爲它的目的在乎救濟文盲，不在乎替代漢字，所以終於被漢字壓倒；第二因爲祇有一些封疆大臣奏准設立簡字學堂，並非由中央政府明令全國人民學習，所以容易被人推翻。假使現在中央政府認定新字是有利的，明令全國人民學習，並且拿來代替漢字，那麼，一定比清末的簡字運動的成績超出百倍。漢字改革的唯一可能性就寄托在這上頭；這一條是最危險的道路，我承認，然而若要達到漢字改革的目的,就祇有這一條路可通!

*　　　　　　*　　　　　　*

我爲什麼説這是最危險的一條道路呢? 這危險性就寄托在新字的任務上。假使新字是能負得起傳達一切思想的使命的,當然是一帆風順了;反過來説,它如果還趕不上漢字那樣能傳達思想,我們的政府即使在明令施行新字之後,也不免廢然思返,仍舊敦請數千年的老權威漢字上臺。

如果新字不能負起傳達一切思想的使命,這並不是新字本身有缺點(即使本身有缺點也是很容易補救的),而是它不能適應客觀的需要。且讓我們回到上節所提出的三大難題。第一難題是古書不容易翻譯,第三難題是已識字的人的習慣不容易改掉,這都是因爲新字來得太晚,讓漢字佔了上風;我們的政府還可以毅然決然,違反了多數人的習慣,采用新字,對於古書則儘量設法補救,甚至犧牲了一般民衆讀古書的機會,亦所不惜。至於第二難題却影響到新字本身的效用了:新字的拿手好戲是代表口語,而現代中國最能表達一切思想的文章是歐化語,或新文言,這種嚴重的矛盾勢必造成新字執行職務時的極大障礙。我們須知,除了少數模仿家之外,中國人運用歐化語或新文言並不是立異以爲高,乃是一種不得已的手段。舊時的小説,遇到没有辦法時,往往是觀音菩薩救了:歐化語與新文言就是我們的觀音菩薩! 有時候,迫不得已,甚至求救於古文的成語。法國的諺語裏説"有什麼兵器就用什麼兵器"(on use l'arme que l'on a),我們在用口語寫不通或寫不好的時候,現擺着西洋辭彙與古文辭彙,不利用它們,豈不是傻瓜? 這也難怪:西洋思想雖説傳入中國已經數十年,甚至可以説三四百年,然而普及於中國知識界乃是最近一二十年的事。以最近一二十年的傳播,而希望它在口語裏凝固,已是很難;若希望它在一般民衆的口語裏凝固,更是難上加難。因此,造成了語文極端不一致的現象。在這現象未消滅以前,新字的推行是難免障礙的。

弊端還不止此。現代中國的青年,對於歐化的辭彙,能夠運用如意者固然很多,而生吞活剝、胡亂塞進文章裏去的,也不在少數①。一般人的毛病在乎不肯把要説的話直寫下來,拿起筆管就想起自己在做文章,"讀經"的青年就硬塞些典故,"摩登"的青年就硬塞些歐化辭彙。兩種人的思想雖隔了三四個世紀,而他們的文章卻是犯了同樣的毛病:前者可稱爲腐敗的謅文,後者可稱爲摩登的謅文。謅文的程度有高低:程度低些的謅文,簡直是誤用歐化辭彙,使文章成爲不通。這種不通的來源,除了少數人是粗通洋文而未深究字義者外,往往是從中文書籍裏學來的歐化辭彙,不知道西洋原文是什麽,所以那些詞兒的意義對於他們是模糊的。這連謅文也夠不上,衹能稱爲胡謅。在現代出版界中,摩登的胡謅實在不很少。這種文章用漢字寫來還容易懂些,若用拼音文字寫出,越發令人摸不着頭腦了。

最近兩年來有人提倡"大衆語",我以爲提倡的功效恐怕很小,我們衹好耐心期待大衆語的自然形成。依我的意見,所謂大衆語,應該包括下列幾個成因:

1. 知識分子的語法辭彙與工人、農民的語法辭彙合流;
2. 歐化辭彙口語化,並爲一般人所徹底瞭解;
3. 在可能範圍内要求語文的一致。

等到中國有了這種大衆語之後,新字的施行纔是可能的。如果不然,恰在這語法辭彙出現空前的混亂狀態的時候,實行漢字改革,徒然增加社會的紛擾而已。

二、拼音文字所引起的問題

(一)方言問題

漢字改革方案,除了簡體字之外,都是趨向於拼音或標音的,

---

① 參看葉聖陶《從疏忽轉到謹嚴》,《文藝陣地》創刊號。

於是引起了方言的問題。本來，在每一方言裏，除了語音，還有它的語法與辭彙，使它與別的方言區別開來；但是，中國各地語法的差別很微，辭彙的差別又是最容易發覺的，僻小地方的人與外地的人接觸，往往喜歡把最富於地方性的辭彙隱没，所以都不成爲什麽大問題。至於語音方面，就非常討厭了。除了聽覺非常靈敏，或對於語音學有相當訓練的人以外，人們往往爲自己的方言所蔽，不能瞭解另一個方言的系統，例如重慶人不能瞭解北平的"斤""經"有別，"根""庚"有別；北平人不能瞭解蘇州的"記""濟"有別，"見""箭"有別；蘇州人不能瞭解桂林的"談""臺"有別，"蘭""來"有別，桂林人不能瞭解廣州的"干""甘"有別，"穀""骨"有別；廣州人不能瞭解梅縣的"看""漢"有別，"苦""虎"有別，等等。總之，凡本人習慣上未曾分別的音素，就不會相信它們有分別；凡本人習慣上讀爲同音的兩個字，就不會設想它們在另一個方言裏不是同音，有時候知道它們是不同音了，却又不知道某字該讀某音，以致往往弄到矯枉過正。由此看來，拼音新字所代表的語音應該以什麽地方爲標準呢？這就是本章所要討論的了。

依我們看來，可以有下列的四種辦法：

1. 制定一種國音，這國音是南北音的混合品，叫全國人都去學它（1924 年以前的注音字母屬於這一派）；

2. 擇定一種方言爲標準音，叫全國人都去學它（1924 年以後的注音字母及國語羅馬字屬於這一派）；

3. 把中國分爲幾個方言區域，替每一個方言區域制定一種拼音文字，叫那區域的人都去學它（漢字拉丁化屬於這一派）；

4. 每一個中國人都完全照他自己的土音寫下來，衹有拼音的法則是全國一致或差不多相同的。

現在我們試分別討論如下：第一種辦法是行不通的；這不是因爲完善的國音難於制定，而是因爲語言是自然産生、自然演變的東西，人造的語言决不能完全替代自然的語言。注音字母之所以由第一種辦法轉變到第二種辦法，正因爲原先所制定的國音没有一個人説得完全正確，所以祇好依照北平人的活人活語。現在有人提倡區際輔助語，其用途雖與人造的國音有差別，但它的毛病却是一樣的。人造的國音既不能成功，我們由此推想人造的區際輔助語也不會成功。

第二種辦法行起來也很困難。我重複説一句：辭彙上的困難是容易解決的，祇要本來熟習這種方言的人努力避免富於地方性的辭彙。本來不熟習的人寫些比較近文言的字眼，就行了。最困難的還是語音方面，例如擇定北平音爲國音，按照這種語音來拼成新字，恐怕就祇有道地的北平人寫得完全不錯，天津人已經感覺困難了（如"市"與"寺"的分別），其餘南方各省的人更不用説了。我們須知，學話不算難，而把那話的聲音寫下來却是最難。藍青官話雖然刺耳，還不至於令人不懂，因爲有姿勢與語調（intonation）幫了不少的忙；若把藍青官話寫下來，就加倍的難懂了。

第三種辦法雖然比第二種好些（所謂好不好，是指學習上的難易而言），但也並不是没有困難的。假定每一區的新字是摻雜該區各地的方音而成的，就犯了第一種辦法的毛病，例如吳語區域許多地方的"胎""灘"是不能分別的，但我看見過一套"上海話拉丁化方案"，却把"胎"一類的字（"臺來該開哉裁"）與"灘"一類的字（"談蘭單難殘"）的韻母寫成不同的形式，理由是吳語區域內還有些地方能分別這兩類韻母，而且與北方語取得相當的一致。這樣一來，徒然增加吳語區域的人學習上的困難（因爲在口語裏他們不能分別）。

又假定每一區的新字是純然根據該區某一個都市的語音拼成的，這是比較合理的辦法，我們如果要走第三條路，祇好這樣辦。但是困難仍舊不能完全避免。我們知道，中國方音非常複雜，非但縣與縣之間可以不同，而且鄉與鄉之間也往往不同。有人説中國可以分爲五個至七個方言區域，制定五種至七種新字，就夠用了，這是忽略了方音的複雜性。現在試拿我的故鄉博白縣（在廣西南部）爲例。單就博白一縣而論，已經有粵語與客家話兩種方言，大約各佔居民的半數，這且不提。又單就博白的粵語而論，仍可細分爲好幾種。現在單就岐山坡（我的村名）、新村（與岐山坡爲鄰，相隔約二里）、鴉山墟（離岐山坡十餘里）三個地方比較如下：

	岐山坡	新村	鴉山墟
子	tsei	tei	tei
請	ts'eng	t'eng	t'eng
進	tsan	tan	tan
醉	tsui	tui	tui
爺	ie	ie	iei
車	che	che	chei
三	som	som	sam
甘	kom	kom	kam
吃	hek	hek	het

　　我們不要以爲祇有博白一縣的方音如此複雜，中國方音複雜的縣份多着呢！若依上述的辦法，我們非但不能替岐山坡、新村、鴉山墟等處造一套新字，而且不能替博白造一套。博白的粵語區祇好去學廣州的新字，那就苦了！例如廣州的“大”“代”有別，“雨”“以”有別，“書”“施”有別，而博白都沒有分別，叫他們怎能把廣州新字寫得正確呢？由此類推，無錫人不能把上海字寫得正確，湘潭人不能把長沙字寫得正確，興寧人不能把梅縣字寫得正確。總之，祇有幾個大都市的人能享受特殊的利益，他們的話是標準語，他們的字是與語音一致的，寫起來毫無困難；僻小縣份的民眾就喫虧了，他們的話不是標準語，他們的字是與語音不一致的，寫起來常常錯誤，甚至比漢字更難寫得正確。上章我們承認拼音文字比漢字易認易寫，是假定文字與語音一致的；現在如果文字與語音仍舊不能一致，則新字並不易認、易寫。更進一步説，在這情形

之下,也許拼音文字比漢字更難學習,因爲方言的差異是一般人所最難辨別的,強我就人,又是最苦的事情。

也許有人説,大都市的人口衆多,我們該先從大都市着手;僻小的縣份祇好暫時不管。這自然是利刀斬亂麻的主張,祇可惜與掃除文盲的目的違背了。大都市接受文化最早,也最容易,所以文盲最少;僻小的縣份接受文化最晚,也最困難,所以文盲最多。掃除文盲非但不從文盲最多的地方着手,倒反特別給予他們文字學習上的困難(因爲不以他們的語音爲標準),這道理怎説得通? 我們不要單爲大都市的工人着想,我們應該同時爲全國的農民着想。試以人口而論,假定以七個大都市的語音爲新字的根據,這七個大都市的人口總計至多不過一千萬人,我們如果強迫四萬萬同胞去遷就這一千萬人,雖説是不得已的辦法,但是它的成效恐怕也就很微了。

第三個辦法既然也遇着困難,剩下來祇有第四種辦法,就是叫每一個中國人都完全依照他自己的土音寫下來。這種文字纔是真正容易學習的文字,與拼音文字的原則完全符合。不幸得很,中國方音之複雜既如上述,如果每人都以土音爲根據,我國不難産生幾千種的文字;雖説同一方言區域的各種文字將是大同小異的,到底也嫌太零亂了。

由此看來,四種辦法都是遇着困難的,我們該怎麽辦呢? 老實説,這是客觀環境所造成的困難,無論怎樣也不能完全避免的。中國的地方是這樣大,怎能怪方音的複雜? 方音是這樣複雜,怎能怪拼音文字施行的困難! 我們應該坦白地承認:我們没有辦法可以完全避免困難,祇能選擇比較有利的方向走去罷了。

依著者的意見,四種辦法的優點應該同時采用,它們的缺點應該儘量避免。由這種意見就生出同時並進的三種辦法:

1. 擇定北平音爲國音,依北平音寫下來的文字爲國字,同時承認依照普通話寫下來的文字爲國字的另一式;

2. 凡滿十萬人口的都市（如北平、桂林）或人口雖不滿十萬而其方言勢力甚大者（如梅縣），應以其地的語音爲區語，每一個區語應有其文字；

3. 不滿十萬人口的城鎮或鄉村，應學習其語言系統最相近似的大都市的語言文字，同時得以土音拼寫文字，流行於本城鎮或本鄉村。

現在我們再分別說明如下：第一，國語是必要的。凡是一個國家，必有其代表國家的語言文字。譬如法國，儘管容許 Provence 與 Bretagne 方言的存在，而實際上代表法國者乃是巴黎的語言。我國儘管容許吳語、閩語、粵語、客家話的存在，而實際上代表我國者乃是官話（包括北方官話與南方官話）。近來主張漢字改革的人有同時主張不要國語的，這大約因爲他們希望漢字同時存在的緣故；否則漢字完全廢止之後，我們將用什麼文字來代表我們的國家？政府的命令、案卷，將用什麼文字書寫？駐外大使或公使所遞的國書、中外訂立的條約，又將用什麼文字書寫？我們提倡漢字改革，就該顧慮到百年大計：漢字存在的時候，可以不要國語；漢字廢止以後，倒反不能不要國語。

二十餘年來國語的提倡，並非毫無成績可言。至少在學校裏，不會聽國語的人很少，不會說的人也漸漸少了。如果你到過南洋，更感覺得國語的需要：一個廣州人、一個福州人、一個廈門人與一個梅縣人同在一塊兒，互相不懂話，多難受！所以南洋的小學，一律用國語講授，學生們也没有一個不懂國語的。隨便你贊成也好，反對也好，國語已經養成了很大的勢力，而這種勢力將隨着交通之發達而繼長增高。我們如果說不要國語，就可以説是違背現代的潮流。

現在所謂國語，大致是以北平話爲標準，尤其是語音方面，可以説是大家極力模仿北平腔。然而模仿自模仿，除非是在北平生長的人，否則他們所説的都是藍青官話，不過藍青的程度有高低罷了。由此可見，假使將來中國的語言真能統一，那時的國語也決不能完全像現在的北平話一樣。許多難分別的音素一定會混合了，一些難發的音素也一定被淘汰了。再説得明顯些，那時的國語竟會與現在的高等藍青官話相似，而高等藍青官話也就是現在所謂普通話。因此，我主張順着自然的趨勢，就擇定普通話爲國語的另一式。

固然，普通話是沒有標準的，正像藍青官話之不能一律，但是，我們不妨給它定下一個標準，就是大致依照北平的語音，把那些不容易分別的音素索性混合起來。所謂不容易分別，是拿大多數的國民爲標準，不以某一方言區域的人爲標準，例如北平的"己"與"子"、"希"與"思"、"齊"與"慈"、"祭"與"字"，本是有分別的，粵語區域的人學起來往往不能分別，但是吳、閩、客家及南方官話區域的人學起來都毫無困難，我們應該讓它們仍有分別。至於大多數國民不能分別的，乃是：

（1）"知"類與"資"類　例如：戰贊、專鑽、正贈、志字、招遭、中宗、債再、咒奏、竹足。

（2）"癡"類與"雌"類　例如：産粲、巢曹、柴裁、崇從、齒此、初粗、吹催、徹測。

（3）"詩"類與"思"類　例如：山三、稍嫂、税歲、數訴、試四、收搜、曬賽、熟俗。

（4）"根"類與"庚"類　例如：真爭、陳程、申生、晨成、根更、痕恒。

（5）"斤"類與"經"類　例如：津精、鄰靈、新星、親青、因英、斉令、近敬、民明、謹警、賓兵、貧平、欣馨、引影。

這五類的分別，就是一般人學習國語的最大困難。江、浙、皖、鄂、湘、川、滇、黔、桂諸省的人學起國語來，往往是辭彙、聲調以及其餘一切語音都學得很像了，祇有這五類的分別始終分不清。有時候矯枉過正，倒反鬧出笑話來。北平的"知、癡、詩"是捲舌音，"資、雌、思"不是捲舌音，南方大多數的地區是沒有捲舌音的，爲了要學北平的捲舌,於是連不該捲的也捲起來了！近日南方幾個無綫電臺播音,最令人不舒服的就是把"贊鑽贈字遭宗再奏足綮曹裁從此粗催測三嫂歲訴四搜賽俗"一類的字大捲特捲,造成全中國所未有的古怪聲音！至於"根"與"庚"、"斤"與"經"的分別,是一般人所最不容易察覺的,所以矯枉過正的毛病還不多見。但是,其不能分別的情形却是一樣的,倒不如容許它們像南方官話那樣沒有分別,以減少學習上的困難。

此外還有一種相反的事實,就是普通話能分而北平話不能分的字音。這種字,可以細分爲三類:

(1)"記"類與"濟"類　　例如:結接、交焦、韭酒、建賤、敬靜、懼聚、決絕、郡俊。

(2)"氣"類與"砌"類　　例如:橋樵、毯囚、虔錢、琴芹、強牆、輕清、驅趨、拳泉。

(3)"戲"類與"細"類　　例如:鞋斜、曉小、休羞、縣綫、鄉箱、興腥、虛須、玄旋。

這種分別是很可愛的,因爲拼音文字最忌同音字太多,這麼一來,同音字的數量就可減少。京劇界本來講究這種分別,他們把"記、氣、戲"三類叫做團音,"濟、砌、細"三類叫做尖音;尖團字的分別在他們是很看重的。近來有些青年演員矯枉過正,把團字也念成尖字,也造成了全中國所未有的古怪聲音！我們既主張采用北平音爲國音,自然贊成口語裏不必有尖團字的分別。不過,在文字上,如果能分別尖團,未嘗不是補救同音字太多的一種辦法。所以我們主張國字應該以分別尖團爲主,而以尖音變團爲國字的第二式。

國語與普通話通用,可在詞典裏注明。若照著者的方案①,則可舉例如下:

"戰"jän,通作 tzän;

----

① 參看下文第 607—618 頁。

“裝”jwang,通作 tzwang 或 tzong;

“初”chu,通作 tsu;

“闖”chwang,通作 tswang 或 tsong;

“稍”shau,通作 sau;

“爽”shuangh,通作 suangh 或 songh;

“更”geng,通作 gen;

“爭”jëng,通作 tzëng 或 tzën;

“平”pingh,通作 pinh;

“青”tsingh,通作 tcingh、tcinh 或 tsinh;

“祭”tzy,通作 dcy;

“進”tzyn,通作 dcyn;

“且”tsye,通作 tcye;

“搶”tsyang,通作 tcyang;

“笑”syaw,通作 cyaw;

“選”süan,通作 cüan。

　這樣的通用字是有條理的,並非胡亂書寫可比。漢字中也不乏此例,如“筍”通作“笋”、“僊”通作“仙”、“糧”通作“粮”、“螘”通作“蟻”、“躑”通作“跳”、“稺”通作“稚”、“踶”通作“蹄”、“楣”通作“楲”、“鶯”通作“鸎”、“鉏”通作“鋤”、“譌”通作“訛”、“棲”通作“栖”、“妒”通作“妬”、“蠭”通作“蜂”、“蹋”通作“踏”、“照”通作“炤”、“孃”通作“娘”、“礎”通作“砧”、“韻”通作“韵”等等。我們采用普通話的拼音爲國字的另一式,其成因雖與漢字中的通用字不同,而其不足爲害却是一樣的。

　我並不想要説,采用普通話爲國語另一式之後,就能完全免除全國人學習上的困難;我衹想要指出這是困難最小的一條路。除非不要國語,否則衹有朝着這一條路徑走去。如上所説,國語是必要的,所以這一條路也是必須走的。事實上,南方人學習國語,大多數就是走上這一條路,我衹希望政府正式批準他們。

　　第二,區語也是必要的。有了國語之後,我甚至主張全國的區語須在二十種以上;近來拉丁化論者以爲中國該分爲五個至七個方言區域,這實在是不夠的。拉丁化論者排斥國語的理由,是以爲我們不應該強迫全國人去學習一個都市(北平)的土話,然而現在的北方話拉丁化是以山東話爲標準的,也算是強迫北方全部數省的人去學習一省(山東)的土話了,豈不是以五十步笑百步嗎? 我曾經看見北平的大學生(拉丁化提倡者)在雜誌上把 zi-ci-si 誤作 gi-ki-xi-,如果依照北平話拉丁化的方案,自然該認爲錯誤;如果依照北平話呢,這種寫法正是合理的。此外如"多"字之不作 do 而作 duo、"坐"字之不作 zo 而作 zuo,也是這個道理。我不明白:北平共有人口一百五十萬,還不能完全根據他們的語音寫成文字,寫起來還常常錯誤,新字的優點何在? 大學生還寫錯了字,怎樣教文盲去學習它? 也許有人説,這種錯誤不必認爲錯誤,通融辦理就是了。但是,此例一開,别的也何嘗不可以通融①? 倒不如爽爽快快地,除制定一套濟南區的區語以外,還再制定一套北平區的區語,並且拿這區語當爲國語。由此類推,我們有了福州區的區語,不妨再有廈門區的區語;有了廣州區的區語,不妨再有梧州區的區語;有了長沙區的區語,不妨再有衡陽區的區語;有了重慶區的區語,不妨再有昆明區的區語。自然,凡屬於同一方言系統的兩區,其互相瞭解的程度必較高;但是,當他們的語言尚未統一的時候,我們不必先求文字的統一。反正已有國語爲全國互相傳達思想的工具,區語祇是輔助國語而行的,就不嫌太多了。

　　區語究竟該有若干種? 這要等待詳細調查與研究,纔能完全決定。上面雖説凡滿十萬人的都市的語言就有被定爲區語的資格,如果甲都市與乙都市的語音相差實在太微了,經調查與研究之後,也可以把它們歸併起來。但是在北方官話區域内,至少須分爲

---

① 規定第二式就比通融好些;通融是無限制的,規定是有限制的。

濟南、北平、太原、漢口、南京五區；在西南官話區域內，至少須分爲長沙、重慶、昆明、桂林四區；在吳語區域內，至少須分爲上海、無錫、寧波、紹興、温州五區；在閩語區域內，至少須分爲福州、廈門兩區；在粵語區域內，至少須分爲廣州、台山、梧州三區；在客家系統內，至少須分爲梅縣、汀州、南昌①、廣西客話四區。這裏所謂最少，就是說將來實行時必須增加；大約要二三十種區話，方能足用。

區語的用處，在乎使没有機會受中等學校以上教育的人，能有讀書寫信的能力。每一區該有用區語書寫的書報若干種，民衆訴訟或呈文得用區語。政府的命令，如須布告全民周知者，應一律譯爲區語。至於中等學校，就該有國語一科，依照語言環境的殊異而規定其學習的鐘點；官話區域的鐘點較少，非官話區域的鐘點較多。由區語轉到國語，祇是拼音的不同，字母是一樣的，所以没有多大困難。

第三，僻小地方的土語也是一時不能消滅的。固然，僻小地方的人民本來就喜歡模仿大都市的語言，一則因爲應酬上的便利，二則因爲怕別人笑自己的土氣十足；但是，有時候力不從心，終於露出馬脚來了。還有許多人是從來不曾到過大都市的，更没法子學習大都市的語言。幸虧他們的語音是與附近的大都市相類似的，在文學的閱讀上不會發生大困難，祇在書寫上不能完全依照區語罷了。暫時的補救辦法是容許並指導他們依照自己的土音寫字②，遇必要時，也印刷一些土音文字的東西給他們看。但我們不要忘了誘導他們閱讀區語的書報，因爲祇有這種書報是可以大量編印的，而他們對於區語也比較容易看得懂。

上文所論，都是偏重於語音方面，現在再稍爲討論辭彙方面。國語的辭彙，除吸收歐化辭彙外，應該儘量避免地方色彩太重的辭彙，例如北平說"搋"，我們不妨說"打"；北平說"寒傖"，我們不妨

---

① 這裏暫時認南昌話屬於客家系統。

② 但土音以用於本地爲限。若以土音的文字在外地發表，效力是很微的，倒反使人覺得中國文字太紊亂了。

説"不大方";北平説"泄氣",我們不妨説"丟臉";北平説"棒",我
們不妨説"有本領";北平説"損",我們不妨説"挖苦";北平説
"捎",我們不妨説"帶"。我們分明知道,地方色彩越濃的字越富於
表現性(expressité),尤其是文學作品裏用得着它;勉強拿普通話去
翻譯,非但風趣全失,有時連意義也譯得不完全。但是,在這過渡
時代,我們祇好通融些。等到將來,國語漸次形成的時候,也就是
各地辭彙被國語自然地吸收的時候,非但北平的特別辭彙可能被
吸收,上海、廣州各處的特別辭彙也會一樣地被吸收。那時節,它
們該是無形的競賽:誰最富於表現性,誰就有被國語吸收的資格。

　　至於區語呢,當然應當儘量利用本地的辭彙。依現在的料想,
在國語尚未成型以前,將來的小説、戲劇大多數是用區語寫出來
的。遇必要時甚至可用土話寫出。不過,將來交通便利,土話將漸
爲區語所同化,尤其是辭彙方面不會成爲大問題。

　　總之,我對於中國方言問題,主張聽它們自然演化,假使將來
真有國語統一的一天,十分之九的功勞要歸於交通的便利,與各省
人民的雜居。不過,我們如果現在預先開闢一條道路給大家走,也
許能對於國語統一略助一臂之力,也許能爭取那十分之一的功勞。
我們的希望,是從土話統一到區語,再從區語統一到國語。北方話
的音素簡單,地域寬闊,如果國語真能統一,又一定是以南就北。
北平話借着數百年的政治力量,已取得官話的資格,由官話轉到國
語,要比山西、山東、河南等省的方言更容易些。因此,我主張仍以
北平話爲主要的基礎:説起國語來,儘管完全依照北平話(如果你
能够),寫起國語來,尤其是教起國語來,却應該稍爲遷就大多數的
國民,對於難分別的語音讓他們混用。我相信這個辦法能使方言
問題得到比較合理的解決;但我並不想説完全没有困難。本來有
困難的事,硬説没有困難,就是自欺欺人了。

(二)聲調問題

　　漢字拼音化之後,聲調(平、上、去、入)是否要標明? 換句話
説,音素相同而聲調不同的字,是不是應該寫成不同的形式? 這也

是值得詳細討論的一個問題。

主張標明聲調的人有兩個重要的理由：（1）拼音文字既是標音的，自然該把語音上的區別儘量表示出來。聲調在中國語裏，含有詞義的價值（valeur sémantique）。與英法德語的語調（intonation）絕不相同，例如"粗"與"醋"、"媽"與"馬"，在每一個中國人聽起來，其差異之大，並不輸於"粗"與"租"、"媽"與"貓"。因此，我們非但對於元音或輔音不同的字，應該給予不同的形式，就是對於聲調不同的字，也不該混爲一個形式。（2）中國語本來是以單音詞爲主的，同音詞已嫌太多了，幸虧有聲調的分別，使同音不同調的詞還不至於相混。如果現在連同音不同調的詞也讓它們混同，豈不是使本來有分別的臉孔也塗成一樣的了？聲調的標明，就是在可能範圍內使每字各有其個別的臉孔。

反對標明聲調的人祇有一個理由，然而這一個理由並不弱於上面那兩個理由。依他們的意見，聲調是素來被中國人認爲神祕的東西，有許多讀書人直到頭髮斑白，對於平、上、去、入還弄不清楚，怎麼好拿它來教老百姓呢？他們並不是在語言裏反對聲調的存在，只是在文字上反對聲調的標明。不標明聲調也不至於使詞義混亂不清，因爲現代複音詞已逐漸增加，此後還可以再求增加。字在單音時雖然容易相混，若在複音詞中，就不容易相混了①。

這兩派的主張，都是言之成理的。在語言文字的原則上，是前一派有道理；在書寫的便利上，是後一派有道理。祇可惜各有所蔽。現在試就著者的意見，分論如下：

標明聲調是可以的；聲調並不像一般人所說的那樣難懂。許多讀書人直到頭髮斑白，還不懂得平、上、去、入，因爲他們所要懂得的是沈約的四聲，纔會這樣的困難。如果把本地的聲調系統告

---

① 其實不標聲調還有一個好處就是使方言複雜性在紙面上顯得簡單些，例如"哭"字，北平、重慶、長沙都念[kʻu]，而聲調各不相同（北平混入陰平，重慶混入陽平，長沙念入聲），如果不標聲調，"哭"字的寫法在三個區語裏都相同了。

訴他們，決不至於如此難懂。再説，我們對於一般民衆，用不着解釋什麼平、上、去、入，衹把同音不同調的字寫成不同的形式，叫他們去認就是了。

標明聲調是可以的；衹是，不幸得很，我們没有適當的音標；現在大家傾向於采用拉丁字母，然而當年的拉丁語裏恰是没有聲調這樣東西的。最合理的表示聲調的法子，是把每一個元音按照聲調的不同，寫成不同的元音字母；而拉丁文當時却没有這種需要。現在我們如果借用拉丁字母而又勉强要標出聲調，衹有兩種辦法：第一種辦法是在每一個元音字母頭上加些撇捺、帽子之類，以資區别；衹可惜弄成滿面麻子，十個字當中該有八九個是帶着撇捺、帽子的，實在太不美觀了。第二種辦法是利用字母的錯綜拼合或重複，以資區别；衹可惜錯綜拼合後，聲調的拼法不容易弄成一律，使學習上發生多少困難，若求其拼法一律，又會違反國際的拼音習慣。這兩種辦法都不很妥，難怪有人懷疑到聲調的本身了。

本來，注音字母一類的音標，是很適宜於標明聲調的。注音字母既是"取古文篆籀逕省之形"，何不索性在韻母與介母裏分出聲調來呢？例如ㄚ的原音是於加切，ㄛ的原音是虎何切，ㄠ的原音是於堯切，ㄤ的原音是烏光切，ㄥ的原音是古薨切，ㄩ的原音是丘魚切，都適宜於做陰平聲的韻母；ㄧ的原音雖是於悉切，今國語讀如"衣"，也適宜於做陰平聲的韻母。應另造與ㄚ、ㄛ、ㄠ、ㄤ、ㄥ、ㄩ、ㄧ相當的陽平、上、去聲的韻母。ㄟ的原音是餘支切，適宜於做陽平聲的韻母；應另造與ㄟ相當的陰平、上、去聲的韻母。ㄝ的原音是羊者切，ㄣ的原音是於謹切，ㄨ的原音是疑古切，都適宜於做上聲的韻母；應另造與ㄝ、ㄣ、ㄨ相當的陰平、陽平、去聲的韻母。ㄡ的原音是於救切，ㄞ的原音雖是胡改切，今國語讀去聲，ㄢ的原音雖是乎感切，今國語亦當讀去聲，都適宜於做去聲的韻母；應另造與ㄡ、ㄞ、ㄢ相當的陰平、陽平、上聲的韻母。我認爲這個辦法比標點四聲於字母之旁要好得多;因爲在旁加點撇,顯然是在那裏教人分辨四聲,若造成不同的字母,祇當作普通不同音的字看待就是了,連陰陽上去的名目都不必告訴他們。

標明聲調是可以的;但在許多情形之下,却不是必要的。像注音符號這類適宜於標出聲調的字母,自然可以標出;若像拉丁字母,標出聲調既感困難,而且有許多複音詞不標聲調也不至於與別的詞兒混淆,就不必多此一舉了。剩下來祇有那些單音詞難於打發:黎錦熙先生注意到①,動詞裏的單音詞特別多,我們如果不標聲調,就有混淆的危險。現在我們試看反對標明聲調的人們怎樣答覆這一個問題。

原來反對派的答覆是很簡單的:他們以爲祇要詞兒連寫就什麼困難都沒有了。其實黎先生他們早就提倡"詞類連書"的,怎會不知道其中的妙用? 祇是可惜得很,中國的單音詞雖比古代減少,但是還沒有少到可以忽略的地步。不標聲調的拼音文字,對於同音詞的混淆,仍舊不能完全解決。如果讀者對於單音詞不至於誤會,並非詞兒連寫的功勞,祇是上下文襯托的功勞。

我們知道,上下文的作用是很大的;在文章上,許多含糊的字義都賴上下文而明朗化,在文字上,許多不易猜測的字義又何妨藉着上下文的襯托而使它們容易明瞭呢? 但是,一味乞靈於上下文,總不是一個妥善的辦法。先拿做文章爲例罷:我們常常爲了一個字不妥貼,推敲了半天,正因爲這樣可以省掉讀者反覆研究上下文的勞苦。文字也是這個道理,我們的讀者不能處處乞靈於上下文,否則未免太費時間了。近來我讀那些不標聲調的拼音文字,往往讀完一句,纔懂得某一個詞兒的意思。這樣,書寫上雖然便利,閱讀上却加倍困難。而一般民衆閱讀的機會多,書寫的機會較少,怎能祇求書寫上的便利,而忽略了閱讀上的困難呢?

---

① 忘了在哪一篇文章裏見過。

　　有些作者,爲了避免上述的缺點,着意地製造複音詞。這越發不是辦法。這不但是製作文字,竟是創造語言了。語言並非絕對不可以創造;極少數的新詞,逐漸地、不知不覺地引進民衆口語的辭彙裏,這是可能的。但也應該讓它們在口語裏生了根,然後寫成文字;否則這種文字是極難認識的。固然,有時候新詞也可以先見於文字,再傳入於口語;但是,不幸得很,這種事情祇有漢字能够辦到! 上文説過,現代語體文裏新造的複音詞,大多數是由意義相同或相類似的兩個漢字湊成的①。這類複音詞,暫時祇好依賴漢字而存在,否則如魚失水,無論在口語裏,在拼音文字裏,都失了它們的功能。複音詞製造者明明是乞靈於漢字的枯骨(許多複音新詞裏所包含的單字是口語裏已經死去多年了的),却要把它們放進嶄新的與漢字作對的拼音文字裏,似乎有點兒滑稽了。

　　由此看來,不標聲調則單音詞容易相混,若標聲調則事實上發生困難。可見我們應該在標聲調之外,另覓單音詞不容易相混的辦法。依著者的意見,可以拿詞性的差異來分別同音詞。換句話説,詞性不同的同音詞可以寫成不同的形式。這種辦法需要詳細的解釋,等到下文再談吧。

(三)音標的選擇

　　關於新字的音標,有兩種絶不相同的意見:第一種是自製音標;第二種是借用羅馬字母(或稱拉丁字母)。

　　自製音標的理由,可以有下列數種:(1)不借用外國的字母,表示中國人能創造;(2)適合中國語音的需要,如特殊的元音或輔音皆可有適當的字母來表示(如上文所論,還可從元音字母中分別聲調);(3)保存中國的書法藝術。

　　依我們看來,當然是第一個理由最不成爲理由;然而事實上,不甘心借用羅馬字的人,大多數是存着這種心理。清末王照、勞乃

---

① 　例如"終結、關閉、書寫、笨拙"之類。

宣一類的不大懂西文的人,倒也罷了;連幫着英國教士翻譯《英華字典》的盧戇章也造成一套假名式的切音字母,總不免有不屑用外國字母的意思,不然就是迎合中國人的心理,不用外國的東西,以求減輕反對的力量。其實這些我們都可以不管:拼音文字顯然是受西文的影響而提倡的,又何必鬼鬼祟祟,自製音標,做成"掛羊頭賣狗肉"的勾當呢?

第三個理由也不成爲理由。若要保存中國書法,乾脆就該保存漢字;新製的拼音字無論如何不能保存中國的書法藝術。原來中國文字的美觀就在乎它的結構複雜,有種種不同的穿插俯仰;如果把它簡單化了,即使保留着撇捺橫竪的姿態,也會令人感覺得單調的。注音符號之不美觀就是鐵證。

剩下來祇有第二個理由頗能成爲理由;自製的音標確能表示任何語音,並免除可能的誤會。然而它也有一個缺點,就是與我們的習慣完全違反。若用自製的音標拼成文字,在没有學過的人看來,竟像一種天書。違反習慣的程度越高,則推行的阻力越大;所以自製的音標決不能像羅馬字母之推行順利。固然,羅馬字母在非知識分子看來,也像天書;但這種人對於漢字差不多完全無緣,連漢字也會被他們當作天書看待的。至於知識分子呢,就跟羅馬字母非常熟習了。十歲以上的學生,就認得英文字母,若用它們來拼寫漢字,字母是他們早已認識了的,拼法也與英文的拼法差不多,當然覺得便利而高興學習。羅馬字母還有另一個好處,就是適合國際習慣。將來全世界的人類都很容易與漢字接近,漢語如果有優點,正可藉此宣傳。這是一舉兩得的辦法:我們不改革漢字則已,否則應該趁此機會使中國文化更容易與西洋文化溝通。

如果要求一種音標確能表示任何語音的,也不一定要自製音標;現放着國際音標可以應用。——不過我們也不贊成用國際音標。國際音標祇是科學的工具,並不是語音的普通符號。國際音標辨別至於"秋毫之末",一般的民衆非但不會辨別,而且用不着辨別那麼仔細。

　　説到這裏，我們可以明白，衹有羅馬字母適宜於做新漢字的音標了。我們現在所應討論的，不是要不要羅馬字母的問題，而是：（1）字母的音值，應以何國字母的音值爲標準？（2）各區所用的字母，其音值應否一律？

　　關於第一個問題，我們可以説，不應該拿任何一國的字母的音值爲標準，而應該集合各國字母的長處，並且適合於表示中國語音的。若必要尋出一個標準，我們可以説應該儘可能地接近拉丁文原來的讀音，例如 i 這個字母，應該讀像中國的“衣”音（拉丁原音如此），不該讀像英文的長音 i。這並不是崇古，而是因爲西洋各國的拼法（如果是用羅馬字母的）都是從拉丁文的拼法傳來，所以采用拉丁文的拼法就是等於采用多數國家的拼音習慣。我們用羅馬字母拼寫漢字，主要的目的在乎適合國際習慣，所以除非有萬不得已的理由，否則越是從衆越好。

　　消極方面，我們應該儘量避免違反國際習慣的拼法。對於非知識分子，我們縱使以 d 爲 g、以 p 爲 t 也沒有關係，但是，我們既然采用羅馬字母，又何不索性儘量依照西文（尤其是英、法、德文）的拼音習慣，使大家容易看得慣些呢？依這個説法，國語羅馬字的 char、aur、shern、torng（“茶、熬、神、同”），漢字拉丁化的 xu、xai、xi、xiao（“湖、海、喜、曉”），都是不妥當的；因爲前者所用的 r 是不發音的，後者所用的 x 等於郵政式的 h（hu、hai）或 hs（hsi、hsiao），都不合於國際的拼音習慣。固然，這都是有特別原因的：國語羅馬字要借 r 來表示陽平聲；拉丁化大概是因爲“知、癡、詩、日”等字既寫成 zh、ch、sh、rh，不寫元音字母，假使“湖、海、喜、曉”等字再用 h 起頭，就會常常有兩個 h 黏在一起，所以索性采用國際音標 x 了。但是，如果我們不標聲調，就用不着 r 了；如果我們每一音節必寫一個元音字母，也就可以不用 x 而用 h，比較適合國際習慣了。

　　威妥瑪式與郵政式的拼音法，還是值得我們重視的。除了 hs-

的拼法頗不合理之外，其餘都是很合於國際習慣的。沿用既久，它們的勢力已經不小；國語羅馬字公布了這麼久，實際上我們對外的譯音仍用威妥瑪式或郵政式。我們如果憑藉着這已有的勢力造成新字的方案，總比另起爐竈省力些。因此，我覺得除非萬不得已，否則還以沿用二式爲較妥。衹有一點必須更改的，就是不吐氣音與吐氣音的分別：p 與 p'、t 與 t'、k 與 k'、ch 與 ch'、ts 與 ts'，相差衹在乎那一個點兒！寫起來，容易漏了這一點；排起字來，更容易漏了這一點；認起字來，有點與無點之間，很不容易辨別。我們須知，威妥瑪式與郵政式的目的衹在乎譯音，不在乎創造新漢字，所以在這一點上可以馬虎些；我們的新漢字是預備天天應用的，就不能馬虎了。

關於第二個問題，我們主張各區語所用的字母其音值應儘可能地求其一律，若換一個普通的説法，就是各區的拼法應該一致。固然，二十六個字母勢不能表示一切可能的語音；縱使遇必要時拿兩個字母表示一個音位（phoneme），也還是不够用的。但是，在可能的時候，又在很大的語音差異情形之下，我們必須求其一致，因爲這樣可以使甲區的人學習乙區的語言文字格外容易，尤其是便於學習國語。在我看見過的上海話拉丁化方案裏，清音的ㄅ是以 p 表示的，濁音的ㄅ是以 b 表示的，至於ㄆ却以 p' 表示。這在它本身原是合理的，衹可惜北平話拉丁化與它同屬一家，而拼法恰恰相反：它是以 b 代表ㄅ，以 p 代表ㄆ。這樣，非但顯得方案的分歧，同時也使上海人在有機會讀到北方文字的時候，感覺習慣改變的困難。如果修改上海的方案來遷就北方，或修改北方的方案來遷就上海，都可以避免這種毛病。

所謂拼法一致，是相對的，不是絕對的，例如長沙的"巴"（pâ）字與北平的"巴"（pa）字，依語音學上説起來，它們的音素是不同的。長沙的â發音時，舌面的後部翹起；北平的 a 發音時，舌面頗似平放的姿態。但是，我們儘可以把長沙的â、北平的 a 寫成同一的形式（長沙的"巴"字也作 pa,不必作 pâ）,因爲長沙有 â 無 a,北平有 a 無 â①,我們儘可以把長沙的 â 當做北平的 a。這在描寫語音學上是不合理的,而在文字的實用上却正是最合理的辦法。除非在某一方言裏既有 â 又有 a,纔用得着兩種不同的寫法。總之,文字祇是一種語言符號,並不是科學的音標,所以用不着十分嚴格地注音,甲語區的人學乙語區的語音,以語音學的眼光看來,本來就很難學得完全一樣,我們也並不要求它完全一樣,例如長沙人學北平話的"巴"pa 字,念成了 pâ 也没有什麽關係的。

提倡用羅馬字拼音的人往往主張以二十六個字母爲限,不另造新字母。這自然是對的。但若連附加符號也絶對不許用,就未免太過了。歐洲文字像法文、德文、西班牙文等,都用附加符號,其國民並未感覺不便。相反地,在某一些情形之下,它能給予寫字的人許多便利,例如上海的"看"字的韻母,在二十六個字母當中没有適宜的字母可以表示它,與其用兩個元音合併（例如拼作 keu 或 koe）,倒不如乾脆采用了德文的 ö（拼作 kö,既省事,又便於認識）。有人説,這樣會增加印刷上的困難。是的,不錯,現在我國的規模較小的印刷所祇具備英文字母,没有法、德文字母②,若要印起法、德文的字母來當然是困難的了。但是,將來漢字改革之後,我們應該適應本國的需要而鼓鑄鉛字,製造打字機,區區的附加符號决不是難於辦到的。在這過渡時期,暫用兩個字母併成一音,也不失爲權變的辦法,但不能因此就説附加符號是絶對不可用的。

三、改革的方案

（一）簡體字

簡體字的提倡者可以分爲兩派:甲派主張就宋元以來的俗字,擇其可用者,由教育部頒行;乙派主張除在民間已流行的簡體字當

---

① 都是指不帶韻尾時而言。
② 這裏所謂德文字母是指拉丁字體的德文字母而言。

中,選擇若干字外,還創造一套新字,完全以筆畫簡單爲原則。甲派可以錢玄同先生爲代表(參看黎錦熙《國語運動史綱·序》29 至 35 頁),乙派可以陳光堯先生爲代表(陳先生著有《簡字論集》)。

簡體字的利益極爲明顯,就是寫起來省時間。宋元以來的簡體字,依錢玄同先生的分析,有八種構成的方法:

1. 將多筆畫的字就它的全體删減,粗具匡廓,略得形似者;

2. 采用固有的草書者;

3. 將多筆畫的字僅寫它的一部分者;

4. 將全書中多筆畫的一部分用很簡單的幾筆代替者;

5. 采用古體者;

6. 將音符改用少筆畫的字的;

7. 別造一個簡體者;

8. 假借他字者。

但是,在同一方法之下,所構成的簡體字的通行區域也有廣狹之分。像"體會還過鐵壽聲寶處燈響竈"的簡體①,是全國人都認識的;至於"衆"作乑、"虧"作亐、"蘭"作兰、"戴"作大,就有許多地方的人不認識了。有時候,同是一個字而有兩個俗體,通行於不同的地域,例如"價"字,北方人寫作"价",桂林人却寫作"伝"。又有些新造的簡體字,祇能通行於一部分的青年知識分子之間,例如"譯"作"訳"、"識"作"訳"、"塊"作"块"、"國"作"囗"。尤其是錢先生所舉的第六、第八兩種構成方法,流弊更多,因爲中國方言複雜,在甲地爲同音的字,在乙地未必同音,例如"選"字省作"选",官話區域的人就不容易瞭解;"汗"字借作"漢",吳語、粵語區域的人也不容易瞭解。由此看來,教育部所能公布的簡體字是很有限的:宋元時代流行而現在已廢的,不能公布;僅爲某一區域所認識的,不能公布;青年所創造,未曾通行者,也不能公布。剩下來可以公布的,

---

① 爲減省印刷麻煩起見,凡易知的簡體,就不寫出了。

恐怕不滿一千字了。

　　最令人百索不得其解的,乃是教育部一度公布簡體字,却教小學生同時認識繁體。這些全國認識的簡體字,我們天天看見它們,天天寫它們,何煩教育部公布? 學生之喜歡簡體字,如水之就下,今天國文教員在字旁畫了一個大叉,明天的卷子上它又來了,又何煩教育部的提倡? 如果説是正式批準,讓學生放膽去寫,國文教員也不必再打叉,這話有些道理了,却又何苦叫他們同時認識繁體呢? 本爲避繁就簡,却弄成了簡上加繁,這不是所謂治絲益棼嗎? 我以爲教育部如果要公布簡體字,必須同時廢止繁體字,否則所謂公布者,對於漢字之改革,毫無用處,徒然增加書寫上的糾紛而已。

　　其次説到創造的新簡體字。我們看過了陳先生的《簡字論集》之後,很佩服他的創造力。漢字的筆畫太簡單的時候,往往不容易寫得好看;而陳先生的書法却還能引起美感。據説每字至多不出十二畫的範圍,平均每字僅有七畫,普通各字均在六畫左右。每小時可寫此項簡字楷書者一千,行書者多至二千以上[1]。可見簡體字寫起來確是節省時間了。

　　但是,簡體字的創造者,只知道節省寫字的時間,却忘了識字的困難和書寫的難於正確。黎錦熙先生説:

　　　　簡體字在書寫上誠然較便,但在閲讀上却和繁體字一樣地不便於認識,這是教育心理學者從實際教學上得來的結論(因此,十多年來的小學國語教科書都已改良,不像從前定要把筆畫簡單的字編在頭一本了)。儘管漢字全部改良爲簡體字,在訓練的效率上也祇能省力一半。

　　我的意見却比黎先生的更進一步:我以爲簡體字比繁體字更不便於認識;祇就書寫上而論,也不見得較便。茲分論如下:

　　我們看書認字,並不是呆板地細數每字的筆畫,祇簡單地看出

————————————

[1]　見《簡字論集》第10頁。

它的一個輪廓就知道是什麼字了，例如"觀"字，我們祇要看見了左邊上方一個草頭，右邊下方一個橫挑，就知道它是"觀"字了。可見繁體字並不難認。反過來説，簡體字因爲筆畫太少，往往甲字與乙字的形式相差甚微。假定普通各字均在六畫左右，我們試想，若以橫豎撇捺點鈎種種可能的變化與六畫相乘，其可能的不同的結構是有限的，於是勢必弄得許多字的差別僅在一點半畫之間，豈不是比繁體字更難辨認嗎？我們又試把"天夫、千干"等字交給兒童辨認，立刻可以證明它們比"魚、豬、樹、河"之類更爲難識。今按陳氏書中"回"作囗，極易與"日"相混；"同"作冃，極易與"月"相混；其餘如"來"作朿，"成"作夾；"萬"作万，"方"作方；"致"作夊，"改"作攺；"志"作圡，"忘"作㣺；"寸、可、等"作寸、可、寸；"重、堂"作壬圭，"所、斯"作厊、厇，"止、隱"作乚、乚，"禍、初"作衤初，"終、夕"作夕夕，"孝、存"作孝孑，諸如此類，不勝枚舉，真是令人目迷五色。若不是"明足以辨秋毫之末"，就會混而同之！但是，這並不能怪陳先生，祇是整個的原則迫使他不能不如此。無論是誰，如果他抱定至多不過十畫（或六七畫）的主張去改造漢字，一定會走上這一條死胡衕裏去的。

即就書寫上而論，因爲簡體字難認，同時也就難於寫得正確。由此看來，簡體字雖得了省時間的好處，却增加了容易寫錯的弊病，真是得不償失。寫錯不要緊，寫錯而與另一個字相混，就不能説是不要緊了。我們須知，筆畫相差很微的字，正是極端容易寫錯的字。近來我教了六個月的大學國文，常常在作文卷上看見學生把"候"寫作"侯"、"拆"寫作"折"、"叫"寫作"叶"、"偏"寫作"徧"、"逐"寫作"遂"、"述"寫作"迷"、"己"寫作"已"、"惑"寫作"感"、"爪哇"寫作"瓜哇"、"坦白"寫作"垣白"，等等（他們是大學生！）。可見一點半畫的差別是最不容易分辨的。創造的簡體字推行之後，我們將見文字的紊亂有十倍於原有的漢字者！本來，漢字之相差甚微者已經不在少數，幸虧有些字已隨着時代的推移而漸

被淘汰，所以"丏"與"丐"、"柄"與"枘"、"訴"與"訢"、"汎"與
"汛"等，不再勞一般學生的辨認（因下一字已經不大用得着了）。
不料現在竟有人推波助瀾，再替漢字造出一些新麻煩來，真是大可
不必！

黎錦熙先生説得好："新造的簡體字和拼音文字在'小百姓'是
一樣的不認得，推行上是一樣的難，那又何必捨棄後者而傻幹前者
呢？"我們完全贊同這一個説法，簡體字創造的路是絕對走不通的，
徒然顯得不徹底而已。

（二）新形聲字

漢字據説是根據六書造成的，然而形聲字却佔十分之九以上。
爲了語音與詞義的演變，弄得現在許多形不象形，許多聲也不象
聲。試查字典"馬"部，有姓馮的"馮"、馴服的"馴"、辯駁的"駁"、
行駛的"駛"、駭怕的"駭"、驕傲的"驕"、欺騙的"騙"、騷擾的
"騷"、驀地的"驀"、試驗的"驗"、驚慌的"驚"、驟然的"驟"，撇開
語源學不論，我們不懂它們與馬有什麼必然的關係。這是形的方
面不妥。又試看從"台"得聲的字，有念像"臺"字音的（苔炱），有
念像"海"字平聲的（咍疨），有念像"態"字平聲的（胎邰），有念像
"頤"字音的（飴怡詒貽眙），有念像"癡"字音的（笞齝），有念像
"思"字上聲的（枲），有念像"詩"字上聲的（始），有念像"代"字音
（殆怠），有念像"遲"字去聲的（治），撇開古音學不論，它們的系統
非常紊亂。這是聲的方面不妥。因爲形聲兩方面都不妥，所以有
人提倡新形聲字。

新形聲字雖不見有專書提倡過[1]，然而依我們的推測，不外是：
（1）把漢字重新依邏輯分爲若干種類，每一種類給予一個意符（即
形）；（2）重新改定音符（即音），務使同音的字不至於不同音符，不
同音的字不至於同音符。本來沒有音符的，也給它加上一個音符，

---

[1]　據著者所見，祇有唐蘭先生《古文字學導論》末一章是討論新形聲字的方案的。

總之，目的在乎使漢字整齊化，合理化。

但是，在這大原則之下，當然還容許有種種不同的方案，例如對於種類的區分，各人的觀點很難一致；對於同音不同音的標準，有主張用北平音（國音）的，有主張用另一種方音的，也有主張參照古今南北之音的。至於意符、音符的形式，在各人的方案裏，更不容易相同了。

種類的區分是很困難的。先説，語言與邏輯並不是完全一致的；我們不能拿邏輯去支配語言，同理，也不能拿它來支配文字。我們現在要把漢字重新分類，總不免或多或少地遇着實施上的困難，例如"有、是、爲、能、可、治、理"等字，就很難於歸入恰當的門類裏去。退一步説，縱使由一位邏輯學大家把它們分得妥當了，在民衆的實用上勢必發生困難。一般民衆没有邏輯的腦筋，對於意符的應用必多錯誤。叫他們硬記嗎？硬記三五個字是可以的，若硬記至於漢字全數的一半，就非常討厭了。現在許多漢字的意符固然也憑硬記（如上面所舉"驚、駁"等字），但它們還有民族的習慣幫助着；若改革以後的新漢字的意符也憑硬記，又何必多此一舉呢？

若要補救分類上的困難，唯有對於容易歸類的字給予意符，其餘難於歸類的字就不用意符，專用音符。原來屬於象形、指事而筆畫又簡單的字（如"父、母、子、女"），有一部分可以不必更改；除了原字的用途照舊之外，還可以借它們做同音字的音符。照此辦法，我們祇要把漢字分爲鳥、獸、蟲、魚、草、木、身體、心理、人倫……等等極容易分别的種類，各給予適宜的音符（例如除蟲魚鳥草木可用原來的音符外，獸類可一律從"犬"，身體可一律從"肉"，心理可一律從"心"，人倫可一律從"人"），其餘就都讓它們專用音符，以趨簡易。舉例如下[1]：

獸類——牛羊馬狋（豬）狗（狗）犿（貓）㹶（猴）；

---

[1]　有些字，筆畫尚嫌太多。但若至推行時，自然會有人修改爲簡體。

身體——面耳眉目口牙舌𩑈(鬚)䏘(喉)𩓐(頸)䏸(背)

心理——喜肯忛(願)惊(驚)恎(疑)

人倫——父母子女侗(童)估(姑)伊(師)侇(姨)

其次説到音符方面,有人主張用注音字母,我是不贊成的,因爲寫起來太不美觀。我們祇嫌音符不統一,儘管使它統一好了,不必另起爐竈。依著者的意見,新形聲字對於漢字,既采取妥協的態度,自然應該保存漢字標音的特色,就是上文所論的代數式的音標不宜廢棄。我們應該儘量采用舊有的音符,祇加以整齊劃一的功夫就是了。至於同音不同音的標準,我是主張參酌古今南北的,因爲不如此則不足以表示代數式音標的特長,例如"恥"字,若以北平音爲準,很可以寫作"恜",但是江、浙、皖、贛、粵、閩各省的人見了,仍舊是音符不像音符,因爲在這幾省的語音裏"恥"與"尺"並不同音。同音不同調,還可以用同一的音符;否則仍蹈漢字的覆轍。凡用同一音符的字,若要全國人都覺得確是同音,大約須合於下列的幾個條件:

1. 清音字的音符可以平上去通用,濁音字(破裂及塞擦)的音符則平聲不宜與上去混;

2. 入聲宜絶對獨立;

3. 聲母宜大致依照三十六母,韻母宜大致依平水韻①。

今舉例如下:

1. 㖒(題)搋(提)嗁(啼);

2. 先(先,鮮)侁(仙)疣(癬)絖(綫);

3. 馬(马,码)吗(骂)蔦(麻)傌(妈)瘍(痳);

4. 羊咩(陽)柈(楊)拌(揚)洋餎(養)痒(癢)样(樣);

5. 昔錯(錫)楷(析)②;

6. 失宊(室)。

① 所謂"大致"裏頭含有許多文章,這裏不能詳細説明。

② 至於錯誤的"錯"、措置的"措",又應作别的形式。

以上衹是替新形聲字主張者設想，我以爲新形聲字假使有實現的一天，恐怕離不了這一些原則。但是，新形聲字會不會成功呢？

依理，新形聲字該比拼音文字容易成功，因爲它對於漢字衹是部分的改良，不是徹底的改革。然而這種部分的改良也應該是漸進的，纔容易成功。譬如政府決定改用新形聲字，雖可以召集若干文字學專家來制定整套的新字，但不可作一次公布。假定每半年公布常用字一百個，使以後出版的書籍一律遵用，那麼，民衆得從容地與這一百個新字廝混熟了，再來一百個，就不覺得"過事更張"，也不覺得滿紙的陌生臉孔。這樣經過了十餘年，新形聲字都公布完了（最後幾年公布的字是不很常用的，儘可以每半年公布幾百個），大家也都習慣成自然，就算成功了。

由此看來，新形聲字是容易推行的；不過，我們要進一步追問它的利弊如何。關於利的方面，當然是能使漢字整齊化，合理化，而整齊合理的文字當然是比較容易學習。至於弊的方面呢，就衹怕將來的人讀古書稍爲困難些。總而言之，它是利不多而弊不大的一種方案；拿它做一種治標的辦法未嘗不可以，然而難認難寫的漢字終不能因此就得到一種根本的解決。

（三）唯聲字與複音字

我們可以設想一種就漢字本身改變而成的純粹音標文字，換句話說就是廢除意符，純用音符。爲了保存代數式的音標，我們可以大致依照上節所述音符的條件，就是參酌古今南北，使這些音符能適合全國之用。凡全國同音的字①，必須用同一的音符，以求劃一，例如拿"仝"字做音符，則"同志"應作"仝志"，"兒童"應作"兒仝"，"梧桐"應作"吾仝"。有時候，一時沒有適宜的簡單音符，不妨借用形聲字爲音符，例如"郎"仍作"郎"，但黃鼠狼應作"黃鼠郎"，以求一致。這樣，大約衹要一千個音符盡够應用了。這可以

---

① 所謂全國，衹是大致的說法，偶然也有例外。

稱爲"唯聲字"或"純音字"，它是以音節（syllable）爲單位的，與拼音文字不同。祇有漢字能用唯聲字，因爲每字祇包含一個音節；如果像英、法、德文那樣，每字能有幾個音節，就不能用它了。下面是《紅樓夢》第六回當中的一段，用唯聲字寫成的：

> 半日丫雀不文之後，忽見兩個人台了一章元卓來，方在這扁兀上。卓上絏盤拜列，仍是薴薴的魚肉在内，不過略動了几羊。板兒一見了，卞抄着幺肉吃。劉老老一巴章打了開去，忽見周瑞家的笑喜喜走過來，昭手兒叫他，劉老老會衣，於是帶着板兒下兀，至堂屋中。

由此看來，所謂唯聲字，在文字學上可以叫做儘量假借，若照普通的説法，就是儘量寫別字。近年因爲大家説漢字難學，也有一部分人提倡寫別字，這與提倡唯聲字差不多；不過唯聲字該是有系統的，每一個音素該有一定的音符，並不像隨便寫別字那樣漫無系統。

趁此機會，我們可以談一談別字。假定教育部通令允許或鼓勵民衆隨便寫別字，漢字的前途會變成怎樣呢？我們敢斷定，這樣一來，將來的漢字的系統會比現在更爲紊亂。這裏所謂別字，專指同音不同義的字而言。然而我們須知，甲地同音的字，在乙地未必同音，若大家依照本人的方音而寫別字，將有許多字是帶地方色彩的，別處的人看不懂，或猜半天纔懂，例如北平人把"隨聲附和"寫成"隨聲付合"，"驅使"寫成"趨使"，"風雨交加"寫成"風雨交夾"，"絕對"寫成"決對"，"興趣"寫成"幸趣"，"醫藥罔效"寫成"醫藥枉效"，"淺薄"寫成"淺博"，都是吳語、閩語、粵語、湘語、客家話諸區域的人所不能瞭解的；又如江浙人把"喪心病狂"寫成"傷心病狂"，"固然"寫成"果然"，"名落孫山"寫成"名落深山"，"概不過問"寫成"概不顧問"，"負責"寫成"負職"，都是北方人與閩、粵人所不能瞭解的；又如廣州人把"徹底"寫成"切底"，"苟安"寫

成"久安"，却又是大多數的中國人所不能瞭解的①。這樣祇管音同
不顧義異的結果，勢必造成漢字的分家，換句話説，就是因方言的
歧異而造成了好幾種漢字。漢字的好處在乎全國通用，現在如果
願意犧牲了這個好處，就不妨索性走上拼音的路，何必在這四不像
的别字上提倡呢？

　　有人説，我們正可以憑藉别字的搗亂性去打倒漢字，以便建設
新的文字。殊不知漢字的改革不難在破壞，而難在建設。漢字到
了今日，其系統已經紊亂得可觀，我們用不着推波助瀾，也用不着
幸災樂禍，我們所應該用全副精力去研究的，是怎樣補救這種紊亂
狀態，或建設一種極有條理的新漢字。總之，我們現在不愁漢字打
不倒，祇愁漢字打倒了，却無以善其後。假使真有好的建設方案，
漢字不打自倒；假使没有好的建設方案，將來漢字固然一天比一天
更不成樣子，但這種狀態祇能增加民衆的不幸，不會給予他們任何
的利益的。

　　現在我們回到唯聲字，唯聲字當然比隨便寫别字好得多，因爲
它是有組織有條理的，同時又兼顧各地的方音，使全中國每一個人
讀起來，都覺得是同音假借。但是，唯聲字也有一個缺點：儘管它
兼顧各地的方音，同音字仍嫌太多。大家知道，中國的字是單音
的，而且没有複輔音如 bl、st 之類，可能的音節的數目勢必甚少。就
北平而論，祇有四百餘個單音，現在兼顧各地的方音，大概可增加
至一千多，而漢語常用字恐怕將近一萬，可見平均有八九個字同一
音；有些字音是僻音（如"丟"），有些字音却最是常用，大約有數十
字同一音的。同音字太多了，讀者就要費神去猜測，這是很不便利
的事情。

　　爲了補救唯聲字的缺點，我們可以設想一種複音字。複音字
是把兩個以上的音符湊成一個字，這個字就讀兩個以上的音節。

---

① 　例子都是從學生的作文卷子裏摘出，不是隨便捏造的。

換句話説，就是把每一個複音詞寫成一個單字，但這單字必須是標音的①，例如"犧牲"可寫成牲，"玫瑰"可寫成瓌。這種辦法，等於詞兒連寫，同音字太多的毛病可以避免了。當然，原來的單音詞，我們不能勉強寫爲複音字；但是，現代的複音詞很多，若把它們都寫成複音字，已經很可觀了。

　　起初的時候，最好是以雙音詞爲限，暫時勿造三音詞或四音詞。實際上，我們也可説漢語並沒有三音詞或四音詞，它們都祇是兩個詞的組合：圖書館可認爲是"圖書"之"館"，物理學可認爲是"物理"之"學"，社會主義可認爲是"社會"的"主義"。我們祇須寫成館、孭、捯，就是了。這樣可以省得字體過於臃腫。

　　表面上看來，複音字與簡體字恰恰相反：簡體字力求每字的筆畫減少，複音字倒反使筆畫增加。但是，我們不要忘了複音字乃是原來兩字的總和，它比原來兩字的筆畫已經少了許多。試看上面所舉的例子，"犧牲"兩字原有二十九畫，複音字祇有九畫；"玫瑰"兩字原有二十二畫，複音字祇有十九畫；"圖書"兩字原有二十四畫，複音字祇有二十一畫；"物理"兩字原有十九畫，複音字祇有十一畫："社會"兩字原有二十一畫，複音字共有十四畫；"主義"兩字原有十八畫，複音字共有八畫。由此看來，複音字也正是簡體字。像"玫瑰"與"圖書"還可以漸漸改爲更簡單的形式。這樣一來，複音字而兼有簡體字的優點，真可謂一舉兩得了。

　　複音字的最終目的，是使：（1）複音詞成爲複音字；（2）單音詞成爲唯聲字，然後進一步而改用拼音文字。但是，在過渡時代，我們對於單音詞，不妨仍照漢字的原形，祇把複音詞先改爲複音字。這樣，在一般人的習慣上不大覺得刺眼，比較地容易推行，同時，漢字已經因此而趨於合理化，因爲每字代表一個詞兒，已經不像現在

① 近來有人把"圖書館"寫作"圕"，雖也可稱爲複音字，但不是標音的複音字。這種字偶用一二個還可，決不能依此原則造成整套的漢字。故本節不討論及此。

這樣沒有系統了。

依我們的意見，複音字的推行也應該是漸進的。假使教育部每半年公布複音字五百個，那麼，一萬字的文章裏大約衹有一二百個複音字，不知不覺地把人們引導到複音字的路上去。這種潛移默化的辦法，是最容易成功的。縱使教育部不公布，衹要大家提倡，印刷廠肯鼓鑄複音字，青年們會馬上模仿，不出十年，全中國也就都是複音字的勢力了。

複音字的好處很多：它是拼音文字的橋梁，同時却不十分違反漢字的習慣；它可以或多或少地滲入漢字群，使大家似曾相識；由於除去了意符，筆畫自然簡單；它可以使一般人瞭解怎樣是一個詞（word），將來應用拼音文字時，自然會把詞兒連寫。所以我們覺得它比簡體字或新形聲字都好。在沒有改用拼音文字以前，大家不妨把複音字仔細研究，定出一個詳細的方案來，以便推行，這裏因爲印刷上的障礙，不便多舉例了。

（四）注音字母與注音漢字

注音字母本非爲代替漢字而設。然而它既是一種音標，則替代漢字，並非絕對不可能。今試假定拿它來替代漢字，而懸測其利弊如何。

注音字母雖有點像舶來品，其實是淵源於反切及等呼。它爲帶鼻音的韻製造ㄢ、ㄣ、ㄤ、ㄥ四個韻母，並不依西洋的拼音原則拼成ㄚㄋ、ㄜㄋ、ㄚㄫ、ㄜㄥ，這是想要保存上紐下韻的雙拼法。然而它又規定ㄧ、ㄨ、ㄩ爲介母，適用三拼法，這又是要與開齊合撮的分類相符合。這樣看來，它畢竟是國貨的成分居多。

我們並不因爲它不是舶來品而排斥它；相反地，我們以爲上紐下韻的拼音法實在適宜於中國的語音系統。著者還贊同王照的意見，專用雙拼法，不用三拼法①。大約在現行的三十七個字母（本有

---

① 參看黎著《國語運動史綱》第 24 頁。

四十個，國語只用三十七）之外，再加十八個（即爲ㄚ、ㄛ、ㄠ、ㄡ、
ㄢ、ㄣ、ㄤ、ㄥ、ㄨㄚ、ㄨㄞ、ㄨㄟ、ㄨㄢ、ㄨㄣ、ㄨㄤ、ㄨㄥ、ㄩㄝ、ㄩㄢ、ㄩ
ㄣ，各製一個簡單的字母，原來的ㄛ可當ㄨㄛ用，せ也可當|せ用），共成
五十五個，字母的數目雖然增加，但在民衆的應用上必更便利（現
在ㄢ、ㄣ、ㄥ、ㄡ的拼法是很難瞭解的），拼音的法則上也更顯得
整齊，寫起來也省些筆畫。這樣一來，竟是脱胎於二千年前的反語
舊法（四呼衹是明清音韻學家的學説，不如反語之古，也不如反語
之通俗）。舊雖舊，却是容易拼讀，容易認識。

如果真的要拿注音字母替代漢字，當然要詞兒連寫。這在注
音字母並不是辦不到的；恰恰相反，它比羅馬字更適宜於詞兒連
寫，例如羅馬字 sinan 既可讀爲"西南"，也可讀爲"新安"，爲了分別
起見，我們唯有把兩字隔開，寫成 si-nan 或 sin-an；注音字母則"西
南"寫作ㄒㄧㄋㄢ，"新安"寫作ㄒㄧㄣㄢ，決無混亂的可能，這就是上紐
下韻的好處。

有人説注音字母不美觀，注音還可以，替代漢字未免太不够資
格。這話也有若干理由。但是，漢字很美觀，它是數千年的書寫藝
術的結晶，我們爲什麽要改革它呢？就功利主義的觀點説，與其美
觀而不便利，寧可便利而不美觀。何況經過若干時期的練習，也可
以寫得相當美觀。不信請看錢玄同先生所寫的注音字母①。

依著者的意見，注音字母的最大缺點是不能國際化②。漢字不
改爲拼音則已，若要改爲拼音，何不索性應用羅馬字母，以求適合
國際習慣呢？況且知識分子既與羅馬字母非常熟習，采用它來拼
寫漢字，總比陌生的注音字母好些（奇怪得很，注音字母宣傳了這
許多年，青年學生還是大多數不認得它）。

我雖不贊成拿注音字母代替漢字，却贊成它與漢字相輔而行，
因此，我對於注音漢字的主張，認爲是合理的。所謂注音漢字，就

① 例如《國語運動史綱》的封面題字。
② 參看《詞和仂語的界限問題》。

是把注音字母釘死在漢字的旁邊,使每一個漢字都有它的代表永遠陪伴着。有人説,注音漢字没有用處,因爲讀者的眼睛祇看見漢字,不看見字旁的注音字母。這話自然也有理由。但是,我以爲注音漢字的用處不在乎注音,换句話説,就是不在乎令人知道漢字的正確讀音,而在乎使不懂漢字的人有閲讀書報的機會。如果有人因爲要知道一兩個漢字的讀音而注意到字旁的音標,這自然是可以的,但這祇算是注音漢字的次要用途;它的主要用途却在乎使每一個字有兩個不同的面孔,使懂漢字的人看漢字,懂注音字母的人看注音字母,各得其所。

注音字母是極容易傳習的;但如果没有注音漢字,則學會了注音字母而不懂漢字的人在這社會裏依舊是文盲。有了注音漢字,則認識注音字母的人就差不多等於認識漢字了。剩下來很難解決的乃是鼓鑄鉛字的問題;經費難籌姑且不説,單説字粒的大小,已經很費考慮了。字小則注音字母會十分模糊;字大則紙張太費,書報的成本太大。而且,鼓鑄起來,恐怕至少要鑄國語、吳語、閩語(又分福州、廈門二種)、粤語、客家話的注音漢字,共在六種以上,又是非巨款不辦的。所以注音漢字的普遍施行,恐怕不是短時間所能辦到。但暫時不妨先用它來印刷民衆學校課本、通俗書報;尤其容易辦到的乃是官廳的布告、宣傳的標語等。不過也須同時努力傳習注音字母,否則注音漢字的效用就等於零了。

(五)自創的拼音字母

上節所論的注音字母,它並不是近年纔創造出來的,乃是"取古文籀逐省之形","異於嚮壁虚造者所爲"①。至於像王照的"官話合聲字母",采取漢字的某一部分作爲字母,已經近於嚮壁虚造了;若像盧戇章的"中國切音字母",簡直是隨意杜撰,毫無根據。盧氏以後,像他那樣隨意杜撰的人不在少數,直到現在,還有許多

---

① 參看章炳麟《章氏叢書》别録二,《駁中國用萬國新語説》。

人在嘗試其自創的拼音字母。

　　我們對於"取古文篆籀逕省之形"者並不特別看重；對於"嚮壁虛造"者，也並不看輕。我們所要討論的，乃在其實用上的利弊。自創的拼音字母大致可分爲兩種：第一種是純粹拼音的字母；第二種是非純粹拼音的字母。所謂非純粹拼音的，就是雜有意符或詞性符在內①。關於改造的意符，我在上文已經討論過；關於詞性符，我將於下文論及。雖然上文所論的意符是就漢字改良的，下文所論的詞性符（又稱類符）是借用羅馬字母的，與此並不全同，但它們的利弊却是差不多。所以本節專論自創的純粹拼音的字母。

　　自創的純粹拼音字母，據我所見過的，可大致分爲三種：（1）聲母在前，韻母在後；（2）韻母居中，聲母在旁（如盧式）；（3）聲母、韻母、聲調畫成一條頗長的屈折綫，牽連不斷②。第一種最合國際拼音習慣；第三種最見巧思；第二種也可説是別開生面。不過，在應用上，我們該説是第一種便利些。

　　這些創造家的通病，是流於速記式。他們抱着一種頗幼稚的見解，以爲漢字之難在繁，新字的筆畫越簡越好。殊不知漢字之難認難寫，祇在乎其結構之不合理；至於筆畫之繁簡，乃是很微末的問題。筆畫太簡了，寫起來雖省時間（等於速記），認起來却加倍困難（理由見上文），例如盧氏的切音字母，多則兩畫，少則一畫；又如上面所述第三種拼音字，把聲、韻、調畫成一條屈折綫，每字總是以一畫了之，誰能比它們更簡單呢？然而我們讀到這種文字，就祇好拿着擴大鏡去辨別秋毫之末，這又是何等不便利的事情！速記術的歷史最悠久者莫若西洋各國，然而西洋從來沒有人主張拿速記式來替代文字。中國現代速記家如汪怡、劉學瑞諸先生也不曾主張拿他們的速記式來替代漢字，因爲凡是稍有語言學常識的人，都

---

①　去年春天收到一位王士英先生寄給我一本《新文字方案》，就是雜有意符及詞性符的。
②　我有機會看見過一位陳長卿先生的《新文字初刊》，就是屬於這一種。

知道速記式與文字是截然不同的兩樣東西，分則兩利，合則兩傷的。

此外，還有一個通病，就是拿點角法來分別聲調，例如勞乃宣的京音簡字，陰平加點於韻母的左上角，陽平加點於韻母的左下角，上聲加點於韻母的右上角，去聲加點於韻母的右下角。盧戇章的辦法頗有不同，除無聲母的字仍用點角法外，陰平字的聲母寫於韻母的左下角，陽平字的聲母寫於韻母的右上角，上聲字的聲母寫於韻母的左旁，去聲字的聲母寫於韻母的右下角。這也可以說是點角法的變相。點角法起源於讀破法。讀破法至遲是六朝就有的，但加圈於字角以示讀破，似乎是宋朝以後的事情。勞乃宣不過變圈爲點，又因“京音”沒有入聲，故把聲調的位置移動。到了民國七年的注音字母，又把位置恢復從前的原狀，陰平無符號，陽平點左下角，上聲點左上角，去聲點右上角，入聲點右下角。至民國十一年，點角改爲聲調的曲線，陰平無號，陽平作 ˊ，上聲作 ˇ，去聲作 ˋ，入聲作 ·。這些辦法雖各有不同，而其要求寫者自標聲調則無二致。因此，每一個中國人必須先學會了分別聲調，然後能寫得正確。聲調這一樣東西，說易就易，說難就真難。據我的教書經驗，也有八歲孩童學會了的，也有大學生學不會的，大致統計起來，終是學不會的人居多。我有一位朋友曾任大學教授多年，他很虛心地向我請教怎樣分別四聲，我也很熱誠地教他，結果他非但沒有學會分別詩韻中的四聲（這自然是很難的），連他自己說的北方話的四聲也是分辨不清。可見四聲是令人頭痛的東西，我們絕對不該要求寫字的人自標聲調。

自然，自創的拼音字母也有優劣之分。譬如拿勞乃宣的方案與盧戇章的方案比較，則見勞乃宣的字容易認識（正因它們的筆畫不太簡單），而盧戇章的相連號（頗似詞兒連寫）却勝於勞乃宣。但是，這些都是小問題，最大的缺點乃是它們不能國際化，不能利用十餘萬萬人所認識的羅馬字母。另起爐竈總是有困難的；哪怕它比漢字確是千倍容易，而在已識漢字的人看來，因爲陌生的緣故，倒反覺得困難。若用羅馬字母，知識分子是熟習了的，就加倍容易推行了。我們不要以爲這種拼音字母並非專爲知識分子而設，須知它全靠知識分子的宣傳與首先實行，知識分子學起來便利，就有不脛而走的效力。因此，我們可以斷說自創拼音字母是枉費心機。

（六）國語羅馬字

國語羅馬字的創造者本來希望將來它可以代替漢字；祇因他們認爲時機未至，所以甘心暫做國音字母第二式，其用途暫以注音、譯音爲限。總之，國羅派是認定國羅有代替漢字的資格，不過他們同時承認這事不是短期間內所能實現罷了。

國羅的方案，大致是儘量利用二十六個字母，不添新音符；遇必要時，可以拿兩個字母表示一個音素，如以 ng 表兀，以 ch 表ㄑ、ㄔ，以 gn 表广，以 sh 表ㄒ、ㄕ，以 iu 表ㄩ，等等。對於每一個漢字，以標寫元音爲原則，故"知癡詩資雌思"必須寫成 jy、chy、shy、tzy、tsy、sy，不再能像注音字母那樣僅寫聲母。

國羅還有一個特色，就是改變拼音法來表示聲調。陰平聲用基本形式，但濁音的字則在聲母的後面加 h；陽平聲如遇普通韻母則在元音後加 r，如遇 i 與 u 韻，則在韻母的前面加 y 與 w，如遇結合韻母則改韻頭的 i 與 u 爲 y 與 w，如遇濁聲的字則用基本形式；上聲如遇韻母中祇有一個元音字母時，則把它雙寫，如遇韻母中有兩個或三個元音字母時則改其中的 i 與 u 爲 e 與 o（韻頭與韻尾都有 i 與 u 者改頭不改尾），如遇結合韻母獨用時則在它的前面加 y 與 w，但 iee 與 uoo 兩韻則改韻頭的 i 與 u 爲 y 與 w；去聲則改韻尾的 i、u、n、ng、l 爲 y、w、nn、nq、ll，或在韻母的後面加 h，如遇結合韻母獨用時則改韻頭的 i 與 u 爲 y 與 w，但 ih、inn、inq、uh 四韻則在它的前面加 y 與 w，入聲在基本形式後加 q，若結合韻母獨用時則改韻頭的 i 與 u 爲 y 與 w，但 iq 與 uq 兩韻則在它的前面加 y 與 w；輕聲用基本形式，但"子"字省作 tz。

　　國羅的創造者大半是語音學專家，非但基本形式很合國際習慣，就是改變拼法來表示聲調的時候，也儘可能擇用西洋習見的拼法，並處處顧及音理。

　　正因如此，所以弄得拼法非常複雜，例如陰平聲本可完全用基本形式，以求一律，但濁聲字念陰平的很少，不如另造拼法，剩下來那基本形式給陽平聲的濁聲（因爲濁平十分之九是陽平）。又如陽平聲本可完全在元音的後面加 r 以求一律，但加 r 而 r 又不發音，到底是不得已的事情，故凡可以就元音改變拼法時，就不必加 r。這樣面面俱到，就弄成極複雜的拼法了。依著者的私見，如果要拼寫聲調的話，似乎可以犧牲若干音理，而求其拼法的整齊劃一，例如陰平聲一律用基本形式，陽平聲一律加 r 等等。

　　國羅的拼寫聲調，近年來極爲拉丁化派所抨擊。他們以爲聲調是深奧難曉的東西，不該要求全國人都能分辨其種類。平心而論，這話如果拿來批評上節所述的點角法，自然是對的；如果拿來批評國羅，却不能令人悦服。國羅並沒有叫每一個人學習四聲。依我所能想象，傳授國羅的時候，該把韻母的部分（即元音字母的部分）先行傳授，例如寫下了 i、yi、yii、ih 就教學生念"衣、移、椅、意"，並不告訴他們"衣"是陰平，"移"是陽平，等等。韻母的部分教懂之後，再教拼音，例如 ji、shi 就是"基、希"，jih、shih 就是"記、戲"，也並不告訴他們"基、希"是陰平，"記、戲"是去聲，等等。這樣，民衆用不着懂四聲，而國羅終可以學會。本來，聲、韻、調三者的區別乃是語音學者的玩意兒，一般民衆就衹懂得同音不同音。他們所謂同音，是指聲、韻、調俱同而言，如果聲、韻俱同而調不同，在他們仍舊覺得是不同音。不同音的字寫成不同的形式，在他們覺得是最合理的事。

　　我們固然也不贊同國羅的拼寫聲調，但我們所持的理由與拉丁化派不同。我們覺得聲調的標出會使非北方的人更難學習國羅,因爲北方没有入聲,凡原屬入聲的字都轉入其他的聲調,並且没有嚴格的或簡單的條理。南方的人,有些是保存入聲的(如浙、皖、蘇、湘、贛、閩、粤及桂南),有些是入聲一律轉入陽平的(如鄂、蜀、滇、黔及桂北),都與北方的聲調系統不合,所以每遇入聲字就很難知道它在國語應屬何聲,例如"尺"字,我們毫無辦法可以推知它在國語中是屬於上聲;又如"哭"字,我們也不能推知它屬陰平。於是差不多每一個入聲字都要硬記,國羅就難了幾倍了。

拉丁化派又怪國羅派強迫全國人去學習某一地的土音,並且把它稱爲國語。關於這一層,我們在上文已大略論及。國語是必要的,把某一地的方言定爲國語的標準也是未可厚非的;北方話的語音簡單,容易學習,所以我們看中了北方話;北方話當中以北平音的影響最大,傳播最廣,所以我們看中了北平音。我們對於北平音無所偏愛,只是愛它那數百年來爲政治所造成的大影響。在説話上,我們主張儘量模仿北平音,不過"知資、癡雌、詩思、根庚、斤經"的混淆可以通融;在文字上,我們主張尖團字最好是有分別,如果不能分別也不要緊。我們對於國語的意見是與國羅派大同小異的;我們不能瞭解爲什麼要取消北平話的國語資格。

總之,國羅如果肯略爲修改它的聲調拼法,以求其整齊劃一,終不失爲一種站得住的方案。它之所以没有成績,衹因政府没有極力幫忙,而單靠幾個學者的提倡與少數知識分子的宣傳;並非因爲它本身是完全要不得的東西。這一句公道話是不能不説的。

(七)區際羅馬字與文言羅馬字

我們在上文談過,漢字之所以能通行全國,並非完全因爲它是尚形的,而是因爲它有代數式的音標。現在如果我們能利用羅馬字來造成代數式的音標,當然也能通行全國:這就是所謂區際羅馬字(La romanization interdialectique)。

區際羅馬字是依靠語音的歷史而造成的。我國的方音雖然複雜,若拿歷史的眼光看來卻甚簡單。它們在最初是同一來源的,後來儘管分道揚鑣，終有綫索脈絡可尋。譬如説，一千三百年前的同音字①，至今在各地的方言裏，仍舊是同音；一千三百年前的同韻字，至今在各地的方言裏，多數仍是同韻；其變爲不同韻者，亦必依照一定的規律而演變。由此看來，語音的演變是很有規則的，我們就可利用它那規則性來製造區際羅馬字，以求其在各個方言區域內都能通行無阻。

試以寒韻爲例（指平水韻的十四寒），假定它在一千三百年前是念-on 的②，則下列諸字可譯成區際羅馬字如下：

單 don	灘 ton	壇 dhon	難 non	干 gon	看 kon
餐 tzon	殘 dzon	安 on	寒 xon	蘭 lon	潘 pon
盤 bhuon	瞞 muon	端 duon	團 dhuon	官 guon	寬 kuon
鑽 tzuon	酸 suon	歡 huon	桓 xuon	鑾 luon	

至於這些字的讀音，則隨方言而異，例如：

1. 北平遇 on 讀爲 an，遇 uon 讀爲 uan，但脣音 b、p、bh、m 之後的 uon 讀爲 an。

2. 蘇州遇 on 在 d、t、dh、n、tz、ts、dz、l 之後讀爲 è，其餘的 on 與 uon 一律讀爲 ö。

3. 廣州遇 on 在 d、t、dh、n、tz、ts、dz、l 之後讀爲 an，其餘的 on 讀爲 on；遇 uon 在 d、t、dh、n、tz、ts、dz、l 之後讀爲 ün，其餘的 uan 讀爲 un。

全國的拼法一致，而各地的讀音不必一致，這就是區際羅馬字的特色。在音韻學家看來，這是很有趣的辦法；在國粹論者看來，這正是合乎三十六母、四呼、二百六韻的正音，雖在語言中喪失了它，還能在文字上保存着它，確是合於今而不叛於古的正統主張。

所可惜者，區羅讀音的變化，在音韻學家看來雖然簡單有趣，在一般民衆看來仍會嫌它的條例太多。條例太多則學習上必頗困

---

① 指《切韻》音而言。
② 假定的音值是否有考據上的價值，與實用上毫無關係。

難,所以我懷疑它能成爲掃除文盲的良好方案①,但是,我們却可以利用同樣的辦法去翻譯古書或寫文言文。這樣,我們不再叫它區際羅馬字了:因爲它專供翻譯文言之用,可以稱爲文言羅馬字。

文言羅馬字的好處大約有下列幾種:

1. 古文大部分是由單音詞構成的,而同音的詞兒又太多;文言羅馬字裏的同音詞比國羅的同音詞數目少了數倍,較適宜於翻譯古文。

2. 古代的韻文,由文言羅馬字譯出,則聲韻諧和,宛如親聞古人的吟哦。

3. 在國語未統一以前,文言羅馬字可以暫時當做區際輔助語。

文言羅馬字雖以歷史爲根據,却不必過於拘泥。大致依照三十六母、四呼、十六攝與平水一百七韻,就行了;不必遠溯《切韻》的系統。如果將來有必要時,我們也許可以另造一套"先秦文",以便翻譯先秦的韻文如《詩經》《楚辭》《老子》之類;現在我們的文言羅馬字,竟可略依宋音;以宋音讀唐詩,相差無幾。而宋音的系統比《切韻》時代簡單些,容易學習些。

關於音值,更不必拘泥高本漢的假定。依著者的意見,聲母的音值略依吳音,韻腹的音值略依官話,韻尾的音值略依粵音,即可應用。四聲則僅標示其屬於某聲,不必規定其音值;其系統則完全根據字典。這是大概的説法,此外還有應參照閩音、湘音及客家話、溫州話之處,因語涉專門,這裏不能深談。現在只把方案寫出,内行的人自然會瞭解其中的道理,若不是内行的人,請不必深究那些分類法,祇看每一個例子的譯音就是了②。

(甲)聲母

第一類:b,p,bh,m;f,v,mv。例:邊 bian,坡 po,蒲 bhu,門

---

① 參看著者對於法國教士 Lamasse 先生所著的 Romanization Interdialectique 的批評,見《清華學報》10 卷 2 期。

② 若要深究,請參看拙著《漢語音韻學》。

mun；風 fung，芳 fong，肥 vi，文 mvun。

第二類：d，t，dh，n；dj，tj，dhj，nj。例：都 du，貪 tom，圖 dhu，南 nom；豬 djü，癡 tji，鎚 dhjüi，娘 njiang。

第三類：tz，ts，dz，s，z。例：鑽 tzuon，親 tsin，殘 dzon，星 sing，徐 zü。

第四類：dc，tc，dsc，c，zc，zh，ch，dch，sh。例：專 dcüan，春 tcün，神 dscin，施 ci，誰 zcüi，齋 zhai，瘡 chong，崇 dchung，疎 shu。

第五類：l，gn。例：勞 lau，饒 gniao。

第六類：g，k，gh，ng；o，h，x，y，w。例：干 gon，牽 kian，強 ghiang，吾 ngu；恩 en，威 ui，昏 hnn，香 hiang，和 xuo，玄 xüan，爲 wi，王 wong，員 yüan。

（乙）韻母

A. 平上去聲。

第一類：o，a，ia；uo，ua；üo。例：多 do，歌 go，巴 ba，家 ga，蛇 dscia；科 kuo，瓜 gua，花 hua；靴 hüo。

第二類：u；ü。例：徒 dhu，姑 gu，胡 xu，盧 lu，夫 *fu①，無 *mvu；除 dhjü，居 gü，魚 ngü，書 cü，俞 yü，儒 gnü。

第三類：i；üi，ui。例：皮 bhi，支 dci，師 shi，資 tzi，慈 dzi，兒 gni，非 *fi，微 *mvi；吹 tcüi，垂 dscüi；歸 gui，逵 ghui，隨 zui。

第四類：oi，ai，iai，uoi，uai，üai。例：胎 toi，來 loi，裁 dzoi；排 bhai，街 gai，柴 dchai，鞋 xai，大 dhai，蓋 gai；迷 miai，低 diai，雞 giai，妻 tsiai，黎 liai；梅 muoi，頹 dhuoi，恢 kuoi，雷 luoi；乖 guai，懷 xuai，會 xuaih，外 nguaih，最 tzuaih，貝 *buaih；稅 cüaih，贅 dcüaih。

第五類：au，ao，iao。例：刀 dau，高 gau；交 gao，稍 shao；昭 dciao；妖 iao，遥 yiao，僚 liao。

第六類：ou，iou。例：頭 dhou，鉤 gou，樓 lou，愁 dchou，搜

---

shou；求 ghiou，秋 tsiou，休 hiou，由 yiou，周 dciou，收 ciou。

第七類：ung，üng。例：蒙 mung，公 gung，風 *fung，逢 *vung；中 djüng，弓 güng，匈 hüng，容 yüng，龍 lüng，戎 gnüng。

第八類：ong，ang，iang；uong。例：茫 mong，湯 tong，桑 song，霜 shong，房 *vong；江 gang，窗 chang；詳 ziang，商 ciang；狂 *ghuong，王 *wong。

第九類：eng，ing，ueng，iung。例：盲 meng，坑 kheng，生 sheng，行 *xing，登 deng，恒 xeng；兵 bing，迎 nging，升 cing，仍 gning，靈 ling，丁 ding；橫 xueng，轟 hueng；兄 hiung，榮 yiung。

第十類：en，in；un，ün。例：吞 ten，根 gen；貧 bhin，珍 djin，鄰 lin，人 gnin，斤 gin；盆 bhun，敦 dun，孫 sun，論 lun，分 *fun，墳 *vun，文 *mvun；君 gün，春 tcün，純 zcün，倫 lün。

第十一類：on，an，ian；uon，uan，üan。例：難 non，寒 xon，蘭 lon；間 gan，顏 ngan，閒 xan；天 tian，堅 gian，言 ngian；官 guon，酸 suon，歡 huon；關 guan，彎 uan，還 xuan，蠻 *man，班 *ban，翻 *fan；淵 üan，穿 tcüan，宣 süan，全 dzüan。

第十二類：im。例：碪 djim，沈 dhjim，金 gim，琴 ghin，森 shim，斟 dcim，深 cim，音 im，歆 him，林 lim，任 gnim。

第十三類：om，am，iam。例：談 dhom，蠶 dzom，甘 gom，三 som；凵 xam，讒 dcham，監 gam，衫 sham，岩 ngam，凡 *fan；謙 kiam，粘 njiam，廉 liam，嚴 ngian，鹽 yiam，尖 tziam，嫌 xiam。

B. 入聲。

第一類：uk，ük。例：木 muk，獨 dhuk，屋 uk，祿 luk，福 *fuk；目 mük，竹 djük，曲 kük，叔 cük，欲 yük，錄 lük，辱 gnük。

第二類：ok，ak，iak，uak。例：博 bok，諾 nok，各 gok，昨 dzok；剝 bak，覺 gak，濁 dhjak，岳 ngak，學 hak；芍 djiak，腳 giak，約 iak，略 liak，弱 gniak；郭 guok，廓 kuok，霍 huok。

第三類：ek，ik，uek，iuk。例：白 bhek，宅 dhjek，客 kek；戟

gik，的 dik，戚 tsik，歷 lik，食 dscik；國 guek，或 wek；域 yiuk。

第四類：it；ut，üt。例：筆 bit，姪 dhjit，吉 git，失 cit，日 guit，勃 bhut，骨 gut，卒 tzut，忽 hut，黜 tjüt，橘 güt，恤 süt，律 lüt，屈 küt，鬱 üt。

第五類：ot，at，iat；uot，uat，üat。例：葛 got，達 dhot，殺 shat，察 chat，八 bat，髮 *fat；別 bhiat，哲 djiat，烈 liat，熱 gniat，歇 hiat，闊 kuot，奪 dhuot，刷 shuat，滑 xuat，説 cüat，血 hüat，絶 dzüat，雪 süat，悦 yüat。

第六類：ip。例：急 gip，泣 kip，及 ghip，澀 ship，執 dcip，十 zcip，集 dzip，習 zip，邑 ip，吸 hip，立 lip，入 gnip。

第七類：op，ap，iap。例：合 xop，踏 dhop；甲 gap，法 fap；劫 giap，妾 tsiap，捷 dziap，協 xiap，葉 yiap。

（丙）聲調

平聲與入聲不加符號，上聲在字尾加 v，去聲在字尾加 x[1]，例如：

勇 yüngv，彼 biv，恥 tjiv，忍 gninv，粉 funv，短 duon，苟 gouv，父 *vuv，范 *vamv，文 *dhjiangv，腎 *zcinv[2]，去 küx，貴 guix，面 mianx，餓 gnox，放 fongx，幼 ioux，欠 kiamx，悶 munx，帶 daix，快 kuaix，墜 dhjüix，告 gau，對 duoix，意 ix，漏 loux。

現在我們試依照上面的方案，翻譯幾首唐詩：

嫁得瞿塘賈，朝朝誤妾期。早知潮有信，嫁與弄潮兒。

Gax dek Ghü-dhong guv，djiao djiao ngux tsiap ghi。
Tzauv dji dhjiao yiouv sinx，gax yüv lüngx dhjiao gni。

遠上寒山石徑斜，白雲生處有人家。

停車坐愛楓林晚，霜葉紅於二月花。

Yüanv zciangv xon shan zcik gingx zia。

Bhek yün sheng tcüx yiouv gnin ga。

Dhing gü dzuov oix fung lin mvan。

Shang yiap xung ü gnix gnüat hua。

君自故鄉來，應知故鄉事。來日綺窗前，寒梅著花未。

Gün dzix gux hiang loi，ing dji gux hiang dchix。

Loi gnit kiv chang dzian，xon muoi dhjiak hua mvix。

空山不見人，但聞人語響。返景入深林，復照青苔上。

Kung shan but gianx gnin，dhanx mvun gnin ngüv hiangv。

Fauv gingv gnip cim lim，vuk dciaox tsing dhoi zciangv。

終南陰嶺秀，積雪浮雲端。林表明霽色，城中增暮寒。

Dcüng nom im lingv sioux，tzik süat vou yün duon。

Lim biaov ming tziaix shek，zcing djüng sheng mux xou。

　　這纔是章太炎所謂“有典有則”，因爲都是依照中古語音的系統而定出來的拼法。凡是中古時代押韻很諧和而現代國語念起來不諧和的（如“期、兒”爲韻，“斜、家”爲韻，“事、未”爲韻），或國語裏押韻很諧和而中古時代不諧和的（如“寒、山”不爲韻，“濱、心”不爲韻，“期、西”不爲韻），都可以從這上頭看得出來。中國各地的方音同出一源，所以文言羅馬字與各地的實際語音都有相似的地方。其類似國語及普通話者，有：

　　巴 ba，花 hua，姑 gu，盧 lu，夫 fu，歸 gui，乖 guai，刀 dau，高 gau，稍 shau，妖 iao，僚 liao，鈎 gou，樓 lou，公 gung，盲 meng，坑 keng，兵 bing，靈 ling，根 gen，孫 sun，論 lun，天 tian，淵 üan，蠻 man，班 pan，等等；

其類似山東一部分及湘桂一部分官話者，有：

居 gü，基 gi，堅 gian，救 gioux，酒 tziouv，宣 s'üan，等等；

其類似湖南方音者，有：

書 cü，鞋 xai，大 *dhai①，街 gai，春 tcün，穿 tcüan，朱 tcü，等等；

其類似吳音者，有：

皮 bhi，貧 bhin，頭 dhou，同 dhong，徒 dhu，蒲 bhu，地 dhi，奉 vungv，扶 vu，娘 njiang，饒 *gniao，人 *gnin，我 ngov，王 wong，候 xou，紅 xung，祥 ziang，就 dzioou，兒 *gni，等等；

其類似閩音者②，有：

張 djiang，中 djüng，潮 dhjiao，趙 dhjiaox，茶 dhjia，知 dji，池 dhji，致 djih，治 dhjix，墜 dhjüix，廚 dhjü，除 dhjü，抽 tjiou，等等；

其類似粵音者，有：

家 ga，師 shi，資 tsi，胎 toi，來 loi，街 gai，鞋 xai，迷 miai，低 diai，雞 giai，妻 tsiai，交 gao，霜 shong，升 cing，顏 ngan，監 gam，衫 sham，岩 ngam，木 muk，福 fuk，博 bok，諾 noh，戟 gik，識 cik，潑 put，殺 shat，八 bat，甲 gap，兒 gni，迎 nging，相 siang，姜 giang，基 gi，腳 giak，等等③；

其類似客家者，有：

非 fi，梅 muoi，昭 dciao，周 dciou，收 ciou，弓 güng，龍 lüng，身 cin，真 dcin，門 mnn，分 fun，難 non，寒 xon，堅 gian，金 kim，斟 dcim，音 im，貪 tom，甘 gom，謙 kiam，嚴 ngiam，目 mük，曲 kük，骨 gut，吉 git，失 cit，日 gnit，葛 got，發 fat，急 gip，執 dcip，邑 ip，立 lip，入 gnip，等等。

---

① 有 * 號者表示白話音。下仿此。

② 此指聲母部分而言。此外閩音與文言羅馬字符合者甚多，下文所引粵音、客家音諸例，多有與閩音類似者。

③ "兒"字以後，與廣西白話較近似，與廣州音頗遠。

　　由此看來,各地的人讀起文言羅馬字來,都有與其方音相似處,亦有不相似處。除非按照上文所述區際羅馬字的變音辦法,纔能使各地的人都能用方音去讀它。但是,如上文所論,變音的條例不是容易學習的:讀還容易,寫就困難了。所以我雖對它極感興趣,卻並不願意主張把它用爲一種區際羅馬字。

　　不過,它雖不適宜於寫白話,卻適宜於寫文言,尤其適宜於翻譯古書。因爲它的同音字少,譯起古書來,可以逐字譯音,完全不必改變古文的文法與辭彙[1]。祇要找許多小心謹慎的工作人員,把古書逐字對照地譯下來就行了。這種人才並不難得,而譯起來又可以節省幾倍的時間。將來的青年要讀古書時,可以先學文言羅馬字,因爲它是拼音文字,又與各地的方音都有近似之處,學起來必不會像漢字那樣困難。這樣,青年可以不懂漢字而讀古書。文言羅馬字的用處就在於此。

(八)中國話寫法拉丁化

　　拉丁字母就是羅馬字母,中國話寫法拉丁化就是拿羅馬字母來拼寫漢字。在名稱上,我們看不出它與國語羅馬字的分別;它們的分別祇是在實際的拼法上。

　　1931 年 9 月,海參崴舉行第一次拉丁化中國字代表大會,通過中國文字拉丁化的原則十三條,並規定了中國北方話拉丁化的拼寫法式。因爲海參崴的華僑以山東人爲最多,故北方話拉丁化是以山東話爲根據。若拿拉丁化與國語羅馬字相比較,除字母的音值頗有不同外,有下列的兩個大異點:

　　1. 國羅以北平話爲國語,拉丁化反對以某一地的土音爲國語,同時主張方言拉丁化;

　　2. 國羅拼寫四聲,拉丁化不拼寫四聲。

　　關於這兩點,我們在上文已經討論過,現在祇專就拉丁化再說

―――――――――

[1]　古代複音詞極少,也不必詞兒連寫。

幾句話:第一,國羅派始終没有發表過反對方言拉丁化的議論,不過他們既以北平話爲國語,自然對於北平話注重些。至於拉丁化之所以反對以某一地的土音爲國語,似乎是不贊成"強我就人"。強山東以就北平固然不妥,強北平以就山東也未見不發生學習上的困難。"希"與"西"、"現"與"綫"、"堅"與"煎"、"牽"與"謙"之類,都是北平人所不能分别的;"有課"與"有客"、"脚"與"絞"、"國"與"果"之類,北平人也不能分。若不滿於國羅派之以北平話統一全國,却希望以山東話統一北方全部,這就是以五十步笑百步了。

拉丁化之不拼寫四聲,在寫的方面誠然便利些,但在讀的方面却頗困難。漢語同音字之多,這是事實;尤其是北方話,音素既少,自然同音的字更多。替拉丁化辯護的人往往説漢語同音字雖多,但同音詞並不多,我們有了詞兒連寫的辦法就可以補救了。説這話的人仍然是忽略了事實。據我們的觀察,在老百姓的日常談話裏,非但同音字很多,而且同音詞也很多,若不計四聲的分别,則同音詞更多。近一二十年來,文人的口裏誠然增加了許多複音詞,但這與大衆無涉。文人説"書籍",大衆只説"書";文人説"賞賜",大衆只説"賞";文人説"終結",大衆只説"完";文人説"以爲",大衆只説"當";文人説"燃燒",大衆只説"燒";文人説"饒恕"或"寬恕",大衆只説"饒";文人説"依照",大衆只説"照";文人説"到達",大衆只説"到";文人説"瞞騙"或"蒙蔽",大衆只説"瞞";文人説"尋找"或"尋覓",大衆只説"找"。我們是爲了大衆文化而提倡漢字改革,絕對不該勉強大家來遷就文人的語言,大衆的單音詞很多,因而同音詞也很多,我們祇能靜候大衆語的複音詞增加;催産非但無益,倒反有害,因爲這樣仍然會使大衆與文化絕緣。複音詞既不可以人工增加,則同音詞之多,勢必設法補救而後可。四聲誠然難懂可厭,但我們不妨另覓途徑。在下節裏,我們將敘述我們的主張。

爲了補救同音詞,拉丁化甚至把兩個以上的詞連寫,例如"喫飯"寫成 chfan,"各黨各派"寫成 godonggopai,這種不合語法的寫法,徒然使漢語蒙上了不邏輯的外貌,對於讀者的瞭解上並没有多大的益處。

　　總之,文字固然該求簡易,但簡易也自有限度,並不是求其寫得最快最省力就算了事。如果説要最快最省力的話,則拉丁化的大寫法、界音法及詞兒連寫法等等,都該取消,因爲那樣還可更快更省力。

　　爲了寫時省力,讀時却增加了不少的困難。當我閱讀拉丁化的文章時,往往讀了每句的第一個詞兒不懂,第二個詞兒有時也還不懂,直至下文有認識的詞時,再看前面的詞,纔都懂了。有時候,第一個詞兒僥幸懂了,第二個詞兒雖不易懂,也可以猜着。這就是乞靈於上下文。乞靈於上下文本來是難免的,不過,若處處依靠上下文,就太費時間了。我們稍有語言學常識的,也感覺有猜測之苦,可見大衆閱讀拉丁化書籍當更困難。所以我們不可單看寫拉丁化文章的容易,最要緊的還是設法克服閱讀上的困難。上文説過,老百姓寫文章的機會很少,讀書報的機會多,我們必須特別注意到閱讀方面。

　　至於字母音值的問題,本來没有許多爭論的。國語羅馬字的基本形式,與拉丁化就差不多。只是國羅稍偏於英文音(如ㄓ作 j,ㄗ作 tz,ㄘ作 ts,又起首的丨作 y);拉丁化稍偏於德文音(如ㄗ作 z,ㄘ作 c,又起首的丨作 j);拉丁化采用了些國際音標(如ㄏ作 x,ㄩ作 y),國羅則因它們不合國際拼音習慣而未采用。拉丁化對於"知癡詩日資雌思"等字但寫子音不寫母音,這與注音字母的辦法相同;但國羅因國際拼音習慣没有不寫母音而能讀成音節的先例,所以要寫元音。這些分歧都是小節,我們認爲無可無不可。雖然我們也稍有選擇(如不很贊成"害"拼作 xai,"菜"拼作 cai,因它們與拉丁文的原來音值相差太遠),但我們不願意説拉丁化的拼法有什麼絶不可行的地方。

　　總之,拉丁化不失爲新漢字的"椎輪",但依我們看來,還不是理想的新漢字。

(九)著者的方案

　　新漢字的實施,決不是短期間内的事。但是,我們爲研究起見,也不妨假定要實施,而預先考慮一種完善的方案。當然,著者不是説自己的方案已臻完善,不過,這一個考慮了三四年的原則,似乎是值得大家討論的。

　　我以爲如果新漢字要實施,它應該具備下列的兩個條件:

　　1. 拼法儘量國際化,尤其是使它與數十年來常見的英文譯音相近似;

　　2. 加上類符(classifiers),使漢字成爲語法的(grammatic)、邏輯的。

　　關於第一條件,我們在上文已經論及,不必再贅,而且我的方案也並不着重在此。我所最堅決主張的乃是類符的建立。所謂類符,是把漢字依詞性分爲若干類,每類寫成不同的形式:或加詞尾,或就詞中的字母變化。我們的漢字本來也有類符,就是形聲字中的形符;現在不過儘量把種類減省爲四種,以便拼寫罷了。漢字的形符是中國人心目中的一種範疇(categories),類符之設,乃是以新範疇抵償舊範疇的好辦法。如果要爲我這一種新漢字起個名稱,我想就叫它做類符新字。

　　下面是類符新字的方案:

　　(甲)字母音值(基本形式)

　　A. 聲母

　　ㄅ、ㄆ、ㄇ、ㄈ、ㄉ、ㄊ、ㄋ、ㄌ,ㄍ、ㄎ、ㄏ＝b、p、m、f、d、t、n、l、g、k、h

　　説明:以b、d、g當ㄅ、ㄉ、ㄍ,是最經濟的辦法,所以國羅與拉丁化都采用它。固然,依國際拼音習慣,b、d、g是代表濁音的,與清音的ㄅ、ㄉ、ㄍ不同;但中國清音分吐氣不吐氣兩類,乃西洋各族語所罕有,我們不能不變通辦理。恰巧英文的b、d、g念不吐氣,p、t、k

念吐氣(只有 sp-、st-、sk-是例外),我們正可借它們來表示吐氣不吐氣的分别。這雖不合於 Wade 式,然而大部分的中國人(吳語區域及厦語區域除外)拿他們的英文音來念它們,却是最適當的(吳語、厦語的濁音可用 bh、dh、gh 替代)。

ㄐ、ㄑ、ㄒ = dc、tc、c

説明:這三個字母,國羅寫作 j、ch、sh,拉丁化寫作 g、k、h,各有理由,因爲北方話ㄓ、ㄔ、ㄕ、ㄍ、ㄎ、ㄏ都没有齊撮呼,故可借用它們作爲ㄐ、ㄑ、ㄒ,我想借用終是不大妥當,尤其是如果以北平音爲國音,則不能依拉丁化的辦法,因爲"濟、砌、細"拼爲 gi、ki、hi 是很不順眼的。因此我考慮了許久,終於擇定了 dc、tc、c。這有兩個理由:(1)它們與國際音標[tɕ][tɕ'][ɕ]相近似;(2)c 在希臘、拉丁文裏本是舌根音,後來在 i 之前變了 s 音,正與中國舌根音變遷史頗近似。

ㄓ、ㄔ、ㄕ、ㄖ、ㄗ、ㄘ、ㄙ = j、ch、sh、r、tz、ts、s

説明:這七個字母完全與國羅相同。j 在英、法文都是與 ch 同部位的濁音,英文音尤與ㄓ音相近。tz、ts 與 Wade 式相似,合於數十年來的譯音習慣。

B. 韻母

ㄚ、ㄧㄚ、ㄨㄚ、ㄛ、ㄨㄛ = a、ia、ua、o、uo

説明:國語中有ㄨㄛ無ㄛ,故可借 o 爲ㄛ。

ㄧ、ㄩ、ㄨ、ㄝ、ㄩㄝ = i、û、u、ie、ûe

説明:ㄩ,國羅作 iu,頗易令人誤認爲ㄧㄡ音;拉丁化寫作 y 又不合國際拼音習慣(y 本是希臘字母,在希臘文裏與 i 同爲一字,今法文也念 i,英文念 i 或 ai)。上文説過,我們不必避免附加符號,故寫作 û(動詞變 ü,與德文字母相同)。

(ㄓ、ㄔ、ㄕ、ㄖ、ㄗ、ㄘ、ㄙ) = e

説明:注音字母不曾製造這一種韻母,國羅則用 y。在本方案中,y 用爲動詞的類符,故改用 e。國語有ㄧㄝ、ㄩㄝ而無ㄝ,故可借 e

爲"知、癡、詩、日、資、雌、思"等字的韻母。又輕音韻母亦可借 e,如
"的"de、"呢"ne、"了"le。

ㄞ、ㄟ、ㄨㄞ、ㄨㄟ = ai、ei、uai、uei、ui

説明:ㄨ、ㄟ宜分爲兩類,g、k、h 之後作 uei,無聲母者亦作 uei,
其餘都該作 ui,Wade 式即如此。

ㄠ、ㄡ、ㄧㄠ、ㄧㄡ = au、ou、iau、iu

説明:iu 是依照 Wade 式,取其較合事實。

ㄢ、|ㄢ、ㄨㄢ、ㄩㄢ,ㄣ、|ㄣ、ㄨㄣ、ㄩㄣ = an、ian、uan、ûan,en、ih、
uen、un、ûn

説明:這也大致以 Wade 式爲準。ㄨㄣ宜分爲兩類,無聲母的
寫作 uen(文),有聲母的寫作 un。

ㄤ、|ㄤ、ㄨㄤ、ㄥ、|ㄥ、ㄨㄥ、ㄩㄥ = ang、iang、uang、eng、ing、ueng、
ung、iung

説明:這也大致以 Wade 式爲準。ㄨㄥ宜分爲兩類,無聲母的
寫作 ueng(翁),有聲母的寫作 ung。

ㄦ = er

説明:Wade 式作 êr,今省去附加符號,取其較便書寫。

(乙)語法

A. 漢語的詞類

漢語的詞類可大別爲兩種:實詞;虛詞。實詞大致可分爲四
類:名詞;代名詞;形容詞;動詞。虛詞大致可分爲三類:副詞;關係
詞(包括連詞、介詞);助詞。

詞類是專就詞兒獨立時的性質而區分,不必計及它在句子裏
又變了什麼性質,例如"乾淨",它本身是一個形容詞,在"我喜歡他
的乾淨"一句裏,它似乎變了名詞,但我們應該仍認爲它是形容詞。
又如"主張",它本身是個動詞,在"我贊成他的主張"裏,它似乎變
了名詞,但我們應該仍認爲它是動詞。類符分爲五種如下:

 1. 名詞類符;　　2. 代名詞類符;　　3. 形容詞類符;

4. 動詞類符；　　5. 虛詞類符。

這些類符當中，有些是利用漢語原有的詞尾（如名詞詞尾"子、兒"，形容詞詞尾"的"，動詞詞尾"了、着"等）；有些是另添不發音的詞尾；有些是就拼法上變化；另有些是用基本形式，可以説基本形式也是一種的類符。兹分述於後：

B. 名詞

普通名詞都加詞尾。它的詞尾有下列數種：

1.發音的詞尾：

（1）"子"字單數寫作-tz，複數寫作-ts，例：

棍子 guntz，扇子 shants。

（2）"兒"字，單數寫作-r，複數寫作 rs（其中的 s 不發音），例：

女兒 nûr，花兒 huars。

注意："子兒"或"兒子"連起來的時候，祇有末一字算是詞尾，例如：銅子兒 tungtzers，兒子 ertz。

2.不發音的詞尾：單數用-z，複數用-s，例：

心 sinz，手 shous。

注意：凡名詞無"子、兒、們"爲詞尾者，一律用此法。專有名詞第一字母大寫，不加詞尾。

C. 代名詞

代名詞單數一律不加詞尾，如下：

我 wo（借用動詞形式，因動詞中無 wo 字）；

你 ni（借用虛詞形式，因虛詞中無 ni 字；"呢"該寫作 ne）；

他 ta（借用虛詞形式，因虛詞中無 ta 字）；

誰 shei（借用虛詞形式，因虛詞中無 shei 字）。

複數加詞尾"們"字，寫作 mn[1]。

我們 womn，你們 nimn，他們 tamn，咱們 tzamn。

----

[1]　拉丁化用此，我覺得很好，所以采用。

注意：有時候，名詞複數亦可加詞尾（們），如"丫頭們"。故 mn 可認爲名詞與代名詞共有的類符。

"人家、自己"之類亦認爲代名詞，一律不加詞尾。

D. 形容詞

一切形容詞都加詞尾。它的詞尾有下列兩種：

1.發音的詞尾："的"字寫作-d，例：

好的 haod，精緻的 tzingjed。

2.不發音的詞尾：-h，例：

小 siauh，乾淨 gantzingh。

注意：凡形容詞無"的"爲詞尾者，一律用此法。

E. 動詞

動詞的類符是 y、w、ü、ä、ë、ö，它們不是詞尾，而是插入詞中，替代另一字母的。這種辦法，叫做動詞變化法。

動詞變化法：

1. u 與另一元音結合時變 w，其餘變 oo，例：

掛 gwa，坐 tzwo，拐 gway，歸 gwey，催 tswy，到 daw，候 how，叫 dcyaw，留 lyw，管 gwan，逛 gwang，賭 doo，鋪 poo，存 tsoon，混 hoon，送 soong。

2. i 變 y，例：

嫁 dcya，移 y，寄 dcy，寫 sye，在 tzay，給 gey，回 hwey，進 tzyn，見 dcyen，想 syang，請 tsyng，用 yung，催 tswy，叫 dcyaw，留 lyw，拐 gway。

3. 字中無 i 與 u 者，一律在母音上加兩點①，例：

打 dä，喝 hö，扯 chö，試 shë，辭 tsë，去 tcü，缺 tcüe，看 kän，肯 këu，熏 cün，捐 dcüan，唱 chäng，爭 jëng。

4. 動詞如有詞尾"了"或"着"，該寫作-l 或-j，例：

---

① 若遇 â，當然先把帽子去掉，再加兩點。

到了 dawl，請了 tsingl，坐着 tzwoj，站着 janj。

注意一：如有詞尾，則 ä、ë、ö 上面的兩點可以省略。

注意二："了"字有些是動詞詞尾，有些是助詞，詞尾寫作 l，助詞寫作 le，須分別清楚。例："我已經到了漢口了"woidcing dawl Hankou le。

F. 虛詞

虛詞以用基本形式爲原則，例：

不 bu，又 iu，再 tzai，越發 ûefa，爲什麼 ueishemo，故意 gu'i，也 ie，不過 buguo，把 ba，先 sien，後 hou，應該 inggai，才 tsai，還 hai，一定 iding，嗎 ma，都 dou，不如 buru，衹 je，雖然 suiran，到底 daudi，就 tsiu，私自 setze，難道 nandau，不成 bucheng。

副詞的詞尾"的（地）"寫作-t，例：

好好的 hauhaut，細細的 sisit，慢慢的 manmant，從容的 tsung'-iungt，故意的 gu'it。

副詞的詞尾"兒"寫作-rr，例：

好好兒 hauhaurr，慢慢兒 manmanrr，一塊兒 ikuairr。

副詞的詞尾"麼"寫作-m，例：

這麼 jom，那麼 nam，怎麼 tzem。

G. 特殊拼法

有時候，有兩個詞聲音相同，詞類又相同，容易相混，我們要使它們有分別，於是有特殊拼法。

特殊拼法究竟該有多少，須待編寫詞典時決定。現在先擇較重要的列舉如下：

教 dciaw（與"叫 dcyaw"分別），賣 maay（與"買 may"分別），哪（疑問詞）naah（與"那 nah"分別），婦 fwuz（與"夫 fuz"分別），主義 jwu'iz（與"主意 ju-iz"分別），哪裏 naali（與"那裏 nali"分別），禮 liiz（與"理 liz"分別），有 yu（與"由遊 iw"分別），她 taa 它 tay（與"他 ta"分別），賴 laay（與"來 lay"分

別)，馬 maaz（與"媽 maz"分別)，接 tzië（與"借 tsye"分別)，
百 baeh（與"白 baih"分別)，角 dciaoz（與"脚 dciauz"分別)。

H. 省寫法

極常用的詞兒，有些可用省寫法，如下：

　　是 sh，但是 dansh，可是 kosh，一個 ig，先生 c-sh，這個 jog，這
　　一個 jeig，那個 nag，那一個 neig，哪一個 neeig。

I. 界音法

在複音詞中，前一個字與後一個字的界限，有時候不很分別，
可用界音號（'）把它們隔開，叫做界音法。界音法可分爲兩種：

　　1. 前字的末一字母與後字的第一字母都是元音或半元音
的，例：

　　主意 ju'iz，隨意 sui'i，抱怨 bau'üan，質問 je'wen，
　　驕傲 dciau'auh，西安 Ci'an。

　　2. 前字的末一字母是 n 或 g，後字的第一字母是元音或半元音
的，例：

　　戀愛 lien'ay，平安 ping'anh，南洋 Nan'iang，新聞 cin'uenz。

J. 黏詞法

有時候，兩個詞兒的關係非常密切，幾乎可以認爲一詞，可用
黏合號（-）把它們黏合，叫做黏詞法。黏詞法可分六種：

　　1. 兩名詞相連，而前一名詞係限制後一名詞者，例：
　　中華民族 Junghua-mintzuz，家庭幸福 dciatingz-cingfuz，
　　國家利益 guodciaz-li'iz。

　　2. 名詞後面有"上、下、裏、中、後面、前面、上頭、底下"等字以
表示方位者，例：
　　桌子上 juotz-shang，抽屜裏 choutiz-li，
　　園子後面 ûantz-houmien。

　　注意：在這情形之下，"上、下"等字一律用基本形式，不加
類符。

3. 數目字（數量形容詞）後面有"斤、尺、匹、件、張、塊"等字以表示數量的單位者，例：

一斤 ih-dcin，三尺 sanh-che，兩匹 liangh-pi，四件 seh-dcien，十張 sheh-jang，一百塊 ibaeh-kuai。

注意：在這情形之下，"斤、尺"等字不加類符。

4. 動詞後面有"起、下、上、開、進、出、過、起來、下來、出來、過來"等字以補充動作的狀態者，例：

拿起 nä-tci，放下 fäng-cia，鎖上 swo-shang，吃過 chë-guo，鬧起來 naw-tcilai，弔下來 dyaw-cialai。

注意：在這情形之下，"起、下"等字一律用基本形式，不加類符。若在否定語裏，則可寫成下式：

拿不起 nä-butci，放不下 fäng-bucia，鎖不上 swo-bushang，跳不過去 tyaw-buguotcû，鬧不起來 naw-butcilai，弔不下來 dyaw-bucialai，做不來 tzwo-bulai，逃不了 taw-buliau。

5. 動詞後面有"好、壞、完、會"等字以表示動作的結果者，例：

擺好 bay-hau，弄壞 noong-huai，做完 tzwo-uan，學會 cyaw-huei。

注意：在這情形之下，"好、壞、完、會"等字一律用基本形式，不加類符。若在否定句裏，則可寫成下式：

修不好 syw-buhau，砸不壞 tzä-buhuai，做不完 tzwo-bu'uan，學不會 cüe-buhuei。

6. 形容詞或動詞後面有"些、點子"等字以表示分量者，例：

好些 hauh-sie，買些 may-sie，弄點子 noong-dientz。

K. 四聲的處置

在普通的文章裏，有了類符，就可以不必拼寫四聲了。文字衹是語言的符號，不是精密的音標，所以聲調衹須在詞典裏注明，不必在文字上標出。詞典裏注明是必要的，正像英文字典裏注明重音及長短音；但是，英文的重音及長短音既不在文字上標出，同理，漢字的聲調也不必在文字上標出。

拼寫四聲另一種好處就是分別同音詞,然而這種好處已經爲類符所具備了。四聲祇有四類,類符却有五類;除了字數很少的代名詞不計,也仍有名、形、動、虛四類。自然,也有四聲能分而類符不能分的,但同時也有類符能分而四聲不能分的;它們的效用至少可以相等。至於四聲能分而類符也能分的,更佔多數。今舉例如下:

1. 四聲能分,類符也能分的:

家 dciaz,假 dciah,嫁 dcya;媽 maz,罵 mä;也 ie,夜 iez;刀 dauz,到 daw,單 danh,膽 danz,但 dan;鬆 sungh,送 soong;兵 bingz,病 byng;高 gauh,稿 gauz,告 gaw。

2. 四聲不能分,類符也能分的:

魚 ûz,愚 ûh,漁 ü,于 û;身 shenz,深 shenh,伸 shën;先 cienz,鮮 cienh;再 tzai,在 tzay;又 iu,幼 iuh;書 shuz,輸 shoo;跪 gwey,貴 gueih,櫃 gueiz;才 tsai,財 tsaiz,裁 tsay;簫 siauz,消 syaw;松 sungz,鬆 sungh;蘭 lanz,攔 län;氣(名詞)tciz,氣(動詞)tcy;扇(名詞)shanz,扇(動詞)shän;釘(名詞)tingz,釘(動詞)tyng;沒(動詞)mey,沒(助動詞,算虛詞)mei;鼓(名詞)guz,鼓(動詞)goo。

其餘四聲能分而類符不能分的,爲數不多,自可由上下文的襯托,而不至於相混。若在法制條文或契約裏,爲更求明確起見,不妨增加聲調符號。聲調符號可借用西文字母:二十六字母中,尚餘 q、v、x 三母未用,即可利用它們。辦法如下:

1. 陰平不加聲調符號;

2. 陽平加 q,如:來 layq,蘭 langz,留 lywq;靜 dcingqh;

3. 上聲加 v,如:老 lauvh,水 shuivz,守 showv,也 iev;

4. 去聲加 x,如:但 danx,告 gawx,對 dwyx,意 ixz。

不過,這種字式太笨重,又不順眼,普通文章裏不必用它。

L. 嚴格與通融

漢語的語法很簡單，名、形、動、虛的分別，並不是奧妙的事，非但稍懂得英文的人學起來毫不費力，老百姓學起來，如果肯用心，也並不困難。比之四聲的分別，實在容易得多了。有人説漢語没有語法，我不承認這話。我希望把漢語的語法表現在文學上，使人們都知道漢語有語法；尤其是外國人學中國文學的時候，會覺得並不是像一盤散沙。總之，我們須知道新漢字是替代漢字的，是爲全民而造的，不是專爲文盲而造的，所以不能專求簡單，不求美善。

漢字如果改爲拼音之後，我主張初中畢業生一律須學會了類符新字(因爲初中課程中有英文，名、形、動、虛的分別都可以在英文裏學得，再學類符就易如反掌)，書報雜誌一律用類符新字；再過若干年後，希望小學畢業即會運用類符。祇有成年的文盲可用基本形式書寫。

這樣，我們對於知識分子是采取嚴格的態度；對於成年的文盲是采取通融的態度。既然通融，就索性通融到底。詞兒連寫及大寫等法，都不必苛求文盲學會。老百姓祇知道漢字是一字一音的，他們很不容易瞭解什麼叫做詞。詞兒連寫比分別詞類還要難些；假使説它們是兩道難關的話，詞兒連寫是頭關，分別詞類是二關，過了頭關没有不能過二關的(會詞兒連寫的人没有不會分別詞類的)，祇這頭關却是不容易過。拉丁化的雜誌不是常怪別人不會詞兒連寫嗎？知識分子尚且不大會，怎能苛求於文盲呢？

也許有人會説，這樣一來，文盲們雖學會了基本形式，却不能閱讀書報，因爲書報上的文字是有類符的。其實這是過慮。我們祇主張在書寫上對他們通融，並不是絶對不教他們閱讀書報。我們在教了他們基本形式之後，接着就該教他們看書。教法很簡單：祇須告訴他們，書報上的 y 讀如 i；ü 讀如 û；w、oo 都讀如 u；ä、ë、ö 讀如 a、e、o；字尾的 z、s、h 都不讀音，等等，他們自然會把書報念得非常流暢。這恰像現在許多中學生滿紙別字及錯字，然而這並不妨礙他們閱讀書報。可見類符新字並不使大衆在閱讀上感覺絲毫困難。在形式上，却比專事拼音，隨便堆砌的，好看得多了。

(丙)詞典

詞典的任務最爲重要；没有詞典，新漢字決不能實施。因爲文字是社會性的東西，必須力求統一，切忌紛歧。又如特殊拼法之規定，必須有詞典幫忙；詞典完成後，我們纔知道有多少聲音相同而詞類又相同的詞兒，纔好給它們規定不同的寫法。

大致説來，詞典的任務有下列數種：第一，是分別詞類。某詞歸某類，有時候不能全憑那詞的意義去決定，例如"渴"字，在法文soif 是名詞，在英文 thirsty 是形容詞；"餓"字在法文 faim 是名詞，在英文 hunger 是名、形兩性；"洗澡"在法文 bain 是名詞，在英文 bath 也是名、形兩性。可見單憑意義去決定是不妥的，拿外國語的詞類來做標準更是不妥。最妥當的辦法還是就漢語本身去觀察，例如"洗澡"無疑的是動詞；"餓"與"渴"該是動詞，但要説它們是形容詞未嘗不可通，在這情形之下就得憑詞典來決定了。假定詞典把它們決定爲動詞，將來習慣成自然，我們永遠記得它們是動詞就是了。這上頭没有絶對的標準，衹有社會的習慣。

第二，是確認複音詞。中國大部分的複音詞都是從單音詞組合而成的，所以一個複音詞，若寫成兩個單音詞，似乎也説得通，例如"生氣"一詞，本是"生"與"氣"的組合，寫作 sëng tciz，似乎也有道理；然而説話人的心裏並不曾浮現這兩個概念，衹有"生氣"一個概念，所以寫作 shengtcy。其餘如"客廳"該寫做 kotingz，"圖書館"該寫做 tushuguanz，都是此理。關於這個，有時候單憑字面也不能完全没有爭論；若由詞典決定，大家用成了習慣，也就好了。

第三，是規定特殊拼法。理由已見上文。

第四，是注明讀音。新漢字雖是拼音文字，却並不能把語音標寫得很正確；標寫得越正確就越累贅難看。因此，我們還該用國際音標把它們的讀音標明，以便不懂北平音的人及外國人的參考，例如"合"字,我們雖寫作 hö,但當用國際音標注爲[xɤ];"影"字,我們雖寫作 ingz,但當注爲[iəŋ],"詩"字雖寫作 shez,但當注爲[ʂɿ]等等。

第五,是注明聲調。在詞典的卷首畫出聲調的大概曲綫之後,每一個詞的後面祇須注一個極簡單的符號。陰平聲可注爲[-],陽平聲可注爲[ˊ],上聲爲[ˇ],去聲爲[ˋ],輕聲無號,例如"詩"可注爲[ʂɿ-],"生氣"可注爲[ʂaŋ-tɕˈi]。

其餘如字源與詞義,都是詞典的要素,但因與文字的形式無關,不必贅及了。

四、結　論

漢字的將來

根據上文的理論,我們可以推測漢字的將來。這種推測,是建立在兩種假定上面的:

第一,假定照現在情形下去,漢字的系統將要混亂至於極點。現在的青年忙於科學,自然沒有餘閒來講究六書;前輩基於便利青年的心理,於是有提倡簡體字的;又基於原諒的心理,於是有主張不妨寫別字的。依我們看來,六書雖是守舊的東西,然而二千年來,漢字的形式賴此而得到統一。守舊雖可批評,而統一的利益實在太大了,爲了要求統一而守舊,還是值得的。試看各國的文字也都在墨守着舊的形式,英文的 night、right 並不曾因求便利而改爲 nite、rite;法文的 sceau、champs 也不曾因求便利而改爲 so、chan。違反舊形式而求便利,在書寫上誠然便利了些,但是失了文字的統一性,究竟是得不償失①。因爲統一性本身就有最大的便利,而且,我們對一切生活都應該有規則,寫字也不該隨意亂寫。可惜有些人不明白這個道理,竟提倡製造簡體字與原有的漢字同行,甚至提倡

① 提倡拼音文字的人也應該努力維持統一性,切不可放任胡亂書寫。

隨意寫別字。這麼一來，青年們更有所藉口以破壞漢字的系統了。試以我現在所教的大學生而論，他們的字當中，有杜撰的簡體字，有缺筆的，有增畫的，有形符與聲符換位的，有杜撰的形符，有杜撰的聲符，有華北的別字，有兩湖、川、滇、黔的別字，有江、浙的別字，有閩、廣的別字，五花八門，改不勝改！一方面固然因爲漢字難學，另一方面則因漢字的偶象已經打破，青年們存着輕視漢字的心理，自然不惜造成文字的混亂了。當今之世，人人可以爲佉盧、倉頡，青年們何嘗不可以手創若干新字？現在如果有人將青年們的字式收集比較，我想每字總可以有十個形式以上。這種混亂的情形，勢必有增無減。老師宿儒的頭越搖，青年的錯字別字越多，等到將來老成凋謝，連搖頭的人也沒有了，而漢字將成爲無政府狀態。現在幸虧有正體的鉛字，書報上的字式還能大致一律；再過若干年，總不免有添鑄新鉛字以符合青年們的新字式的，那時節，連書報上的文字也要呈現混亂狀態了。

那時節，簡體字、新形聲字、複音字，尤其是拼音文字，都會有更多的人提倡；但是，如果祇管提倡而不能取漢字而代之，適足增加文字上的無政府狀態。這種提倡漢字改革，祇是一時高興，一場熱鬧，對於民衆毫無裨益。

第二，假定由政府明令將漢字改爲拼音文字[①]，漢字自然復歸於統一；然而另外又要發生一個嚴重的問題，就是未經大衆口語化的新複音詞，寫成拼音文字後，讀者在瞭解上將感受加倍的困難。現在我們儘管自誇方案完善，祇是閉門造車；儘管說民衆對於拼音文字怎樣容易學習，祇是主觀願望。其實，民衆所容易學習的祇是拼音字的基本形式，其餘如詞兒連寫已經頗難，閱讀書報更難，閱讀滿紙新複音詞的拼音文字，更是難之又難。在大衆語未形成之前，假使政府冒然下令實施拼音文字，若干時期後，大家覺得行不

---

① 假定漢字有明令改革的一天，一定是改爲拼音文字，而且一定是采用拉丁字母。簡體字不中用，新形聲字與複音字至多祇能爲過渡時代的產品。

通,勢必鬧成漢字的"復辟",甚至弄成漢字屢仆屢起的局面。這樣,漢字的混亂狀態更是不堪設想了。

若要漢字不產生混亂狀態,祇有兩條路可走:第一條路是由教育部頒布漢字標準,不合這種標準的就算錯字,寫錯字的人就算國文程度不好。這樣,可以挽救漢字的頹運。第二條路是由教育部頒布標準詞語,這種詞語應儘量采取我國民間原有的辭彙,不得已而後創製新複音詞。同時,在漢字未改革以前,應該厲行民衆教育,並設法使知識分子與工人、農民不相隔絕,使新複音詞漸漸進入一般民衆的口裏。若干年後,全民的語言已經近於一致了,這時實施拼音文字,纔是順水行舟,毫不費力,然而成功恐怕須在數十年之後。拼音文字如果真的要推行,欲速則不達,與其催產以致嬰兒壽命不長,倒不如聽其水到渠成,事半功倍。到那時節,我們將被認爲有先見之明;但也僅僅是有先見之明而已①!

　　　原是《文史叢書》之二十五。商務印書館 1940 年 12 月

[後記]這一篇文章(原是一本小册子)是 1938 年寫的,離開現在已經二十多年了,我的觀點已經有了改變。我之所以仍要收進文集裏,因爲其中仍有值得參考的地方;有些錯誤的觀點,今天拿來加以批判,也給後人引爲鑒戒。

本文的優點在於看問題比較全面,不因自己主張改革漢字而把問題的複雜性和工作的艱巨性掩蓋住了。文中講到了文言羅馬字,主張用它來翻譯古書,解放後有人談到,認爲這不失爲一種好辦法。文中又提出了"類符新字",主張按詞性區別文字形式。這種辦法是否可行,還有待於實驗,但也不失爲一種新的嘗試。在此

---

① 這兩句話當時被政府的審查人刪掉了,因爲我表示漢字改革總有成功的一天。審查人硬改爲:"率爾全部改革是辦不到行不通的,何況所提的方案內容便有嚴重的缺憾呢?"現在依原稿改了回來。

以前,我也提倡過名詞大寫,聽說日本人已經這樣做了。

本文的最大缺點是形而上學地看問題;問題不分主次,看不出矛盾的主要方面。由於強調了問題的複雜性,不知不覺地就誇大了困難;自己雖然主張改革漢字,但是有人讀了我這本小册子以後得出結論説:"還是不改的好!"資產階級學者的通病是嫌別人簡單化,自己要來一個複雜化,這樣解決問題也不好,那樣解決問題也不行,最後的結論是問題不可能得到解決!第一是把農民的文化估計過低,仿佛有所謂農民的語言和知識分子的語言是格格不入的。其實祇要文化到了農村,知識分子的詞彙就能逐漸跟農民的詞彙合流,解放後十多年來,農民詞彙中不知吸收了多少新詞新語,這是我始料所不及的。第二是對書面語言的作用估計不足,以爲人造的新詞不能在口語中生根。今天事實證明,像"學習、批判"一類書面語言的詞不是早已進入口語中去了嗎?第三是誇大了北京音學習上的困難,因而主張規定拼音第二式來遷就南方人。其實字形的書寫主要是靠記憶,不一定要口語中能夠區別,何況在小學、幼兒園裏就學拼音,更是沒有語言隔閡的問題了。第四是對"特殊文字"的看法不夠正確。當然,群衆學了新文字完全用不上是不好的,但如果跟漢字同時並用一個時期,作爲過渡,反而是一個好辦法。第五是錯誤地否定了簡體字。當時我不懂得文字改革應該分兩步走的道理,也不懂得依靠群衆的創造,約定俗成就能使漢字逐步簡化,給人民在學習上帶來好處。今天我衷心擁護漢字簡化的政策,雖然我仍然反對濫用同音假借,仍然不同意片面地追求筆畫的簡單(如每字控制在十畫以內),以致弄巧反拙,反而增加認字上的困難,但是,適當地吸收群衆創造的成果,因勢利導,還是有利於社會主義的文化事業的。

有一件事在這裏附帶解釋一下。在當年討論大衆語的時候,有所謂普通話,和今天所謂普通話是兩個不同的概念。今天所謂普通話指的是以北方話爲基礎方言、以北京語音爲標準音的話,當年所謂普通話指的是五方雜處的人所説的、一般人都聽得懂的話。因此，文中常常以北平音與"普通話"分開來談。這是須要交代清楚，以免誤解的。

論漢族標準語

一

没有人懷疑標準語的必要性。中國人民的空前團結和國家的統一,使大家感覺得迫切需要一種統一的語言。漢族的民族共同語首先成爲問題的中心,因爲如果漢族有了共同的語言,中國各民族之間也就有了交際上的共同語言。

爭論的焦點在於用北京話作爲標準語呢,還是用普通話作爲標準語。爲了討論的方便起見,我們暫時拿方言代替北京話,用共同語代替標準語來進行討論,也就是先討論方言是否可以成爲民族共同語的問題。

關於這一點,斯大林有了非常明確的指示。他説①:

> 相反地,地方(地域)方言,是替人民群衆服務,並且有自己的語法構造和基本詞彙。因此,某些地方方言在民族形成過程中可以成爲民族語言底基礎並發展爲獨立的民族語言。

由此看來,方言是肯定可以成爲民族共同語的。現在再提出

---

① 斯大林《馬克思主義與語言學問題》第 43—44 頁,人民出版社本。這裏把"文法"寫作"語法"。

一個問題：地點方言①（如北京話）是不是也可以成爲民族共同語呢？答案也是肯定的。民族共同語固然可以由地方方言形成，但是，地方方言往往包括着許多地點方言。可以説，地點方言是地方方言的具體表現。假使没有地點方言，地方方言也就不存在了。在同一方言區域内，甲地的地點方言和乙地的地點方言的差别是很小的，有時候小到令人不能覺察（至少是别的方言區域的人不能覺察）的程度。因此，我們説某一地方方言成爲民族共同語，也就意味着某一些地點方言成爲民族共同語。但是，在這一種形成了民族語言的方言裏面，也必然有一個地點方言作爲它的典型的代表，例如成爲烏克蘭民族語言基礎的雖然是坡爾塔發—基輔方言，但是坡爾塔發—基輔方言却以基輔話爲代表。又如成爲法蘭西民族語言的基礎的雖然是法蘭西島方言②，但是法蘭西島方言却以巴黎話爲代表。找出了一個作爲代表的地點方言，那麼民族共同語纔真正具體化了。

　　現在談到標準語了。標準語和民族共同語的涵義並不完全相同。標準語是在民族共同語的基礎上更進一步，它是加了工的和規範化了的民族共同語。漢族需要民族共同語，同時也需要標準語。有了標準語，民族共同語就會更加統一，更加鞏固。事實上，民族共同語本身也是民族對於語言規範化的要求所促成的。方言差别之所以逐漸喪失了它們的獨立性，正是由於遭受民族語言的規範的影響。咱們正須要擴大這一種影響，使民族共同語更加統一，更加鞏固。因此，我們强調標準語的建立和推行。

　　普通話能否成爲民族共同語呢？如果所謂普通話是指城市中

---

① 地點方言和地方方言不同。地方方言是指整個方言區域的語言來説的，例如北方話、吳語、粵語等。地點方言是指某一地點的方言，特别是指某一城市的方言，如北京話、上海話、廣州話等。

② 法蘭西島（Ile de France）是古國名，15 世紀是一個省，包括現代法國的 Aisne、Oise、Seine、Seine-et-Oise、Seine-et-marne 等地區和 Somme 的一部分。

五方雜處的各階層群眾來往交談因而產生了的一種彼此之間都懂得的、包含着彼此之間方言成分的語音①，那麼，這樣的普通話假使存在的話，它是不可能成爲民族共同語的。就一般情況來說，大城市中的"普通話"實際上是以本城市的地點方言爲基礎，語音、詞彙、語法各方面都帶着相當濃厚的地方色彩。咱們可以說，有以吳語方言爲基礎的普通話（如在上海的機關學校裏），有以粵語方言爲基礎的普通話（如在廣州的機關學校裏），上海人和廣州人用普通話交談，有時候不容易互相瞭解，就因爲在普通話裏包含着自己方言的成分太多了些。誰能儘量接近以北京話爲基礎的普通話，誰的話就比較容易爲不同方言區域的人所瞭解。實際上，漢族的共同語正是拿北方話做底子的。這種民族共同語實際上已經形成，各個地域的方言差別也正趨向於消失，祇是這一個歷史階段（方言差別逐漸消失的階段）還沒有走完罷了。

　　方言融合論其實是和語言融合論同一性質的東西。而大家知道，對於社會主義在世界範圍內勝利以前的語言來說，兩種語言融合產生第三種語言的語言融合論是斯大林所不同意的。

　　如果把五方雜處的城市的方言融合認爲普通話，那麼，普通話和標準語是互相排斥的兩個概念。相近的兩種方音，甚至相差頗遠的兩種方音，祇要聽慣了，也可以互相聽得懂。但是，如果要找出一種標準音來，咱們就不能說凡聽得懂的都算是標準音。在詞彙方面，由於方言的不同，一樣東西叫出幾個名稱來，祇要聽慣了，也可以互相聽得懂；但是，如果要找出一種標準詞彙來，咱們也不能說凡聽得懂的都是合於標準的詞和語。因此，我們提倡標準語，就不可能同時提倡以方言融合爲定義的普通話。至於有人說，普通話就是以北方話爲基礎的，那樣的普通話就和我們所謂民族共同語的涵義差不多。但是，我們所謂標準語，如上文所說，它是從

----

① 這篇文章寫於 1954 年 6 月，當時所謂普通話即這裏所說的五方雜處的各階層群眾的話，與今天"普通話"的概念不同。

共同語的基礎上更進一步的。

二

　　漢族標準語應該拿北京話做基礎。所謂拿北京話做基礎，並不是説，北京話就完全等於標準語。但是北京話畢竟是標準語的良好基礎，因爲北京話基本上代表着現代漢語的文學語言。上文説過，漢族的民族共同語實際上雖然已經形成，各個地方的方言差別雖然趨向於消失，但是這一個歷史階段（方言差別逐漸消失的階段）還没有走完。因此，咱們必須加強文學語言的規範化，——既然北京話基本上代表着文學語言，咱們又必須從北京話的基礎上建立標準語——，來促使民族共同語更加統一，更加鞏固。文學語言本來就該是在書面上具有固定規範的、全民語言的加工形式，但是，就漢語的具體情況來説，由於封建時代長時期的文言文和白話文的分歧，到了現在，文學語言還有進一步加工和規範化的必要。文學語言雖然和文藝作品的語言有分別，但是，文學語言並不是和文藝作品的語言毫無關係，相反地，它們的關係是很密切的。關於這一點，高爾基寫道：“把語言分成文學的和民間的，就是一般所説的我們有被匠人加過工的語言和没有加過工的語言。”咱們可以説，北京話就是在漢語中最具有代表性的民間語言，但是必須從北京口語中挑出最鮮明、最富表現力、最有分量的詞來，然後能成爲文學語言，從而建立標準語。没有加工的原始材料，還不能算是文學語言，也不能算是標準語。

　　咱們的作家們是不是也可以由北京以外的方言中挑出一些最鮮明、最富表現力、最有分量的詞和語，來充實和豐富標準語的詞彙呢？是的，正是須要這樣做。這樣，標準語和普通話又有什麼分別呢？分別在於：標準語必須具有北京話的特點的本質，也就是説，必須具有北京話的基本詞彙和語法構造。

　　可能有人問起：爲什麼標準語要以北京話爲基礎？北京話本

身的優點在什麼地方？以前也有人答覆過這個問題，譬如説北京話的音素簡單，容易學習。我們還可以加上一個優點，就是北京話有輕重音的分別，這是中國大多數方言所沒有的。有了輕重音，語音就增加了一種色彩，同時在詞彙上能使同音詞分化，在語法上能使詞和詞之間的界限分明。但是，咱們也不能太強調這些優點，因爲如果從這種地方着眼，別的方言的優點也可以找出許多來，例如音素比較複雜的吳語和音素更加複雜的粵語的詞彙中，同音詞要比北京話少得多，那也應該算是一個優點。這樣從技術觀點着眼去討論，就很難得出一個滿意的結論來了①。

　　我想，要答覆這個問題，仍舊應該回到文學語言這一個標準上。七八百年來，特別是三四百年來，中國文藝作品的語言，凡是用白話來寫的，差不多都用的是官話，主要是用北方話（用北京話寫的有《紅樓夢》《兒女英雄傳》等）。“五四”以後，所謂白話文或語體文，差不多也都用的是官話，主要是用北方話。白話文或語體文雖然還不能算是標準語，但它可以作爲標準語的基礎。更進一步要做到標準語，就須要從官話或北方話的基礎上更加具體化，也就是説，要從北京話的基礎上建立標準語。數百年來文藝作品的巨大影響和三十多年來的白話文或語體文的巨大影響，都使得咱們不能不采用北方話作爲標準語的基礎；而爲了使北方話更加標準化，咱們不能不采用它的典型代表——北京話——作爲標準語的基礎。

　　其次，當咱們考慮采用某一個地點方言作爲標準語的基礎的時候，這個地點必須是一個政治、經濟、文化的中心。就全國範圍來説，祇有北京最具備這個條件。北京是人民的首都，擁有三百多萬人口，現在全國人民實際上也正在學習人民首都的語言。不容否認，這一個基礎是一個很好的基礎。

---

① 在大學裏，有人間我們：“爲什麼要認北京話爲標準語？北京話本身有什麼優點？”
　　我們就有意識地撇開技術觀點，專從政治、經濟、文化等方面來找論據。

三

　　毛主席說過：“第一，要向人民群衆學習語言……第二，要從外
國語言中吸收我們所需要的成分……第三，我們還要學習古人語
言中有生命的東西。”①我們認爲，這是標準語的三大標準。固然，
人民群衆的語言是標準語的主要基礎，但是，國際詞彙和古代詞彙
也有助於標準語的形成。

　　爲什麽要向人民群衆學習語言呢？毛主席說：“人民的語彙是
很豐富的，生動活潑的，表現實際生活的。我們很多人沒有學好語
言，所以我們在寫文章做演說時沒有幾句生動活潑切實有力的話，
只有死板板的幾條筋，像癟三一樣，瘦得難看，不像一個健康的
人。”②對於標準語來說，咱們就應該拿這個豐富的、生動活潑的、表
現實際生活的詞彙作爲基礎。上文說過，除了基本詞彙和語法構
造必須拿北京話做標準之外，咱們還可以從各地的方言詞彙中吸
收一些生動活潑的東西。絕對化的觀點是不對的。我們並不企圖
在北京話和各地的方言之間劃清界限，相反地，咱們必須依靠各地
的方言來充實和豐富標準語的詞彙。想要不如此也是不可能的，
這是自然的趨勢。

　　解放以來，特別是最近兩三年，大批新名詞湧進了工廠裏。這
是好的；從今以後，新名詞成爲人民群衆的工具和武器了。但是，
由於新名詞的來勢太猛了些，於是可能產生新名詞和人民群衆原
有詞彙之間一種不調和的現象。有一位文藝工作者對工廠的語言
處理感受困難。人家批評他說，他過去描寫農民的語言是那樣生
動活潑，現在描寫工人們的語言的時候，在語彙使用上退步了③。
這是客觀事實所造成的困難。但是咱們不必擔憂，人民群衆的智
慧一定能在最近的將來使新名詞和原來的詞彙協調，而且還能創

①②　　毛澤東《反對黨八股》，《毛澤東選集》第一版第三卷第 858—859 頁。
③　　見《中南作家通訊》3 期第 35—36 頁，姚雪垠同志的來信。

造一些比以前更生動活潑的口語。同時，我個人認爲作家們也不應該呆板地"模寫"這一個過渡時期的語言，而應該適當地引導語言向健康的道路上發展。這就是說，作家們應該從工人群衆的語言中挑選那些生動活潑的、最富於表現力的、最形象化的詞和語作爲工人群衆語言的典型。即使這種詞和語在目前還是少數人說的，但是應該作爲典型來描寫。這樣就能使標準語永遠以生動活潑的口語爲基礎。必須肯定，離開了生動活潑的口語就不可能有標準語。

　　爲什麼要從外國語言中吸取我們所需要的東西呢？毛主席說："因爲中國原有語彙不够用，現在我們的語彙中就有很多是從外國吸收來的……我們還要多多吸收外國的新鮮東西，不但要吸收他們的進步道理，而且要吸收他們的新鮮用語。"[1]自從清末的改良運動以來，咱們不斷地吸收了大量的國際詞語。起初的時候，西洋的詞語經過日本語的中介輸入中國。這是一種很有趣的現象。日本人借用漢字構成了新詞來翻譯西洋名詞，中國人又把日本人所製造的新詞原封不動地吸收到中國來。這些詞如"經濟、哲學、觀念、意識、相對、絕對"等，在現代漢語中已經生了根，一般人不再意識到它們是外來語了。這種新名詞差不多每年都增加一些，也漸漸不須要經過日本語的中介。這樣就大大地豐富了漢語的詞彙。新概念用新詞來表示，然後咱們的意思更明確，更有固定的範圍。咱們的語法也由於國際化而得到了改進。咱們知道，語法的變化是慢的，但也並不是永遠沒有變化，例如漢語的名詞沒有固定的詞尾，最近三十年來就發展出來一種無定冠詞（如"一個"和"一種"等於英文的 a、an 和法文的 un、une），甚至有時候還用上了有定冠詞（如說"不是經過一下子消滅舊的和建立新的那種方法"），這樣就能使語言的結構更加嚴密，意義更加明確。至於就整個語言

---

① 毛澤東《反對黨八股》，《毛澤東選集》第一版第三卷第 858—859 頁。

結構來說,漢語也有了很大的進步。現在報紙雜誌上的好文章,差不多可以逐詞逐句譯成俄文或英文,不須要在結構上有什麼大更動。尤其是作者有了馬克思列寧主義武裝了頭腦之後,語言的邏輯性和系統性更是前人所不能及。如果拿桐城派的古文和現代的好文章相比較,我們會覺得漢語有了驚人的發展。即使拿"五四"時代的文章和現代的文章相比較,也會覺得無論在詞彙上、語法上和整個語言結構的邏輯性上,也都大大地跨進了一步。這是標準語的良好的基礎。

對於民族共同語的鞏固和標準語的建立來說,語言國際化是一個有利的條件。這裏所謂國際化,和一般所謂歐化差不多。我們之所以改爲"國際化",是因爲:(1)許多名詞術語如"唯物、辯證、物理、化學"等已經是全世界所共有的名詞術語,不必呆板地認爲是歐洲的東西;(2)許多名詞術語是經過日本語的中介(見上文),也不是直接從歐洲傳過來的。我們這裏所謂國際化,主要是指經過意譯而包含着原詞的意義的詞和語。這些詞,可能是國際通用的詞,如"唯物、辯證、物理、化學"等;也可能雖然不是國際通用的詞,而有國際通用的意義範圍,例如"内容"這一個詞,在俄文是содержание,在英文是content,詞形雖然不同,意義是基本上一樣的。國際化的詞裏面,多數是拿千百年長時期中生存着的根詞作爲構成新詞的基礎的,例如漢語本來有"物"和"理"這兩個根詞,合成"物理"就構造一個新詞(古人所謂"物理"是另一回事);漢語本來有"飛"和"機"這兩個根詞,合成"飛機"就構成一個新詞。這些根詞的組合,是全民所容易同意的,没有必要在不同的方言中作出不同的翻譯。因此,它們打破了方言的隔閡,成爲天然的民族共同語。當然,咱們不能因爲語言國際化可以打破方言的隔閡,就企圖把基本詞彙也國際化了。語言國際化是爲了表示新的概念,至於"頭、臉、手、肩、走、跑"這一類的屬於基本詞類的詞,雖然各地的方言稱呼不同,由於它們不表示什麼新的概念,就没有必要也没有可能把它們國際化起來，事實上也没有人有過這種荒謬的企圖。但是，越來越多的國際化詞語總是有利於民族共同語的鞏固和標準語的建立。

爲什麽咱們還要學習古人語言中有生命的東西呢？毛主席説："由於我們没有努力學習語言，古人語言中的許多還有生氣的東西我們就没有充分的合理的利用。當然我們堅決反對去用已經死了的語彙和典故，這是確定了的，但是好的仍然有用的東西還是應該繼承。"①毛主席自己的文章就是學習古人語言中有生命的東西的典範。毛主席運用古人成語恰當到那種程度，令人感覺得像現代人民群衆的口語一樣的生動活潑。其中最令人驚歎的是"實事求是、有的放矢"等，毛主席把它們從古人的語言中拿出來，給予它們一樣新的涵義，使它們爲馬克思列寧主義服務。咱們要學習古人的語言，首先就是要學習毛主席那種學習古人語言的方法。

從前許多人對文言采取一種敵視的態度。此外還有一些人（包括我自己在内），對文言和白話存着"分家觀點"，以爲寫白話文就非純粹用口語不可，如果要寫文言文，就得純然用古人的詞彙和依照古人的語法（我嘲笑提倡文言文的人自己的文章就夾雜着現代人的口語和語法）。現在看起來，敵視態度和"分家觀點"都是不正確的。在白話文運動的時代，須要和封建地主的落後意識作鬥爭，他們企圖妨礙社會的發展，因而企圖妨礙語言的發展。他們的垂死掙扎和咱們的無情打擊都是自然的，可以理解的。現在文言文已經被打倒了（直到解放後纔算是完全打倒），咱們就應該回過頭來看看已經死去了的語彙和典故的後面還存在着哪些是有生命的東西。當然這裏所指的文言（不是文言文），是能代表古代語言的文言，至於代表封建地主階級習慣語的文言仍然是應該被掃除了的。

---

① 　毛澤東《反對黨八股》，《毛澤東選集》第一版第三卷第 859 頁。

　　就古語的運用來説，"舊瓶裝新酒"算是一種妙用。新概念用新詞來表示，那是正常的辦法，但是也容許有特殊情況。譬如説，古人有一個詞，它所代表的東西已經不存在了，而現代有一種新東西和它原來的意義有若干關係，就不妨借用它來表示這個新的概念，例如報紙上説："遊行隊伍由一千三百名鐵路工人組成的儀仗隊爲前導進入天安門廣場。"[①]"儀仗"這一個詞就是從古代詞彙中借用的，它已經有了新的涵義。它雖然不是人民群衆的口語，但是它一定能進入人民群衆的口語裏去。我們没有什麽理由創造一個新詞，更没有理由用一種迂迴法（periphrase）把它説成由口語中幾個詞合成的仂語，那樣是太囉嗦了。

　　古語的適當運用，也像國際化的詞語一樣，對於民族共同語和標準語來説，是一個有利的條件，因爲它也是能打破方言的隔閡而爲全民所瞭解的。

　　總括起來説，根據人民群衆的口語，采用國際化的語言，適當地運用古人語言中有生命的東西，這三個標準就是漢族標準語建立的標準。用一句話來説，標準語就應該是以北京話爲基礎的文學語言。

四

　　根據三個標準來建立標準語的時候，要防止三個偏向：第一個偏向是濫用俚語，第二個偏向是濫用外國語、亂用新名詞和仿用不恰當的譯文，第三個偏向是濫用古語。

　　標準語應該以北京話爲基礎，這並不等於説把北京話的全部詞彙，包括俚語在内，都接受過來，要求全國人民説話和北京人完全一樣。事實上没有這個可能和必要。北京話裏有些詞語是書面語言裏很少看見的，地方色彩太濃，不容易爲全民所瞭解，就不應

---

① 　新華社 1954 年 5 月 1 日電，5 月 3 日各報登載。

該接受來作爲標準語裏的詞和語。没有理由一定要把北京的"臥果兒"介紹給全國人民①。除了文藝作品的特殊需要之外(有了特殊需要,不但可以用北京的俚語,而且可以用任何方言中的某些詞語),標準語裏的北京詞彙應該祇限於已經爲全民所瞭解或容易爲全民所瞭解的詞語(例如"腦袋、脖子"等)。羅常培先生避免俚語的主張是正確的②。當然,在起初的時候,可能有詞彙貧乏化的現象,甚至許多生動活潑、富於形象的東西都被擱起來了。現在一般非北方話區域的人寫起文章來,特別是寫起文藝作品來,就容易犯這個毛病:自己的俚語不敢用,北方的俚語又不懂,於是自己的文章祇好讓它乾癟起來。對於這個缺點的補救,就要靠咱們的作家們的創造力量。如上文所説的,作家們應該從各地方言中吸收一些生動活潑、富於形象而又容易爲全民所瞭解的詞和語。同時,在標準語建立了之後,相信人民群衆也一定能根據標準語的基本詞彙,來創造許多新的、生動活潑的、富於形象的詞和語。

在語法方面,也應該注意規範化。我從前的語法理論,除了三品説犯了唯心論的錯誤之外,第二個大錯誤就是忽略了語法書的指導性,過分強調語言事實的客觀分析(這是必要的,但是祇憑客觀分析是不够的),而輕視規範化的工作。我祇知道把語言的結構方式當做青蛙來解剖③,而不知道爲什麽要解剖這個青蛙。近年來語法界有些同志或多或少地也犯了同樣的錯誤,喜歡在語法的一般規律中尋找一些例外,然後又把某些特殊的結構和一般的結構混爲一談。甚至於承認這樣也可以,那樣也可以。我覺得語法上的自然主義應該批判;必須使語法的工作對於標準語有所貢獻。

濫用外國語的偏向也必須防止。列寧曾經堅決反對濫用外國詞語。我們遵照列寧的教導,也反對用生吞活剥的方式,把外國詞

---

① "臥果兒"是湯麪裏放進一個去了殻但又不攪開的雞蛋。
② 《科學通報》3 卷 7 期第 423 頁。
③ 王了一《漢語語法綱要·導言》。

語塞進漢語裏來。俄語的吸收外語是采取接受原形的方式（當然字母的寫法和拼法有改變，並且往往加上俄語語法的約束），漢語的吸收外語，也有一種類似的情形，叫做音譯。嚴格説起來，音譯不能算是譯，也衹是采取接受原形的方式，不過因爲漢字不是拼音文字，所以好像是譯了。在口語裏，如果摻雜外國詞語，更不像譯。濫用外國語的極端的例子是像這樣的情況：當帝國主義者藉用教會的名義在中國實施奴化教育的時候，有一些教會學校的教師和學生平常談話都是中英詞語兼用，而且意義重複。譬如説："這對於他是 unfair 不公道的"，他"worked out 做出了一個計劃"等等。這簡直是浪費時間！另有一種情況也許是由於英文念得太熟了（？），也許是趕時髦，喜歡用一些英語的字眼來替代漢語的字眼，例如不説"尊重"而説 respect，不説"失望"而説 disappointed，不説"優先權"而説 priority 等。這些情況都衹在口語裏發現；書面語言裏是少見的。但也不是沒有，例如作者想寫某一句話，用得着某一個術語，一時想不出漢語裏該怎麼説，就索性把英文原詞寫上了。有時候還加上音譯，例如梁啟超把"靈感"譯成"煙士披里純"，抗戰以前有人把"揚棄"譯成"奧伏赫變"，把"獨裁者"譯成"狄克推多"等。我們不是絕對地反對音譯；有時候，適當的意譯的確不容易找，例如"咖啡"和"沙發"，到現在還沒有變爲意譯。但是，必須指出，意譯是正常的辦法，音譯衹是變通的辦法。如果濫用音譯，也就是濫用外國語，因爲那樣是表示漢語詞彙貧乏到了不能從基本詞彙的基礎上構成新詞。

　　意譯表現着漢族人民的民族自尊感。許多原來音譯的詞，後來都變了意譯。除了上面所舉的"煙士披里純"等之外，我們還舉得出許許多多的例子，例如"德律風"變了"電話"，"麥克風"變了"擴音器"，等等。衹有粵語的情況比較特殊。由於廣州接近香港，廣州話受了帶有殖民地色彩的香港話的傳染，音譯的詞特別多了些，例如"郵票"叫做"士擔"（stamp），"膠卷"（"軟片"）叫做"非

林"（film），"號碼"叫做"冧巴"（number，"冧"念"林"字的陰平），
"球"叫做"波"（ball），"襯衫"叫做"恤衫"（shirt 加"衫"，這不完全
是音譯）等。等到標準語推行了之後，這些現象一定會消滅在規範
化運動裏。就拿解放後來説，已經很少聽説有人再説"士擔"和"冧
巴"了。

　　新名詞和新術語的漢化（意譯）有這麼一個好處：就是新詞在
原有詞彙的基礎上構成，和舊詞的體系有密切的聯繫，使人民群衆
容易接受，容易瞭解，例如"電話"和"擴音器"至少可以猜想大約是
哪一類的東西，等到看見了那東西之後，更容易把概念和名詞聯繫
起來。

　　由於漢族人民的自尊感和漢語詞彙的豐富性，濫用外國語的
情形在中國並不多見。更常見的偏向是亂用新名詞和仿用不恰當
的譯文。

　　亂用新名詞，意思是説歪曲了原詞的意義。國際性的名詞術
語有一個好處，就是它們的涵義差不多是全世界一致的。因此，咱
們也就應該明白，它們的意義是不容許咱們隨便歪曲了的。近年
以來，常常看見有人誤用"觀念、範疇"之類的名詞術語。現在舉一
個典型的例子就是"詞彙"。"詞彙"的定義，斯大林下得最好，他
説："語言中所有的詞構成爲所謂語言的詞彙。"[1]其實如果呆板地
逐字翻譯斯大林的話，應該是："語言中所有一切的詞一塊兒構成
所謂語言的詞彙。""詞彙"就是某一語言中的詞的總和，它之所以
在漢語裏叫做"詞彙"，就是全部的詞都彙集在一塊兒的意思。最
初的時候，我們的前輩把英文的 vocabulary 和法文的 vocabulaire 等
翻譯做"字彙"，那也是頗爲恰當的譯名，因爲中國從前把小字典叫
做"字彙"，小字典的注解很簡單，但是它包括全部的字。這和俄語
正相巧合，因爲俄語的 словарь 正具有字典和詞彙兩種意義（後一

---

[1]　斯大林《馬克思主義與語言學問題》第 21 頁，人民出版社本。

種意義又叫做 словарный состав 及其他）。總之，詞彙和詞顯然是有分別的，它們代表着不同的兩個概念。這兩個概念現在竟被許多人混同起來了。"某人突擊俄文，在一個月内學會了兩千個詞彙！""某一部俄文字典包含着八萬個詞彙！"實際上，俄語雖然包含着幾十萬個詞，它總共祇擁有一個詞彙！我們怎麼能在俄語中學會了兩千個詞彙呢？一部字典也祇能包含一個詞彙，怎麼能包含八萬個詞彙呢？建立標準語，應該同時糾正這一類的偏向。

仿用不恰當的譯文，意思是説，依照漢語的習慣，本來没有這種説法，同時也有別的詞語能和外語原詞相對應或大致相對應，可惜翻譯家没有譯得恰當，而有些作家自己寫文章也就模仿起來了。應該肯定，對於現代漢語的發展，翻譯界是作出了巨大的貢獻的。上文所説的語言國際化的優點是和優秀的翻譯家的功勞分不開的。但是在某些翻譯作品裏也存在着一些缺點。在西洋語言裏，一個詞往往有幾個意義，這幾個意義在原來的國度裏，可能是細緻的分別，但是，拿漢語對譯起來，可能就是很大的分別了。而咱們的翻譯界有些同志並不去注意這些分別，祇是一個蘿蔔一個坑，把外國的某一個詞固定翻譯爲漢語的某一個詞。這樣就使漢語無端混亂起來。就拿俄語來説吧，серьёзный 這一個詞譯成漢語，至少有"嚴重、重大、重要、嚴肅"等幾個意義。李立三同志在他所譯斯大林的《馬克思主義與語言學問題》裏，正是把幾處的 серьёзный 分別譯成"嚴重、重大"和"重要"，而對於否定意義的 несерьёзный 則譯爲"不嚴肅"。但是，有些翻譯家並没有看重這些分別，特別是把頭兩個意義混同起來，一律譯成"嚴重"。影響所及，就產生了"嚴重的勝利"一類的説法，這是不合漢語的習慣的。又如 если 這一個詞，譯成漢語，至少有"如果"和"既然"這兩個意義。在上面説到的李立三同志的譯文裏，正是把各處的 если 分別譯爲"如果"和"既然"。譯成"既然"雖然不見得十分恰當（因爲缺乏更恰當的詞來譯它），至少是比一律譯成"如果"好多了。在漢語裏，"如果"表示一種假設，而俄語的 если 有時候並不表示假設，而是表示兩種事情的對比。一律譯爲"如果"，就會使一般人看不懂。有些人看懂了，就往往模仿譯文，在自己的文章裏用起那一個並沒有假設意義的"如果"來，這樣就在漢語裏造成了一種混亂的現象。希望中國多出一些像李立三同志那樣的優秀的翻譯家，不但能徹底看懂了原文，而且能用純潔而健康的漢語來進行翻譯。這樣，對於漢語的規範化是大有功勞的。

濫用古語的偏向也必須防止。適當地運用古語，是爲了充實和豐富現代漢語的詞彙，而不是爲了增加人民羣衆的負擔。凡是一種概念，已經是現代詞語所能表示的，就不必再用古代詞語來表示它。解放以後，咱們的報紙雜誌和書籍在這一方面有了一些進步。"抵京、蒞校"之類基本上是消滅了。但是，清除死語言的工作還是做得不够的。我在一份畫報上看見了一句"年事很高"，就想着爲什麼不説"年紀很大"呢？我在一張布告上看見了一句"會議行將結束"，就想着爲什麼不説"會議快要結束了"呢？就拿上文所舉的"遊行隊伍由一千三百名鐵路工人組成的儀仗隊爲前導"來説，爲什麼不説成"一千三百個鐵路工人組成的儀仗隊走在遊行隊伍的前面"呢？不適當地摻雜文言的字眼，會在廣播電影教育中發生不良的影響。人民羣衆聽不懂或聽不全，教育的效果就會降低。教科書和科學刊物對這一方面也值得注意。據我的印象，文學方面的東西就能比較口語化，科學方面的東西摻雜的文言就比較多些。拿初中的語文課本和地理課本一比較，就覺得在語文運用方面有很大的距離。希望以後不論文學界和科學界，都能够做到文章淺白，容易瞭解。一般説來，越淺白就越能够生動活潑。當然，我們並不反對學習古人語言中有生命的東西，這在上文已經説過了。

漢字改革對於防止濫用古語能起很大的作用。新的文字必須儘可能口語化，否則不容易爲人民羣衆所接受，因而不便於推行。

預料新文字實施了之後，文言的渣滓逐漸被淘汰了，人們不會再像魯迅所指斥的那樣地用文言字眼來"生造"詞語，也不會沿用很多死去了的、已經被現代詞語替代了的文言字眼。漢字改革的主要目的當然是減輕人民群衆學習文字的困難，更迅速地提高全民的文化水平，爲總路綫服務；但是除此之外，它的作用也還很多，像幫助標準語的形成，也是它的巨大作用之一。標準語的建立和新文字的實施，實際上是互相爲用的。

五

最後，我想談一談書面語言對於語言發展的重大意義。標準語首先是寄托在書面語言的基礎上。標準語的推行，不是采用強迫命令的方法，而是采用擴大影響的方法。首先要做到書面語言的規範化，來引導語言的發展。人造語言是不可能的；語言的發展，有它的內部規律。但是我們也應該知道，人類對於自然法則也不是無能爲力的。語言的規範化並不是空想，而是完全可以實現的事情。

過去我有一種錯誤的看法，以爲文字既然是語言的代用品，就祇有語言能够影響文字，文字不能反過來影響語言。現在知道我錯了。有聲語言固然可以影響書面語言，書面語言同樣地可以影響有聲語言。三十年來漢語發展的事實證明，有聲語言已經在很大的程度上跟着書面語言發展了。

廣播、電影和戲院的語言也和書面語言一樣地能起指導的作用。或者可以說，它的作用更多了一個方面，就是它能同時施行標準語音的教育。

標準語推行的道路，主要有四條：第一是書面語言的規範化，第二是廣播語言的規範化，第三是電影和舞臺語言的規範化，第四是要加強學校裏的語文教育，使它能够依照規範化的道路來進行。

咱們不要把標準和要求混爲一談。標準不妨定得高些；要求不妨定得低些。咱們不能要求全國一下子都能用標準語寫文章,尤其不能要求全國人一下子都能依照標準語音來説話,因爲方言的主要差別正是在於語音方面。但是咱們要有一個標準語作爲奮鬥的目標,作爲語言發展的方向。希望政府重視語言規範化的工作;希望中國科學院能領導標準語工作的進行。

原載《中國語文》1954 年 6 月號

邏輯和語言[①]

在社會生活中，人們要互相交際，交流思想，就必須運用邏輯和語言。邏輯和語言是既有聯繫又有區別的。認識這兩者的關係，會有助於我們自覺地選擇恰當的詞句來表達我們的思想，有助於我們從邏輯方面來分析不同詞句中所包含的思想，提高我們運用邏輯和語言的能力。

在這篇文章裏，擬就下列幾個問題作一些分析，這些問題是：思維和語言的統一性；思維和語言的區別；概念和詞；判斷和句子；推理和複句；思維的發展和語言的發展。

一、思維和語言的統一性

邏輯是關於思維的形式和規律的科學。要談邏輯和語言的關

[①] 邏輯和語言的問題所包括的範圍很廣，本文所講的邏輯和語言的關係，衹是講形式邏輯，而且主要衹是講演繹邏輯和語言的關係，也就是講概念、判斷、推理和語言的關係。

係,必須先談一談思維和語言的關係。

思維和語言是有機地聯繫着的,不可分割的。語言是在人的勞動過程中和思維一起產生的。沒有思維就沒有語言,"語言是思想的直接現實"①。假使人類沒有思想,則語言的存在不但沒有必要,而且沒有可能。沒有語言也沒有思維,思想"祇有在語言的材料底基礎上"纔能產生②。思維的過程實際上是一種自言自語,不過一般不發出聲音來罷了。

語言對人類思維的發展有着重大的意義。斯大林説:"有聲語言在人類歷史上是幫助人們從動物界劃分出來、結合成社會、發展自己的思維、組織社會生產、與自然力量作勝利鬥爭並達到我們今天所有的進步的力量之一。"③又説:"語言是直接與思維聯繫的,它把人的思維活動的結果,認識活動的成果,用詞及由詞組成的句子記錄下來,鞏固起來,這樣就使人類社會中思想交流成爲可能的了。"④這種"記錄"極爲重要,假使沒有詞和句子,人類思維活動的結果就無從繼承下來。恩格斯説:"'物質'和'運動'這樣的名詞無非是簡稱,我們就用這種簡稱把許多種不同的可以從感覺上感知的事物依照其共同的屬性把握住。"⑤生產越發展,科學越進步,人類的抽象活動能力就越高,我們在進行思維的時候,並不須要對每一事物的屬性都加以概括;由於文化的積累,概念都由詞記錄下來,像"物質、運動"等詞,它們吸收並保存了人類數千年來所獲得的知識。思維和語言的相互依存,由此得到很好的證明。

思維和語言是不可分割的,資產階級唯心主義者不承認這個真理。杜林説:"誰要是祇能通過語言來思維,那麼他就不懂得什麼是抽象的和純粹的思維。"恩格斯批評他説:"如果這樣,那麼動

① 馬克思、恩格斯《德意志意識形態》,《馬克思恩格斯全集》第三卷第 525 頁。

②③ 斯大林《馬克思主義與語言學問題》第 38、46 頁,人民出版社 1957 年。

④ 同上書,第 20 頁。"記錄"原譯"記載"。

⑤ 《自然辯證法》第 197 頁,人民出版社 1955 年。

物就是最抽象的、最純粹的思維者,因爲他們的思維永没有因語言的討厭的干涉而弄得模糊。"①法國唯心主義哲學家柏格森認爲,邏輯思維並不能幫助我們理解現實,同時以爲思想和詞是不相稱的,有了詞反而妨礙了思想的表達。

大家知道,馬爾也是把思維和語言分割開來的。馬爾認爲:人們的交際,不用語言,而藉助於完全擺脱語言的"自然物質"和完全擺脱"自然規範"的思維本身就可以辦到。斯大林説他陷入了唯心主義的泥坑②。

在中國,分割思維和語言的唯心主義觀點突出地表現在文字學上。漢字被認爲是一種表意文字,這個名稱容易令人産生一種錯覺,以爲漢字是直接表示概念的。有些文字學家在講述文字時透露了這種觀點,甚至明白表示了這種觀點。漢字如果是直接表示概念的,那麽人們的思想就不須通過語言來表達,同時也不須藉助於語言來進行思維。實際情況並不是這樣。漢字儘管不是拼音文字,它仍舊代表着有聲語言中的詞。它並没有脱離詞的中介而去直接表示概念。文字是語言的符號,文字被稱爲"書面語言",這個名稱是非常恰當的。我們寫文章的時候,所謂構思,實際上是正在進行默語;我們讀書的時候,即使是默讀,讀的也正是有聲語言中的詞。書面語言的出現,是人類文化上劃時代的一個歷史階段,它助成了人類思維的發展。但是它始終祇是有聲語言的代表,它不能直接表示概念。思維和語言的相互依存性仍然是不容否認的。

二、思維和語言的區别

語言和思維是統一的,但是我們不能把它們等同起來。資産階級唯心主義者或者是把兩者割裂開來,或者是把兩者等同起來。

---

① 恩格斯《反杜林論》第 85 頁,人民出版社 1956 年。
② 斯大林《馬克思主義與語言學問題》第 38 頁,人民出版社 1957 年。

割裂和等同,都是錯誤的。

等同的結果有兩種可能:或者是從邏輯出發,片面地強調人類邏輯思維的共同性,宣傳所謂普遍語法;或者是從語言出發,片面地強調民族語言的特點,硬說各民族的思維形式是互不相同的。

法國保爾-羅亞爾學派在 1662 年編寫了一部《保爾-羅亞爾邏輯》(又名《思維的藝術》),接着在 1664 年又編寫了一部《普遍語法》(全名是《普遍的合理的語法》)。這兩部書差不多同時出版,這不是偶然的。在保爾-羅亞爾學派看來,人類的邏輯思維既然是共同的,語法也應該是共同的,不合於人類的共同邏輯思維的也就是不合語法的。這種理論的影響很大。某些語法學家,即使不是直接受保爾-羅亞爾學派的影響,在唯心主義思想指導下,實際上也是這樣看待語法的。馬建忠在他的《馬氏文通》後序裏說:"鈞是人也,天皆賦以此心之所以能意,意之所以能達之理,則常探討畫革旁行諸國語言之源流,若希臘若辣丁之文詞而屬比之,見其字別種而句司字,所以聲其心而形其意者,皆有一定不易之律,而因以律夫吾經籍子史諸書,其大綱蓋無不同。於是因所同以同夫所不同者,是則此編之所以成也。"馬建忠看見了人類思維的共同性,這是正確的一面,但是由此推理出人類語法的普遍性,那就錯了。世界各國不同民族的語言,它的語法雖有某些類似或共通之處,但是各有它的特點;特別是不同語系的語法,其間的差別更大。語言學家研究語言的種類越多,越證明了所謂普遍語法是不存在的。

每一民族語言有它自己的特點,這是事實。唯心主義語義學派却由此認爲,各個民族之間,不但在語言形式上是有差別的,而且在思維形式上也是有差別的。這樣,唯心主義語義學派在各民族間建立了圍墙,似乎民族間的思想交流是不可能的。實際上,語言和語言之間,思想表達方式的不同,主要是語言的民族風格的問題,而不是思維形式本身有什麼不同。

馬克思主義認爲:思維的形式和規律是世界各民族所共同

的。不同的民族,祇要正確地運用思維的形式和規律,它們就可以相互交流思想、翻譯彼此的語言。馬克思主義又認爲:語言的形式和規律是富有民族特點的。斯大林説:"共同的語言是民族的特徵之一。"①語言的民族特點是歷史的産物。因此,在不同源的語言之間,差別很大;在同源的語言之間,差別就小些;"近親"的語言,差別就更小一些。同一語言,在不同的歷史時期,也各自有其特點。這就是説,在民族特點的基礎上還要加上歷史特點。把不同民族、不同時期的語法歸結爲同一類型,這是缺乏歷史主義觀點的。總之,把思維和語言等同起來是錯誤的,把邏輯和語法等同起來也是錯誤的。

三、概念和詞

概念和詞是密切聯繫着的,但是不能混爲一談。

概念由詞記録下來,鞏固起來。正如離開了語言就没有思維一樣,離開了詞就没有概念。每一個概念都有一個詞或詞組跟它相當。

但是,我們不能倒過來説,每一個詞都有一個概念跟它相當。有些詞並不代表概念。代表概念的詞是能充當邏輯主語和邏輯謂語的詞,即語法上所謂實詞;不代表概念的詞是不能充當邏輯主語和邏輯謂語的詞,即語法上所謂虚詞。虚詞如介詞、連詞、歎詞以及語氣詞等,它們是所謂語法成分。虚詞的作用在於表示詞與詞的關係(介詞)、句與句的關係(連詞)、説話人對語句所表達的事情的態度(語氣詞),甚至祇表示感歎的聲音(歎詞),它們在句子中祇起輔助作用,而不能獨立地指稱事物、性質和行爲。從邏輯方面看,虚詞是在判斷和推理中纔用得着的,它並不是一個概念②。不過,虚詞在詞彙中只佔很少的數量,所以我們仍舊可以説,詞一般

---

① 《馬克思主義和民族問題》,《斯大林全集》第二卷第292頁,人民出版社1953年。
② 這一個問題是存在着爭論的。

是代表概念的。

概念和詞的關係是相當複雜的。同一個詞可以在不同的上下文表示不同的概念，這是所謂多義詞，例如漢語中"伐木"的"伐"不同於"討伐"的"伐"，"風雨"的"風"不同於"作風"的"風"。同一個概念也可以用不同的詞來表示，這是所謂同義詞，例如"肥皂"又叫"胰子"，"衣服"又叫"衣裳"。一個概念可以用一個詞表示，也可以用一群詞（詞組）表示，例如"帝國主義"是一個詞，"資本主義的最高和最後的階段"是一個詞組。詞又可以帶着感情色彩，如褒義詞、貶義詞、愛稱等。這些感情色彩是超出了概念的範圍之外的。

概念的語言表現形式是隨民族而不同的，每一種語言都具有自己的語音特點和語法特點。概念和詞的根本區別就在這裏，詞通過概念反映客觀現實，詞義不可能是任意的。但是，具體語言中的一個詞，其所以采用這個語言形式而不采用別的語言形式，從最初形成的情況説，則不可能不是任意的。唯心主義語義學派把語言和思維等同起來，由語言的任意性引出反動的結論，以爲詞義也是任意的，是人們從意識中臆造出來的，不能反映客觀現實。這是爲帝國主義服務的反動學説，是反科學的學説①。但是，如果因爲詞義不是任意的，從而得出結論，以爲語音也不是任意的，那又錯了。解放前有一位江謙先生寫了一部《説音》，企圖證明語音和詞義的關係不是任意的。他説："然外國語亦世界方言耳，以心理生理之同，而因聲托意，不能無合同之點。此殆所謂自然者非耶?"②這種觀點是完全錯誤的。不過，語音、語法的任意性也衹是就其來源而論，至於詞的形式在語言中固定下來以後，它也就不再是任意

---

① 參看張世英《美國現代資産階級哲學的主要流派:邏輯實證論——語義學唯心主義》，《人民日報》1961 年 8 月 4 日第七版。

② 江謙《説音》第 28 頁，中華書局 1936 年。著者拿英語和漢語比較，找出"易知而音訓通"的詞 175 個爲例，其中有 away：違、back：背、book：簿、dish：碟、ear：耳、easy：易、father：父、few：微、fly：飛、give：給、like：類、man：民、pair：匹、soon：速、table：檯、we：吾、word：文、yes：俞、yet：抑，等等。

的了。因此，詞的語音特點和語法特點必須認爲是民族的歷史產物；各民族有自己的歷史，也就有自己的語音特點和語法特點。

由於概念在民族間是共同的或相通的，語言的翻譯纔成爲可能；由於具體的詞在民族間是采取不同的語言形式的，語言的翻譯纔成爲必要。在翻譯的問題上，概念和詞的區別是非常明顯的。

某些具體概念也有民族特點。主要是外延廣狹的不同。某一概念在甲語言裏是外延較狹的，譯成乙語言可能是外延較廣的，例如漢語的"兄"，在俄語裏是 старший брат，在英語裏是 elder brother，在法語裏是 frère aîné；漢語的"弟"，在俄語裏是 младший брат，在英語裏是 younger brother，在法語裏是 frère cadet。在這一類詞上，在漢語裏衹用一個詞來表示，在俄語、英語、法語裏須用兩個詞來表示。"兄"和"弟"的外延較狹，內涵較深，брат 的外延較廣，內涵較淺，所以不能一致。有時候，甲語言裏的幾個概念，譯成乙語言還衹有現成的一個概念跟它們相當，粗譯，這樣對譯也就算了；如果要求譯得精確，就不能不再加定語，例如漢語的"稻、穀、米、飯"，譯成俄語、英語、法語都衹有一個詞跟它們相當（рис、rice、riz），如果要譯得精確，衹能把"稻"譯成"連根的 рис"，把"穀"（南方人所謂"穀"）譯成"帶殼的 рис"，把"米"譯成"去殼的 рис"，把飯譯成"煮熟的 рис"。有時候，在甲語言裏是兩個獨立的概念，在乙語言裏衹是一個概念，例如俄語的 крыса、мышь，英語的 rat、mouse，法語的 rat、souris，在漢語裏衹有一個"老鼠"跟它們相當。如果要區別開來，只好譯成"大種的老鼠"和"小種的老鼠"。"兄、弟"和 брат 的比較，"稻、穀、米、飯"和 рис 的比較，是外延廣狹的問題；крыса、мышь 和"老鼠"的比較，在説俄語、英語、法語的人看來，這是兩個不同的概念，不是外延廣狹的問題，但在説漢語的人看來，仍舊是外延廣狹的問題。

在動詞和形容詞方面，如果拿不同語系的語言作比較，也都有一些概念交叉的現象。這裏不討論了。

　　某些具體概念的民族特點也是歷史形成的。對於某些語言現象,可以從民族的社會特點或生產特點去追溯它們的原因。漢族宗法制度的特點之一是長幼有序,所以兄弟必須分別清楚。漢族以稻爲主要穀物,所以有必要把種在地裏的、收在倉裏的、碾過的、煮熟的,一一區別開來。越南的社會特點和生產特點和漢族近似,所以在越南語裏,兄弟區別爲 anh、em①,稻區別爲 lúa(稻、穀)、gạo(米)、cơm(飯)。當然我們也要注意語系的關係。"兄弟"這個概念在印歐語裏自始就是單一的,它的原始形式假定是 bhrǎtor(梵語bhrātar),這就説明了爲什麽在俄、英、法等語裏不但概念一致,連語音也是有着對應規律的。

　　這一切都不妨害這樣一個論斷:概念在民族間是共同的或相通的。概念是反映客觀現實的,不可能是隨民族而異的。外延的廣狹,内涵的深淺,以及概念的交叉,這些都是各民族語言獨立發展的自然結果,不是本質的差別。

四、判斷和句子

　　判斷和句子的關係,也是互相聯繫而又互相區別的。

　　首先在邏輯和語法這兩門科學所用的術語上,我們可以看得出判斷和句子的密切關係。"命題"本是邏輯學的術語,在拉丁語是 propositio,原意是擺在前面、擺在眼前。英語保留 proposition 作爲邏輯學的術語,專指判斷的語言形式,即"命題",而對於"句子"則稱爲 sentence,這樣就把邏輯學上的"命題"和語法學上的"句子"區別開了。但並不是所有的語言都這樣區別開的。法語除了用 phrase 來指稱"句子"之外,還用 proposition 來指稱"分句";至於法國人所謂獨立的 proposition,實際上就是獨立的"句子"。俄語用предложение 摹寫了 propositio,索性把"命題"和"句子"合而爲

---

① 　em 又表示"妹"。"妹"也可以稱爲 em gái,即"女弟",以區別於"弟"。

一。“主語”在拉丁語是 subjectum，原意是擺在下面的東西；“謂語”在拉丁語是 prædicatum，原意是説出來的東西。英語的 subject、predicate，法語的 sujet、prédicat 都是同時用作邏輯術語和語法術語的。俄語既繼承了拉丁語，説成 субъект、преликат，又摹寫了拉丁語，説成 подлежащее、сказуелмое，這樣正好成爲兩套，拿前一套作爲邏輯術語，後一套作爲語法術語。但是，在蘇聯的邏輯學界，這兩套術語也不是截然分開的。至於“繫詞”，無論英語、法語、俄語，都是兼用於邏輯和語法的，不過俄語在語法上用得更爲常見罷了[1]。這些術語的通用，一方面説明了兩門科學的歷史瓜葛，另一方面也説明了判斷和句子之間的確有它們的共同之點。

蘇聯的邏輯學教科書往往強調判斷成分和句子成分之間的差別。這是由於俄語語法上所謂“謂語”與邏輯上所謂“謂語”的定義不完全符合，又有“邏輯主語”和“語法主語”的差別，所以這種辨別是重要的。在漢語裏，這個問題是次要的。

依照一般邏輯教科書的説法，每一個判斷都包括三個部分：主語、謂語和繫詞，例如“帝國主義是資本主義的最高和最後的階段”，這是一個判斷，其中的“帝國主義”是主語，“資本主義的最高和最後的階段”是謂語，“是”是繫詞。在漢語裏，繫詞一般是用“是”字表示的。現在我們要問：是不是每一個判斷和句子都必須包括主語、繫詞、謂語這三個部分呢？換句話説，是不是一定要有繫詞呢？在判斷和句子的關係上，這倒是一個重要的問題。

在歷史上，許多邏輯學家把邏輯和語法混爲一談，他們認爲，不但每一個判斷應該包括這三個部分，而且每一個句子也應該包括這三個部分。他們把動詞分爲兩類：一類叫做存在動詞，就是繫

---

[1]　這些術語在漢語裏的譯名是相當混亂的。同是一個 predicate，在邏輯學上譯爲“賓詞”，在語法學上譯爲“謂語”。在語法學上也有人譯爲“賓詞”的，例如李立三同志在《馬克思主義與語言學問題》中把 сказуемое 譯爲“賓詞”。此外，無論在邏輯學上或語法學上也都有譯成“述語”的。這種混亂現象必須改變過來。

詞"是"字;另一類叫做屬性動詞,指的是一般動詞。後者之所以被認爲屬性動詞,是因爲在這些邏輯學家看來,這種動詞一方面表示主語的屬性,一方面還隱藏着"是"字,例如"鳥飛"應該瞭解爲"鳥是飛","馬跑"應該瞭解爲"馬是跑","我愛"應該瞭解爲"我是愛","你聽"應該瞭解爲"你是聽"。這種解釋是違反語言實際的。直到今天,還有人在講邏輯的時候,以爲在沒有繫詞的句子裏必須把繫詞補充起來,然後成爲判斷形式,例如"美國侵略古巴"應該瞭解爲"美國是侵略古巴的國家"。這也是不符合語言實際的,這兩句的涵義並不是完全相等的。

我們可以舉出大量的語言事實來證明句子並不是必須有繫詞的,甚至在所謂名句(以名詞或形容詞作謂語的句子)中,也不一定用繫詞。在上古漢語裏,"鄉原,德之賊也"這一類句子是典型的名句,其中並沒有繫詞。即以印歐語而論,印歐語正常的名句是不用繫詞的,梵語和古希臘語的名句一般都不用繫詞;直到今天的俄語,現在時的"是"字在口語裏是不用的,尤其是第三人稱複數現在時的 суть,在現代文學語言裏早已不用,所以有的邏輯學家認爲祇能在判斷的公式裏用它,不能在舉實例時用它。至於所謂動句,更是和繫詞風馬牛不相及。我們說"美國侵略古巴"祇是肯定了侵略這一件事實,並不須要把"侵略"認爲隱含着繫詞,也不須要補充什麼繫詞。

判斷三分法是亞里士多德傳下來的傳統邏輯公式,其實現代邏輯學家也有使用二分法的,那就是像現代漢語語法書上所說的那樣,把判斷祇分爲主語和謂語兩部分,如果有"是"字,也把它歸到謂語裏去,這樣,判斷的形式(命題)就和句子的形式一致起來了。

我個人認爲,在判斷的公式中放一個繫詞是完全合理的,祇是不要把繫詞看得太死,不要在沒有繫詞的實例中硬說它隱含着繫詞或省略了繫詞。繫詞的原意是在兩個概念中間建立關係,是表示肯定這個關係(若加否定詞則是否定這種關係)。公式中放着這個繫詞,正是表示邏輯思維的形式,但若硬塞到具體句子裏來就不對了。在這裏,我們可以明顯地看出判斷和句子的聯繫和區別。

所有的判斷都必須表現爲句子的形式,這是肯定了的;思維不能離開語言而存在,判斷也就不能離開句子而存在。現在我們倒過來問:是不是所有的句子都表示判斷呢? 這是一個比較複雜的問題。

邏輯所研究的是人類思維的形式和規律,它不關心表現情感和意志的語言形式。因此,純粹的感歎句如"天哪!"祈使句如"來吧!""請你倒杯茶我喝!"都不構成判斷。純粹的疑問句如"他是誰?""今天星期幾?""他是從什麼地方來的?"也都不構成判斷。感歎句、祈使句、疑問句之所以不構成判斷,是因爲這些句子所表達的無所謂真實和虛假。如果是無疑而問的反詰句或帶着肯定意味或否定意味的感歎句,自然又當別論。這樣一來,一般衹有直陳句可以充當邏輯學上的命題。有些邏輯學家還認爲,並不是所有的直陳句都表示判斷,例如詩歌和小説中的形象描寫,就很難説它是判斷。由此看來,判斷和句子的區別還是相當大的。

判斷沒有民族特點,而句子則是有民族特點的。前面説過,就許多語言的實際情況來看,命題中的繫詞是可有可無的,甚至是沒有的。邏輯學上所謂命題在很大程度上取消了民族特點,使各民族語言多樣化的句子成爲同一的類型。"所有的 s 都是 p""任何一個 s 都不是 p""有些 s 是 p""有些 s 不是 p""s 或者是 p,或者是 p_1""s 或 s_1 是 p"等等,其中有些命題在漢語口語中説出是相當彆扭的。邏輯學上所謂命題一般都用現在時,語言的時的變化不能充分表現出來,又沒有分詞,沒有被動式等等。語言的語法範疇和各種感情色彩都不是判斷所關心的。這樣就更加突出了判斷和句子的區別。在概念和詞的關係上,語音最富於民族特點,語法的民族特點不很多,甚至沒有什麼民族特點;在判斷和句子的關

係上,語法最富於民族特點,至於語音的民族特點,那不過是伴隨
着語法而來的(如語調等)罷了。

五、推理和複句

推理是和複句或句群相當的。不是任何句子擺在一起都能構
成推理。推理要有連貫性。

在推理的問題上,思維形式和語言的統一性最大,但是也還不
能完全等同起來。就拿演繹推理來說吧。大家知道,在日常談話
中,甚至在正式的文件中,用的常常是簡略的推理,略去大前提、小
前提,或者是略去結論。尤其是前兩種情況最爲常見。略去大前
提的推理,常常是把結論放在前面,例如:"我們反對現代修正主
義,因爲現代修正主義是爲帝國主義服務的。"當然結論也可以放
在後面,例如:"現代修正主義是爲帝國主義服務的,所以我們反對
現代修正主義。"略去小前提的推理,例如:"超額完成生產計劃的
人應該受到表揚,所以我們表揚他們。"至於略去結論的推理,在書
面語言中是比較少見的,在日常談話中則比較多見,例如:"星期一
上課,今天星期一。"

推理在語法中的表現也有一些民族特點。漢語裏的按斷句和
申說句都是略去大前提的推理,它們不用連詞"所以"和"因爲",而
且詞句也不完全合於邏輯公式,例如《紅旗譜》327 頁:"你是黨教
育出來的孩子,黨不能放開你不管。"這是漢語裏的按斷句,沒有用
"所以"。又如《紅旗譜》177 頁:"兄弟去探獄,也被逮住了;兄弟也
是共產黨員。"這是漢語裏的申說句,沒有用"因爲"。按斷句和申
說句,又往往用反詰句來表示,例如《紅旗譜》3 頁:"不是咱自個兒
事情,管的那麼寬了幹嗎?"又如《紅旗譜》181 頁:"天黑了,還去幹
嗎?"有些推理在口語裏采用一種非常靈活的方式,不但不具備三
段論法的形式,甚至判斷的形式也不完全,例如:"可不是嗎? 幹就
得像個幹的樣子,都是小伙子。"邏輯學家也許不承認這是推理,但

這是人民群衆的日常推理方式。邏輯推理和具體語言的區别，在這裏又得到了證明。

六、思維的發展和語言的發展

最後，我想談一談邏輯思維的發展和語言的發展。這個問題太大了，這裏要談的祇限於邏輯思維的發展在語言中的反映。在這個較狹小的範圍内，也祇能舉若干實例作一些分析。

隨着社會的發展、生産的發展、科學的發展，人類的邏輯思維是逐步向前發展的。語言的發展，在一定程度上也反映了邏輯思維的發展。但是，我們不能把問題簡單化了，有些語言事實的演變祇能從它的内部發展規律去説明，或者從社會對語言的影響去説明，而不能認爲是邏輯思維的發展在語言中的反映。

概念外延的廣狹，常常是反映了社會的需要（參看上文），我們不能説，外延較狹的概念是高級思維，反映到語言裏成爲詞彙豐富的語言。例如從前有人説英語能把鬍子分爲 beard（下鬍子）和 moustache（上鬍子），這就證明了英語的詞彙豐富，表現力强，爲漢語所不及。這種看法顯然是錯誤的。鬍子要不要區别爲更細的概念，這完全是由於社會交際的需要。漢族男子在古代還没有剃鬍子的風俗。古樂府《陌上桑》説“行者見羅敷，下擔捋髭鬚”，可見這些挑着擔子走路的男子都是有鬍子的。鬍子長得好，算是美男子的特點之一，所以《漢書》稱漢高祖“美鬚髯”，《三國志》也稱關羽“美鬚髯”。鬍子對古代漢族是那樣重要，所以在語言表現爲三種鬍子：嘴脣上邊的叫“髭”，下巴底下的叫“鬚”，兩邊的連腮鬍子叫“髯”。到了後代，中年以上纔留鬍子。至於現代，老年也不一定留鬍子，因此，就没有必要分爲三種鬍子了。我們不能由此得出結論説，英語（以及其他西洋語言）比漢語更富於表現力，更不能説，古人的邏輯思維比現代更加高級。

繫詞的産生也絲毫不能證明邏輯思維的發展。先秦時代漢語有没有繫詞,這一個問題雖然還有一些爭論,但是,先秦的判斷句(以名詞爲謂語的句子)一般不用繫詞,則是無可否認的事實。有人説,漢族到了春秋戰國時代,思想已經很發達了,不應該還没有繫詞。也有人企圖從漢語繫詞的從無到有的情況下去尋找思維發展的綫索。事實上,漢語繫詞的從無到有,祇是漢語按照内部發展規律而發展的結果,和邏輯思維的發展無關。否則很容易得出結論説有繫詞的語言是高級語言,没有繫詞的語言是低級的語言。事實上,我們要看語言的發展與否,應該以它能否表達豐富嚴密的思想爲標準,而不應該以缺乏某種語言形式爲標準。今天的俄語應該説是够豐富嚴密的了,但是它在名句的現在時是一般不用繫詞的。今天的漢語也應該説是够豐富嚴密的了,但是它祇在判斷句用了繫詞,而在描寫句(以形容詞爲謂語的)則至今還是不用繫詞。一種語言是否有繫詞,決定於民族特點和歷史特點;如果認爲人類邏輯思維發展到了較高階段就會有繫詞出現,那是不正確的。

但是,人類的邏輯思維終究是隨着社會的發展而發展的,我們如果不承認這一點,那也是不對的。

大家知道,演繹推理有一個"所以",這個"所以"在古代漢語裏表現爲"故"字。這種"故"字,並非經常表現着演繹推理的,特別是在先秦時代。《論語·季氏》篇有這樣的一段:"丘也聞有國有家者,不患寡而患不均,不患貧而患不安。蓋均無貧,和無寡,安無傾。夫如是,故遠人不服,則修文德以來之。既來之,則安之。"邢昺説:"夫政教能均平和安如此,故遠方之人有不服者,則當修文德,使遠人慕其往化而來,遠人既來,當以恩惠安存之。"[①]由此看來,"均平和安"是被看做是"修文德"的前提的,而從演繹邏輯看,"均平和安"實際上不能成爲"修文德"的前提。這種語句,意思是可以看懂的,但是從形式邏輯的觀點看,則是缺乏邏輯性的。漢代

---

① 見《十三經注疏》下册第 2521 頁,世界書局 1935 年。

以後,特別是唐宋以後,這種情況漸漸減少了,人們的邏輯思維是逐漸發展了。

語言的概括性和連貫性的逐步增強,也是人們邏輯思維逐步趨於完善的重要標誌之一。在漢語史上有許多例子足資證明。這篇文章祇講概念、判斷、推理和語言之間的關係,所以關於語言的概括性和連貫性的問題就不再談了。

原載《紅旗》1961 年第 17 期

漢越語研究

一、小　引

　　1939 年秋天至 1940 年夏天，我因爲得清華大學準我休假，在河内遠東學院（Ecole française d' Extrême-Orient）做了一年的研究工作。除了閲讀一般關於東方語言的著作之外，特別注重漢越語的研究工作。關於漢越語（Sino-annamite），我寫了一本筆記。1940年秋天，我在西南聯合大學開這一門功課；1947 年，我在中山大學文科研究所也開這一門功課。我始終没有敢把它寫成一本書或一篇文章，因爲我以爲短短一年的研究是不够的，希望將來有機會再到越南去繼續研究。但是，那種機會是很不容易得到的；現在我想先把它寫成一篇文章，留待將來補充和修正。

　　因爲印刷的不便，許多特別的字體都不得不改爲普通的字體（詳見下文）；遇必要時，另用影印的附頁。這種苟且遷就的辦法，在這年頭，大約是能邀讀者原諒的。

二、越語概説

古時的越南王國東邊和南邊濱海,北邊是中國,西邊是老撾和柬埔寨(老撾靠北,佔西邊的一大半;柬埔寨靠南,佔西邊的一小半)。老撾是泰語的區域,柬埔寨是蒙高棉語(Mon-khmer)的區域。因此,越語在地理上和三種語言接觸:第一是漢語;第二是泰語;第三是蒙高棉語。

與越語顯然同一語言系統者,則有芒語。芒語是芒人(Muong)的語言,流行於東京西部及越南北部的山林間。"芒"字就是山裏人的意思。

越語本身也頗複雜。没有人把它細分爲若干種方言,但是我們認爲大致可以分爲兩系:(1)北圻和南圻爲一系;(2)中圻自爲一系。北圻和南圻距離較遠,爲什麽語言倒反較爲近似呢? 據馬伯樂(H.Maspéro)的研究,南圻的越南人多數是從北圻的平定遷移來的,所以南圻和北圻的語言相近。中圻多存古音;非但元音有許多古代痕迹,即以輔音而論,古代許多清音字在北圻和南圻已變爲濁音的,在中圻仍能保存着它們的清音,又如複輔音 tl 之類,中圻有些地方尚能保存。甚至語彙方面,也顯得北圻和南圻是一派,中圻自成一派,例如"爲"字,在北圻和南圻是 lam^2,而在中圻是 $mən^2$。

越語受三種語言的影響最深:漢語;泰語;蒙高棉語。換句話説,越語裏面有一部分字是從漢語來的,另一部分是從泰語來的,而從蒙高棉語來的字亦復不少。蒙高棉語和泰語是顯然不同系屬的;它和漢語也没有親屬關係。至於漢語和泰語,普通認爲同屬於漢藏語系,但馬伯樂還認爲證據不足。如果我們認爲漢語、泰語和蒙高棉語是三個不同的系統,那麽,到底哪一個系統是越語的來源呢?

首先我們要説,漢語不可能是越語的親屬。越語裏所容納漢語的語彙是很豐富的,尤其是在書報上。但是,大批漢字輸入越南乃是第十世紀的事,可見在第十世紀以前越語裏的漢字很少。有些字,是越語、泰語和漢語所同有的(形式上有不同而已),在此情形之下,越語的形式總是比較地接近泰語。除非先認泰語和漢語爲同系,否則我們是没法子承認越語和漢語爲同系的。依語言學上的通則,語彙的借用無論多到什麼程度,都不能改變某一種語言的系屬。最重要的還是從語法方面去證明:單就形容詞放在其所限制的名詞的後面這一點而論,越語是接近泰語和蒙高棉語的。

　　有些語言學家認爲越語和蒙高棉語同系;Przyluski 就是這一派,他把越語和蒙高棉語都歸入南亞語系(見 Les Langues du Wonde)。實際上,蒙高棉語彙在越語裏很多,而且是常用語。數目字完全是由蒙高棉語來的。下列這些常用字也都出於蒙高棉語(下文簡稱高棉語):

trɐi²	天	dət⁵	地	song¹	河
giɔ⁵	風	mya¹	雨	trʌng¹	月
nyɐc⁵	水	səm⁵	雷	da⁵	石
chim¹	鳥	lua⁵	稻	nɔn⁵	笠
mʌt⁶	臉	chən¹	脚	cʌm²	下巴
cɔn¹	子女	chau⁵	孫,姪,甥	mui⁴	鼻
chɐp⁵	電	lya³	火	muoi⁵	鹽
den²	燈	la⁵	葉	chuoi⁵	香蕉
mʌng¹	笋	chɔ⁵	狗	kɛ³	誰
dɔ⁵	那裏	mot⁶	一	nʌm¹	五
nʌc⁶	穿衣服	mang¹	抬	de³	放置
dan¹	編織	chet⁵	死	chay⁶	跑
cɔng¹	彎曲				

爲了印刷的便利,字體稍有變更,下文將有詳細説明。

但是,除了數目字之外,没有一類的事物是完全由高棉語構成的,多少總有些泰語的字摻雜在裏頭,例如"風、雨"雖來自高棉語,而"霧"($mɔc^6$)却出於泰語;"河"雖來自高棉語,而"田"($dong^2$)却出於泰語;"臉、脚"雖來自高棉語,而"背"($lyng^1$)、"肚"($bung^6$)、"胸"(yc^5)、"頸"(co^3)却出於泰語;"稻"雖來自高棉語,而"米"(gao^6)却出於泰語;"鳥"雖來自高棉語,而"雞"(ga^2)、"鴨"(vit^6)却出於泰語。

再説,除了語彙的比較之外,越語就没有什麼像高棉語的了。在高棉語裏,字尾 s、h、l、r,很多,而越語則完全没有(因此,許多越南人把法文字尾 l 讀成 n,例如 ciel 讀爲 cien)。在語法上,也很不相似:高棉語有些詞頭(prefixes)和詞腹(infixes),它們表示使成式(causative)、主動式(active)、被動式(passive)等,越語則完全没有,尤其是詞腹不能説是有。

還有一個最重要的論據,令我們不能相信越語和高棉語是同系的,就是高棉語没有聲調的分别。現在大家承認,東方各語言的聲調的來源是很古的,如果它們有聲調的話;而高棉語是没有聲調的(意思是説,它不是以聲調的不同去表示語義的不同)。越南人把高棉語的語彙借了來,然後在每一個字的上頭,加上了一個聲調。這種情形,可以叫做蒙語越化。我們如果假定越語最初本是出自高棉語,後來因受漢語和泰語的影響,纔有聲調的産生,則這個假設是很靠不住的。譬如高棉語受暹羅語的影響很大,借用暹羅字很多,爲什麼它並未因此而產生了聲調呢?

由上文看來,越語決不是由高棉語來的。相反地,它在各方面都和泰語相近。據馬伯樂説,二者的聲調系統和語音系統都特别相似。那麼,越語就是泰語的一支嗎?據馬伯樂説,現在也不能十分斷定,因爲苗瑶等語還没有研究,泰語和高棉語的研究也不够細,連漢語方言的研究也還不够。不過,越語的近代形式大部分顯然是受泰語的影響最深,假使我們必須從漢語、高棉語和泰語三種語言當中選擇一種認爲越語的親屬，那麼，我們是傾向於選擇泰語的。

越南在没有淪爲法國殖民地以前，正式的文字就是漢文；文人們另爲土話造出一種越字，叫做字喃（詳見下文第八節）。但是，距今六七十年以前，西洋教士們在越南傳教的時候，已經替越南人製造好幾種標音文字，其中有葡萄牙籍神父 Alexandre de Rhodes 所創造的越語羅馬字是被認爲最合用的。法國吞併了越南之後，就采用它爲國語（其實該稱爲國語羅馬字），替代原來的漢字和字喃。國語字母不能按照一字表一音的原則，又有些奇怪的字母，所以在1906 年前後，有伯希和（Pelliot）等人建議修改，終於敵不過保守派，所以改不成。Rhodes 對於越語的語音系統是研究得很精確的；至於用什麼字母去表示什麼音，在學術的價值上看來，倒反是次要的了。

依照國語來分析，越語的語音系統如下：

(1)輔音二十二個

　雙脣音兩個：b、m

　脣齒音兩個：ph（讀如 f‘）、v

　齒音六個：　t、th（讀如 t‘）、đ（讀如 d）、n、x（讀如 s）、d（讀如 z）

　邊音一個：　l

　顫音一個：　r

　捲舌音兩個：tr（讀如 tʂ）、s（讀如 ʂ）

　舌面音三個：ch（讀如 tɕ，在字尾則讀如 ȶ）、gi（讀如 ʑ）、nh（讀如 ɲ）

　舌根音四個：k（在 i、y、e 前寫作 k，在 a、o、u 之前寫作 c，在代表 kw 時寫作 qu）、kh、g（在 i、y、e 前寫作 gh，其餘寫作 g）、ng（在 i、y、e 前寫作 ngh，其餘寫作 ng）

　　喉音一個：　h

　　d 和 gi 的分別祇是理論的；實際上，恐怕各地都混同了，例如
"皮"字，本該寫作 da，但是有許多人寫作 gia，可見實際語音裏 da
和 gia 是分不清的了。gi-在別的元音之前祇等於[ʐ]（g+i＝ʐ），d
在理論上等於[z]；但[ʐ]和[z]是可以互換的。河內對於 d 和 gi-
往往一律讀成[ʐ]。

　　ch 和 tr 在北圻沒有分別；凡 tr 在北圻都讀成 cn，例如"傳"字，
本該寫作 truyên，但也可以寫作 chuyên。但是，在中圻和南圻，ch
和 tr 還是有分別的。

　　x 和 s 在北圻沒有分別，都讀成[s]。但它們在中圻和南圻是
有分別的。

　　r 在北圻讀與 d、gi 同（即讀作[ʐ]）；中圻 r 讀成[ʒ]，南圻 r 即
讀[r]，不與 d、gi 混。

　　l 和 n，在北圻有些地方是相混的。

　　ch 和 x 在 a、o、u 前往往讀成[ts]和[s]。在越語裏，[t'][k']
的吐氣極重，不像漢語的吐氣音；[f']更爲特別，這是吐氣極重的
f。[t]音極緊（硬），不像北京的[t]那樣鬆（軟）。v 音極近[w]，很
不像吳語的 v。

　　在上述的二十二個輔音裏，祇有兩個是我們在下文要改爲另
一寫法的，就是 đ 和 d。前者既然代表[d]音，我們索性就寫作 d，
例如 đi（去），改寫爲 di。後者既然代表[z]音，我們索性就寫作 z，
例如 di（移），改寫爲 zi。其餘的越語羅馬字雖也有些不很合理的
地方，但於印刷上並無不便，就不必更動了。

　　（2）元音十一個

　　前元音五個：i(y)、ê、e、a、ă

　　後元音三個：o、ô、u

　　混元音三個：ư（讀如[ɯ]）、â（讀如[ə]）、ơ（讀如[ɤ]）

　　ê 是一個極閉（極高）的[e]，e 在輔音前是個[ɛ]，在字尾是個

[ɛ]，有時竟近於[æ]。

　　ă 和 â 永不獨用爲韻母；它們的後面是必須帶着 i、y，或 o、u，或 m、n、nh、ng、p、t、ch、k 等輔音的。â 是一種模糊的音，現在雖注爲 [ə]，其實它在輔音之前讀近[ɐ]，在複合元音裏讀近[a]。

　　字母 y 表示一種長音的[i]；k 和 kh 後面的[i]本寫作 i，近來通作 y。在複合元音中，y 在字尾的時候，表示前面的[a]是一個短元音，因此造成 ai 和 ay 的分別。â 本來是一個短元音，所以祇有 ây，没有 âi（比較：tai 耳：tay 手：tây 西）。

　　uy 等於[uj]；因此 tuy（雖）和 tui（俗“我”字）不同。uy 作爲介母（韻頭）時却祇表示[y]音，等於漢字的撮口呼，例如 chuyện（故事）。

　　u 在複合元音中，表示前面的[a]是一個短元音，因此造成 ao 和 au 的分別。â 本來是一個短元音，所以祇有 âu，没有 âo（比較：cao 高：cau 檳榔：câu 句）。

　　u 是極閉（極高）的[u]；ư 像昆明的“五”字的音，有人拿它比俄語裏的[ï]。

　　有些合口呼的寫法值得提一提：oa 或 oa-等於[wa]，oă-等於 [wă]，oe 等於[wɛ]，ua 等於[uo]，ưa 等於[ɯə]。

　　越語的陽聲韻共有四種，即-m、-n、-nh、-ng；入聲韻也有四種，即-p、-t、-ch、-c（即-k）。參看下文第五節。

　　在上述的十一個元音裏，爲了印刷上的便利，有八個是須變更寫法的：

　　ê 改寫爲 e，例如 dê（羊）改寫爲 ze。

　　e 改寫爲 ɛ（小一號的大寫字母），例如 xe（車）改寫爲 xɛ。

　　ă 改寫爲 ʌ（小一號的大寫字母），例如 ăn（吃）改寫爲 ʌn。

　　o 改寫爲 ɔ（c 的倒寫），例如 cho（給）改寫爲 chɔ。

　　ô 改寫爲 o，例如 cô（姑）改寫爲 co。

　　e 和 o 本可不必改寫爲 ɛ 和 ɔ，但是，漢越語裏没有 e，也很少 o，不如把它們改寫了，騰出 e 和 o 來替代越語羅馬字的 ê 和 ô，因爲漢越語裏 ê 和 ô 是最常見的，而在印刷上太不方便了。

ư這個字母，一般人稱爲"有鬍子的 u"（u barbu），在印刷上太不方便了，在本文裏，我們改寫作 y。這不至於和複合元音字尾的 y 相混，因爲複合元音字尾沒有這個有鬍子的 u。這個有鬍子的 u 如果作爲單獨的韻母時，我們寫作 y，例如 cư（居）改寫爲 oy。但是，如果采用這個辦法，凡［i］作爲單獨的韻母時，必須寫作 i，方不至於相混，例如 ki（奇）不寫作 ky；尤其是"衣"，本作 y 的，也該寫作 i。

â 改寫爲 ə（e 的倒寫），例如 cây（樹）改寫爲 cəy。

ô這個有鬍子的 o 在印刷上也不方便，現在改寫爲 ɐ（a 的倒寫），例如 cơm（飯）改寫爲 cɐm。

（3）聲調六個

1. 平聲（bàng）　　┤
2. 弦聲（huyèn）　┘（"弦"字未必是確當的譯義）。
3. 問聲（hỏi）　　　┙
4. 跌聲（ngã）　　　∬（這是一種斷續的聲調）。
5. 鋭聲（sắc）　　　┐┐
6. 重聲（nạng）　　　┘

六聲祇是依照越語一般説法；若依中國人的眼光看來，應該説是共有八聲。鋭聲共有兩種：一種例如 cá（魚），它的調形是┐；另一種例如 cách（方式），它的調形是┐。重聲也有兩種：一種如 mạn（鹹），另一種如 mạt（臉），它們的調形雖差不多一樣，但前者該被認爲去聲，後者該被認爲入聲，因爲在漢語裏，以 p、t、k 收尾的字是被認爲入聲字的。

越語羅馬字對於平聲（第一聲）是不加聲調符號的；對於弦聲則加［﹨］號，問聲加［?］號，跌聲加［~］號，鋭聲加［╱］號，重聲加［·］號。弦、問、跌、鋭的符號加在元音字母的上面，重聲的符號加在元音字母的下面。爲了印刷便利起見,本文裏將改用 1、2、3、4、5、6 等數目字來表示聲調,例如 ma(魔),加數目字寫作 ma^1;mà(而)改寫作 ma^2;mả(墓)改寫作 ma^3;mã(馬)改寫作 ma^4;má(頰)改寫作 ma^5;mạ(秧)改寫作 ma^6。入聲字亦以 5 或 6 表示,例如 mác(槍)改寫作 mac^5;mạc(莫)改寫作 mac^6,等等。

三、漢越語在越語中的地位

本文的主要研究對象是漢越語,其次是古漢越語,其次是字喃(因爲從此可以窺見古漢越語的本來面目);至於漢語越化,是最難研究的一部分,祇能附在古漢越語的後面隨便説説。其實古漢越語和漢語越化是頗難辨別的。以性質而論,前者是比唐代更古的語言殘迹,後者是比唐音更多走了一步,二者絶不相同。但是,在表面上,它們二者之間有最相同的一點,就是越南人已經不把它們當做漢越語,而認爲純粹的越語了;因爲他們已經不用漢字去表示它們,而是用字喃(如果不用羅馬字)去表示它們了。

漢越語祇在文言裏佔優勢,尤其在科舉時代;至於在日常口語裏,漢越語是沒有什麼勢力的。同意義的兩個字,其中往往有一個是漢越語,用於文言,另一個是泰語或高棉語或來歷不明的字,用於白話,例如:

漢字	文言(漢越語)	白話
貧	bən^2(bən^2 tien^6 貧賤)	nghɛo^2(nha^2 nghɛo^2 貧家)
六	luc^6(luc^6 suc^5 六畜)	sau^5(sau^5 thang^5 六個月)
天	thien^1(thien^1 dang^2 天堂)	giɐi^2(giya^4 giɐi^2 天空裏)
難	nan^1(gian^1 nan^1 艱難)	khɔ^5(khɔ^5 biet^5 難知)
見	kien^5(chyng^5 kien^5 證見)	thəy^3(cɔ^5 thəy^5 khong^1 看見嗎)

像下面的一段會話,我幾乎找不出一個漢字來:

Lay^6 ong^1 a^6,ong^1 di^1 chɐi^1 dəu^1 bəy^1 giɐ^2 a^6?

日安,先生,你現在到哪兒玩去呢?

Toi^1 di^1 dang^2 nay^2 mot^6 ti^5, cɔ^5 mot^6 ti^5 viec^6。

我到那邊去一會兒，有點兒事情。

Ong^1 ba^2 va^2 cac^5 chau^5 cɔ^5 manh^6 khoe^3 khong^1？

你的父母和小孩子們都很健康嗎？

Ong^1 ba^2 toi^1 vən^4 manh^6, cac^5 chau^5 vən^4 chɐi^1 ca^3, khi^1 nao^2 thɔng^1 tha^3 mɐi^2 ong^1 lai^6 chɐi^1 xɐi^1 nyɐc^5。

家父家母還算健康，小孩們也都還好（還愛玩），什麼時候你有工夫，請到舍下來喝一杯水。

Phai^3, de^3 khi^1 nao^2 thɔng^1 tha^3 toi^1 hay^4 lai^6 Chɐi^1, Thai^1 toi^1 xim^1 vo^1 phɛp^5。

是的，等到什麼時候有工夫，我再來玩。好，請恕我無禮（恕不奉陪了）。

khong^1 zam^5, lay^6 ong^1。

豈敢豈敢！日安，先生！

這裏衹有五個字是可以用漢字表示的：

　　ong^1 翁　viec^6 役　ba^2 婆　cac^5 各　vo^1 無

這五個字當中，"翁、婆、役"都不是漢字原來的意義了，"翁"是先生，"婆"是太太（一般人竟另寫作"奻"），"役"是事情。依馬伯樂說，viec^6 是由泰語來的。據此，它還不是漢語裏的"役"字呢。這樣，真正的漢越語衹有"各"字和"無"字。但是，此外還有兩個字可能是古漢越語，一個是 lai^6 字，也許它和"來"字（lai^1）是一個 doublet；另一個是 phep^5 字，它就是"法"字（phap^5）的白話音。總之，漢越語在日常的越語裏佔着很少的成分；越南人越掉書袋，就越用得着漢越語，例如在著名小説（彈詞）《金雲翹》裏，却又不少"彼嗇此豐""梅骨格，雪精神"一類的字眼了。

在越語二十二個輔音當中，有兩個是和漢越語沒有關係的。第一個是 r。漢語既沒有 r，自然漢越語也沒有它了。第二個是 g。這似乎有點兒奇怪，漢語在古代是有濁音的，爲什麼漢越語裏不能有 g 呢？這因爲漢越語並没有拿帶音的聲母去表示漢語裹的濁母，却祇拿陽調類去表示它們，恰像粤語拿陽平、陽上、陽去和陽入去表示古代的濁音一樣。k-、c-、qu-的字讀作弦、跌、重三聲的時候，已經足以表示古代的群母字了。

在越語十一個元音當中，也有兩個是和漢越語没有關係的。第一個是 ɛ。雖有 xɛ¹（車）、hoɛ²（槐）等字，但它們是古漢越語，不是漢越語。第二個是 ɔ。Thɔ³（兔）字也是漢語越化的。-oa、-oan、-oang 等裹面的 o 其實祇代表 w。

但如果依照越語的整個韻母系統來説，漢越語更佔一個不重要的位置，因爲多數韻母是漢越語所不能具備的。大致計算起來，越語共有一百四十個韻母，現在把它們寫了下來，凡與漢越語有關者就注上一個韻目或代表字：

純元音韻母 39 個：

a 歌	ia*	oa 戈	ua	
uya(uia)	ya*	ɛ	oɛ*	ʌu
e 齊	ue 桂	i 支	ɤ 初	ɔ*
o 模	u 虞	y 魚		
ai 哈	oai 懷	ay	əy	iɔ
oi 灰	uoi*	iʌ*	ui*	uy 水
yi	yʌi	ao 豪	eo	au
əu 侯	eu	ieu 蕭	iu	uyu
yu 友	yʌu			

鼻韻母 51 個：

am 咸	ʌm	əm 侵		
ʌɤm	ɔm	om	uom	um
yʌm	ɛm		iem 鹽	im*
an 寒	oan 桓	ʌn*	nʌo	ɤn 真
uən 諄	ɐn*	yʌn	ɔn	on 魂

uon	un	yn	ᴇn	uᴇn
en	uen	ien 先	in*	uyen 元
anh 庚	oanh 橫	enh 病	uenh	inh 清
uynh 兄	ang 郎	oang 光	ᴀng 登	uᴀng 肱
əng	ɔng 雙	ong 東	uong 狂	ung 鍾
yng 蒸	yɐng 陽	ieng		

入聲韻母 50 個：

ap 盍	ᴀp	əp 緝		
ɐp	ɔp	op	up	yɐp
ɛp	ep	iep 葉	ip	
at 曷	oat 活	ᴀt	oᴀt	ət 質
uɐt 術	oet	ɐt	ɔt	ot 沒
uot	ut	yt	ɛt	uɛt
et	uet	iet 屑	it	uyet 月
ach 陌	oach 獲	ech	uech	ich 昔
uych 闃	ac 鐸	oac 郭	ᴀc 黑	uᴀc 或
əc	ɔc 學	oc 屋	uoc*	uc 燭
yc 職	yɐc 藥	iec 席		

　　由上表看來，漢越語的韻母衹有 66 個，其餘 74 個可認爲越語所獨有的韻母。有＊號的韻母表示有極少數的不規則的漢字屬於它們，例如 im 韻就衹有一個"金"字（kim）（參看下文第五節）。

　　漢越語在越語裏雖然沒有很重要的地位，但漢語對於越語的影響不能説是很小；有時候，遇到要翻譯一個新名詞，正像西洋人取材於希臘文一樣，越南人也常常取材於漢越語。而且我們研究漢越語的主要目的不在於明白越語的現狀或前途，而在於希望研究的結果可以幫助漢語古音的探討。這樣，漢越語還是值得研究的。

四、漢越語的聲母

　　現在我們依照漢語等韻的系統來看漢越語的系統。每一類語音先列一表，後面附一段總討論。這裏先講聲母。

（一）牙音

甲.見母

（子）一、三、四等及合口二等。[k]，聲調 1、3、5

歌 ca^1	感 cam^3	改 cai^3	高 cao^1	幹 can^5
謹 can^3	景 $canh^3$	給 $cəp^5$	計 ke^5	兼 $kiem^1$
經 $kinh^1$	久 cyu^3	公 $cong^1$	孤 co^1	果 qua^3
官 $quan^1$	卷 $quyen^3$			

　　例外：叫 $khieu^5$　　潔 $khiet^5$　　激 $khich^5$

（丑）開口二等。[z]，聲調 1、3、5

嘉家加 gia^1	假 gia^3	價架嫁 gia^5	覺角 $giac^5$	解 $giai^3$
監 $giam^1$	減 $giam^3$	間艱姦 $gian^1$	江 $giang^1$	講 $giang^3$
降 $giang^5$	交膠 $giao^1$	教 $giao^5$	甲 $giap^5$	

　　梗攝開二讀[k]，如更 $canh^1$，不在此例。

乙.溪母。[k']，聲調 1、3、5

客 $khach^5$	開 $khai^1$	抗 $khang^5$	懇 $khən^3$	欽 $khəm^1$
泣 $khəp^5$	乞 $khət^5$	契 khe^5	謙 $khiem^1$	怯 $khiep^5$
氣 khi^5	輕 $khinh^1$	困 $khon^5$	孔 $khong^3$	科 $khoa^1$
快 $khoai^5$	寬 $khoan^1$	款 $khoan^3$	勸 $khnyen^5$	

　　例外：巧 xao^3　　確 xac^5　　酷 coc^6

丙.群母。[k]，聲調 2、4、6

近 $cən^6$	及 $cəp^6$	強 $cyɐng^2$	強(勉) $cyɐng^6$	舅 cyu^4
舊 cyu^6	巨 cy^6	極 cyc^6	傑 $kiet^6$	轎 $kieu^6$
儉 $kiem^6$	件 $kien^6$	奇 ki^2	共 $cung^6$	
群裙 $quən^2$	郡 $quən^6$	狂 $cuong^2$	扃㷃 $quynh^2$	

丁.疑母

(子)一、三、四等及合口二等。[ŋ],聲調 1、4、6

愕 ngac[6]　　　額 ngach[6]　　　礙 ngai[6]　　　遨 ngao[1]　　　藕 ngəu[4]

吟 ngəm[1]　　　銀 ngən[1]　　　藝 nghe[6]　　　嚴 nghiem[1]　　　研 nghien[1]

業 nghiep[6]　　　疑 nghi[1]　　　逆 nghich[6]　　　訛 ngoa[1]　　　瓦 ngoa[4]

外 ngoai[6]　　　玉 ngɔc[6]　　　遇 ngo[6]　　　愚 ngu[1]　　　御 ngy[6]

元源 nguyen[1]　　　阮 nguyen[4]　　　願 nguyen[6]　　　月 nguyet[6]

(丑)開口二等。[ɲ],聲調 1、4、6

衙牙 nha[1]　　　雅 nah[4]　　　樂(音樂)nhac[6]　　　　　顔 nhan[1]

眼 nhan[4]　　　雁 nhan[6]

牙音總討論

牙音的開口二等顯然是自成一類的,所以見母的開二是 gi,和 k 不同;疑母的開二是 nh,和 ng 不同。群母没有二等字(僻字不算)。溪母開二的字不多,所以不顯;但是,由"巧、碻"兩字來看,也可以得到一點兒消息。"巧"字讀 xao[3],"碻"字讀 xac[5],它們的聲母是 x,這是很特别的("酷"字衹是誤讀,没有意思);恰巧它們是二等字。另有一個 kheo[5] 字,我以爲是古漢越語裏的"巧"字,因爲意義完全相同。雖然字喃另寫作"窖",那是不足爲憑的。由此看來,"巧"的古聲母本是 kh,但到了唐音傳入以後,因爲開口二等自成一類,才變了 x。x 和 gi[ʑ]的聲音頗相近,很可能地,溪母的開口二等的聲母是個 x 或類似的語音。開口二等和合口二等分道揚鑣,恰與現代漢語一樣,試比較北京話的"家"和"瓜"、"間"和"關",前者由 k 變了 tɕ,後者未變。至於牙音三、四等字在漢越語裏並未變爲舌面音,則又和北京話不同了。

見母開口二等的 gi-,很容易令人聯想到現代漢語膠東話裏的 ki-。譬如 kia=gia:k=g,i=i,a=a。實際上,這種聯想是不對的。gi-在越語羅馬字裏,自始至終,没有代表過[g]和[i]。在 17 世紀,造字的人仿照意大利文的規矩,采用 gi 來代表舌面破裂音 ɟ。後來語音雖已變遷,教士們的舊寫法仍舊保存着。由此看來,見母的[k]始終没有變過[g],衹是由[k]變爲ɟ,再變爲[ʐ](在廣平及交趾變爲半元音j)。至於梗攝二等之所以未變爲gi-,和漢語官話裏的梗攝二等未變爲tɕ-,是同一理由的。

(二)喉音

甲.曉母。[h],聲調1、3、5

海 hai³	好 hao³	黑 hᴀc⁵	吸 həp⁵	軒 hien¹
獻 hien³	羲 hi¹	孝 hieu⁵	曉 hieu⁵	香 hyɐng¹
向 hyɐng⁵	呼 ho¹	虎 ho³	婚昏 hon¹	虚 hy¹
花 hoa¹	火 hoa³	化 hoa⁵	歡 hoan¹	荒 hoang¹
血 huyet⁵	兄 huynh¹			

乙.匣母。[h],聲調2、4、6

何河遐 ha²	下賀 na⁶	骸孩鞋 hai²	駭 hai⁴	害 hai⁶
含鹹銜 ham²	寒 han²	侯 həu²	後后 həu⁶	恒 hᴀng²
學 hɔc⁶	合 hɐp⁶	號 hieu⁶	協俠 hiep⁶	刑型形 hinh²
湖 ho²	户護 ho⁶	魂 hon²	回 hoi²	紅 hong²
雄 hung²	和 hoa²	禍畫 hoa⁶	懷 hoai²	壞 hoai⁶
完丸 hoan²	緩 hoan⁴	患 hoan⁶	黄皇 hoang²	螢 huynh²

(螢,《廣韻》户扃切)。

例外:換 hoan⁵("换"字衹是聲調不對,大約是誤讀)

丙.影母。[○],聲調1、3、5

惡 ac⁵	哀 ai¹	愛 ai⁵	安 an¹	案 an⁵
奥 ao⁵	恩 ən¹	嘔 əu³	阿鴉 a¹	亞 a⁵
英 anh¹	影 anh³	映 anh⁵	鴨押 ap⁵	隱 ən³
印 ən⁵	陰 əm¹	邑 əp⁵	憂 əu¹	幼 əu⁵
益 ich⁵	依 i¹	意 i⁵	掩 yem³	謁 yet⁵
要 yeu⁵	幽 u¹	應 yng¹	抑 yc⁵	殃 yɐng¹
約 yɐc⁵	汙 o¹	屋 oc⁵	温 on¹	翁 ong¹

柱 uong³　　威 uy¹　　畏 uy⁵　　雍 ung¹　　鬱 uɐt⁵

例外：因 nhən¹　　一 nhət⁵　　矮 nuy⁶（但又 uy⁶）

丁.喻母

（子）三等（于類）。

a.合口。[v]，聲調 1、4、6

雲 vən¹　　運 vən⁶　　衞 ve⁶　　爲 vi¹　　位胃彙 vi⁶

榮 vinh¹　　永 vinh⁴　　詠泳 vinh⁶　　員圓 vien¹　　遠 vien⁴

院 vien⁶　　越 viet⁶　　王 vyɐng¹　　旺 vyɐng⁶

于迂（《廣韻》“迂”有羽俱、憂俱兩切）vu¹　　　　禹 vu⁴

b.開口。[h]，聲調 4、6

友右有 hyu⁴　　侑又 hyu⁶　　矣 hi⁴

例外：炎 viem¹　　尤 vyu¹

（丑）四等（余類）。[z]，聲調 1、4、6

遙 zao¹　　引 zən⁴　　酉 zəu⁶　　淫 zəm¹　　鹽閻 ziem¹

演 zien⁴　　遺 zi¹　　以 zi⁴　　異 zi⁶　　譯 zich⁶

營 zinh¹　　猶由 zɔ¹　　嬴籯盈 zoanh¹　　余餘 zy¹　　翼 zyc⁶

亦 ziec⁶　　陽羊 zyɐng¹　　藥 zyɐc⁶　　遊 zu¹　　誘 zu⁴

惟 zuy¹　　容 zung¹　　勇 zung⁴　　用 zung⁶　　緣沿 zuyen¹

閱悅 zuyet⁶　　　　聿 zuət⁶

喉音總討論

喉音的二等字和一等字沒有分別，所以“遐”“河”同音，“下”“賀”同音，“畫”“禍”同音，“鞋”“孩”同音，“鹹”“含”同音，“鴉”“阿”同音。但這種混合祇是韻母的關係，不是聲母的關係。

影母例外字“因”和“一”都以 nh 爲聲母。這兩個字本來的音大約是 yən、yət，字首是半元音 [j]。半元音 [j] 變爲 [ȵ] 是很容易的，現代湖南寶慶有這類的情形。“矮”字既有兩讀，可以存而不論。

喻母四等字和三等字大有分別，所以“惟”“爲”不同音，“余”

"于"不同音,"緣""圓"不同音,"誘""右"不同音,"營""榮"不同音。這一個事實是非常值得珍視的。喻母在《切韻》系統裏顯然分爲兩類;喻三和喻四,非但在中古有別,它們在上古也是有別的。可惜在漢語各處的方言裏無從證明這一種分別,現在漢越語裏的喻三和喻四截然不紊,這是很好的一個證據。

漢越語裏,喻母三等還分爲[v][h]兩類,也很值得注意。我們姑且認爲合口讀 v-,開口讀 h-;"炎、尤"二字被認爲例外,因爲它們是開口字,反而讀 v-。喻三和微母都讀 v-(參看下文),但是它們的來源應該是不同的。微母的來源是 m 或類似的音;喻三的 v 的來源應該是 w。至於 h 呢,它應該是古音的殘留;喻三和匣母本是一家,匣母沒有三等,正是喻三的所從來處①。因此,當匣讀 h-的時候,喻三跟着讀 h-是不足怪的;至於合口字,起初應該是讀 hw,或類似的音(如撮口呼),後來 h 消失了(如"黃"hwang 在粵語變爲 wong),祇有 w 音,漸漸又轉變爲 v 的。

由諧聲系統來看,喻三和喻四的系統是頗爲清楚的,例如從"于"的字必屬喉牙,從"余"的字必歸舌齒。但也有少數的例外,如"榮"和"營"同一諧聲,而一在喻三,一在喻四;"炎"和"談"同一諧聲,而一在喉音,一在舌音(如認爲"矣"從"已"聲,又多一例)。這些少數的例外,幾乎令我們疑心《廣韻》是錯了。現在有漢越語作爲證據,我們知道在隋唐時代它們確有此音。不過,依常理推測,從"熒"得聲的字,上古當屬喉牙;從"炎"得聲的字,上古當屬舌齒("矣"聲亦然),不過後代稍亂系統罷了。

喻母四等的 z,本來應該是個 d;因爲 Rhodes 神父所定的越語羅馬字是 d-(惟 duy,遥 dao),可見當時漢越語裏的喻母四等字確有[d]音,或和[d]類似的音。據馬伯樂的研究,在河靖(Ha-tinh)

---

① 補注:後來我認爲喻三與匣同屬一母,見《漢語史稿》。

一帶,現代還讀 dʸ 音;東京是經過了 dʸ 的階段,然後變爲 z 的。但是,馬氏又説,這 dʸ 是 15 世紀以後的產品;15 世紀以前,應該是一個 y(即[j]),現在南圻還保存着這個 y 音。我們對於馬氏的説法,認爲頗有理由。

(三)舌上音

甲.知母。[tʂ],聲調 1、3、5

珍 trən¹	知 tri¹	智 tri⁵	貞 trinh¹	徵 tryng¹
鎮 trən⁵	帳 tryɐng⁵	豬 try¹	追 truy¹	中忠 trung¹
竹 trnc⁵	轉 truyen³(往往誤作 chuyen³)			

乙.徹母。[ʂ],聲調 1、3、5

癡 si¹	抽 syu¹	丑 syu³	暢 syɐng⁵	敕 sᴀc⁵
畜 suc⁵				

丙.澄母。[tʂ],聲調 2、4、6

茶 tra²	長 tryɐng²	丈 tryɐng⁶	沈 trəm²	朝 trieu²
兆 trieu⁶	持 tri²	治 tri⁶	呈 trinh²	懲 tryng²
綢 tryu²	朕 trəm⁴	鄭 trinh⁶	直 tryc⁶	稠 tru²
仲重 trɔng⁶	除 try²	佇 try⁴	箸 trɐ⁶	紂柱 tru⁶
軸 truc⁶	朮 truɐt⁶	傳(平聲)truyen²	傳(去聲)truyen⁶	

(或誤作 chuyen⁶)

丁.娘母。[n],聲調 1、4、6

女 ny⁴	娘 nyɐng¹	濃 nung¹	尼 ne¹	拏 na¹
聶 niep⁶				

舌上音總討論

漢越語以 tr 表示知母,以 ch 表示照母,分得很清楚(tr 由 tl 來,ch 由 ch 來);又以 s 表示徹母,以 x 表示穿母,也自截然不紊。祇有東京人對於它們是混的,於是寫法也不免有少數的錯誤了。澄母和牀母,連東京也不至於相混(參看下文)。祇有娘母和泥母是混的①。

（四）舌齒音

甲.莊母（照二等）。[tʂ]，聲調1、3、5

莊粧 trang¹	壯 trang⁵	爭 tranh¹	責 trach⁵	札 trat⁵
債 trai⁵	齋 trai¹	爪 trao³	阻 trɐ³	詛 trɐ⁵
菑 tri¹				

乙.初母（穿二等）。[ʂ]，聲調1、3、5

差 sai¹	抄 sao¹	瘡 sang¹	創 sang⁵	册策 sach⁵
雛 so¹	窗 sɔng¹	初 sɐ¹	楚 sɐ³	

例外：厠 xi⁵　釵 xoa¹（又 thoa¹）

丙.床母（床二等）。[ʂ]，聲調2、4、6

乍 sa⁶	豺儕 sai²	巢 sao²	孱 san²	棧 san⁶
岑 sɘm²	驟 sɘu⁶	愁 sɘu²	鋤 sy²	事 sy⁶
士俟 si⁴	牀 sang²	崇 sung²	撰 soan⁶	

例外：查 tra¹　寨 trai⁶　狀 trang⁶

丁.山母（審二等）。[ʂ]，聲調1、3、5

沙 sa¹	殺 sat⁵	雙 sɔng¹	朔 sɔc⁵	山 sɐn¹
史使 sy³	師 sy¹	霜 syɐng¹	筲 sao¹	瘦 sɘu⁵
生 sinh¹	色穡 SAC⁵	所 sɐ³	數 so⁵	疎蔬 sɐ¹
衰 suy¹				

舌齒音總討論

莊母和知母沒有分別，徹、初、山三母也沒有分別。初母於“厠、釵”二字寫作 x-，因爲東京 x 和 s 混，這是不足深怪的；“釵”字另有一個 thoa¹ 音，就頗可怪了。“查”字讀 tra¹ 是誤讀；“查”字本屬莊、床兩母，但調查的“查”應該讀入床母。“寨、狀”恐怕是宋以後傳入的，所以像近代漢語官話。

---

① 補注：後來我認爲娘母應屬泥母，見《漢語史稿》。

照系二等和三等大不相同,可惜守溫三十六字母把它們混在一起,後代的學者們有不少人被迷惑了。在《切韻》的系統裏,前者和後者判若鴻溝;陳澧的《切韻考》裏已經指出了。現在依照漢越語看來,莊初床山和知徹澄最相近;而它們和照穿神審禪相遠(參看下文)。這樣,莊系應該是知系的二等,不該是照系的二等。知系二等字甚少,而且多數是僻字,所以莊系恰好補上這一個缺。這衹是一種猜想;但知、莊兩系相近則是事實(知莊澄的[tʂ]和徹初床山的[ʂ]都是捲舌音)。

(五)正齒音

甲.照母(照三等)。[tɕ],聲調 1、3、5

質 chət⁵　　執 chəp⁵　　針 chəm¹　　(又 trəm¹)　　制 che⁵

證 chyɐng⁵　戰 chien⁵　招 chieu¹　　隻 chiec⁵　　志 chi⁵

整 chinh³　　正 chinh⁵　珠 chəu¹　　朱 chu¹　　　終 chung¹

衆 chung⁵　　祝囑 chuc⁵

例外:者 gia³　　蔗 gia⁵

乙.穿母(穿三等)。[s],聲調 1、3、5

車 xa¹　　　醜 xɤo⁵　　齒 xi³　　　佟 xi⁵　　　赤 xich⁵

稱 xyng¹　　昌 xyɐng¹　唱 xyɐng⁵　處 xy⁵　　　衝 xung¹

春 xuən¹　　出 xuət⁵　川 xuyen¹　釧 xuyen⁵

丙.神母(神三等)。[t'],聲調 2、4、6

神 thən²　　實 thət⁶　　舌 thiet⁶　食 thyc⁶　　繩 thyng²

順 thuən⁶　盾 thuən⁴　術 thuət⁶　馴 thuən²

例外:蛇 xa²　　射麝 xa⁶

丁.審母(審三等)。[t'],聲調 1、3、5

聖 thanh⁵　失 thət⁵　　升陞 thʌng¹　勝 thʌng⁵　聲 thanh¹

世勢 the⁵　設 thiet⁵　燒 thieu¹　少 thieu³　詩 thɤ¹

施 thi⁵　　試 thy³　　商傷 thyɐng¹　賞 thyɐng³　釋 thich⁵

收 thu¹　　首守 thu³　獸 thu⁵　書 thy¹　　恕 thy⁵

說 thuyet[5]　稅 thue[5]　叔束 thuc[5]　水 thuy[3]　　舜瞬 thuən[5]

　　　例外：賒奢 xa[1]　捨 xa[3]　舍赦 xa[5]

戊.禪母。[t']，聲調 2、4、6

石 thach[6]　成城 thang[2]　臣 thən[2]　十 thəp[6]　涉 thiep[6]

韶 thieu[2]　紹 thieu[6]　時 thi[2]　氏侍 thi[6]　辰 thin[2]

盛 thinh[6]　常償 thyɐng[2]　上 thyɐng[6]　善 thiən[6]　承 thya[2]

仇 thu[2]　受 thu[6]　贖蜀 thuc[6]　船 thuyen[2]　誰 thuy[2]

　　　例外：社 xa[4]

正齒音總討論

　　照母"者"字讀 gia[3] 和"蔗"字讀 gia[5] 爲例外。但是，在漢語越化的字當中，還有一些照系字是讀 gi-的。例如"紙"，漢越語作 chi[3]，而越語作 giəy[5]。"種"，漢越語作 trong[3]（疑當作 chuong[3] 或 chung[3]），而越語作 giong[5]。依馬伯樂說，這是由清變濁的結果。那麼，"者、蔗"兩字應該是越化了的漢語。

　　神母"蛇"字讀 xa[2]，"射、麝"讀 xa[6]，審母"賒、奢"讀 xa[1]，"捨"字讀 xa[3]，"舍、赦"讀 xa[5]，禪母"社"字讀 xa[4]，都是例外。巧得很，這些例外都是麻韻字（包括照母"者、蔗"在內）；這顯然是受了韻母的影響。

　　照母和知莊兩母有分別，知莊讀 tr，照讀 ch。穿母和初山兩母也有分別，初山讀 s，穿讀 x。可惜這些分別在東京不能保持了。神母和禪母却是沒有分別的，都讀 th，聲調也同一類，例如"神"字讀 thən[2]，禪母的"臣"字也讀 thən[2]。

（六）齒頭音

甲.精母。[t]，聲調 1、3、5

左 ta[3]　災 tai[1]　再 tai[5]　臟 tang[1]　早 tao[3]

走 təu[3]　增 tʌng[1]　浸 təm[3]　進 tən[5]　祭 te[5]

接 tiep[5]　節 tiet[5]　椒 tieu[1]　子 ty[3]　將 tyɐng[1]

酒 tyu[3]　祖 to[3]　宗 tong[1]　尊 ton[1]　卒 tot[5]

最 toi[5]　遵 tuən[1]

乙.清母。[t‘]，聲調 1、3、5

草 thao³　　　青清 thanh¹　　妻 the¹　　　　砌 the⁵　　　　千 thien¹

妾 thiep⁵　　　切 thiet⁵　　　刺 thich⁵　　　倉 thyɐng¹　　秋 thu¹

粗 tho¹　　　　催 thoi¹　　　村 thon¹　　　　爨 thoan³

例外：侵 xəm¹（但又 thəm¹）　　　蔡 sai⁵

丙.從母。[t]，聲調 2、4、6

鑿 tac⁶　　　　財才 tai²　　　在 tai⁶　　　　蠶 tam²　　　殘 tan²

藏 tang²　　　造 tao⁶　　　雜 tap⁶　　　　齊 te²　　　尋 təm²

盡 tən⁶　　　　席 tiec⁶　　　餞 tien⁶　　　囚 tu²　　　墻 tyɐng²

坐 toa⁶　　　　全 toan²　　　聚 tu⁶　　　　從 tung²　　絕 tuyet⁶

丁.心母。[t]，聲調 1、3、5

三 tam¹　　　　散傘 tan³　　　喪 tang¹　　　掃 tao³　　　燥 tao⁵

僧 tᴧng¹　　　寫 ta³　　　　腥 tanh¹　　　西 təy¹　　　心 təm¹

悉 tət⁵　　　　先仙 tien¹　　惜 tiec⁵　　　消 tieu¹　　性 tinh⁵

相 tyɐng¹　　　修 tu¹　　　　秀 tu⁵　　　　算 toan⁵　　孫 ton¹

送 tong⁵　　　荀 tuən¹　　　選 tuyen³　　雪 tuyet⁵　　須 tu¹

歲 tue⁵　　　　髓 tuy³　　　雖 tuy¹

戊.邪母。[t]，聲調 2、4、6

謝 ta⁶　　　　祥 tyɐng²　　　已 ti⁶　　　　邪 ta²　　　詞辭 ty²

似 ty⁶　　　　松 tung²　　　俗 tuc⁶　　　　徐 ty²　　　隨 tuy²

旬 tuən²

齒頭音總討論

齒頭音的例外字很少。“侵”雖讀 xəm¹ 爲例外，但又讀 thəm¹
不爲例外。這和“釵”字的情形相似，因“釵”字也有 xoa¹ 和 thoa¹
兩音。不過，也可以說它們的情形恰恰相反，因爲“侵”該讀 th-而
以讀 xəm¹ 爲較常見，“釵”該讀 x-而以讀 thoa¹ 爲較常見。此外，還
有“蔡”字讀 sai⁵，也是例外。依我們猜想，“侵、釵、蔡”都應該各有
兩讀，其一是 thəm¹、thoa¹、thai⁵，另一是 səm¹、xoa¹、sai⁵，th 和 s 相通

是事實,但是它們相通的原因則頗難指出。我們或者可以假定,
"侵"和"蔡"是古漢越語的殘留,因爲越語裏没有[ts']音,所以讀
作[s](古漢越語還有一個"砌"字讀 xəy¹);其餘的字是唐代整批
傳入的,當時雖仍没有[ts'],但是,却另外以 th 代 ts' 了。

精系字祇有兩種輔音:其一是[t],包括精從心邪四母;另一是
[t'],代表清母。憑着聲調的分別,[t]又可以分爲兩類:其一是聲
調 1、3、5 的[t],包括精心兩母;另一是聲調 2、4、6 的[t],包括從邪
兩母。因此,精和心是没有分別的,所以下列的每一組字都是相
混的:

左:寫　　早:掃　　增:僧　　祭:細　　椒:消
子:死　　尊:孫　　將:相　　贓:桑

從和邪也是没有分別的,例如:

墙:祥　　從:松　　慈:辭

但是,精系本身雖然易混,它和知照兩系却不易混(初系當知
系看待);除了清和審混之外,其餘都是三系分明的,例如:

知 tri¹：支 chi¹：咨 ty¹　　馳 tri²：○：慈 ty²
○：誰 thuy²：隨 tuy²　　豬 try¹：朱 chu¹：租 to¹
疏 sɐ¹：樞 xu¹：蘇 to¹

這種分別,比現代北京話分別得多些,比吴語分別得更多。

(七)舌頭音

甲.端母。[d],聲調 1、3、5

多 da¹　　帶 dai⁵　　擔 dam¹　　膽 dam³　　黨 dang³
刀 dao¹　　倒禱 dao³　　答 dap⁵　　德 dɐc⁵　　當 dɐng¹
帝 de⁵　　點 diem³　　顛 dien¹　　弔 dieu⁵　　的嫡 dich⁵
丁 dinh¹　　都 do¹　　督 doc⁵　　對 doi⁵　　東 dong¹
端 doan¹　　斷 doan⁵

乙.透母。[t'],聲調 1、3、5

胎 thai¹　　太 thai⁵　　討 thao³　　貪 tham¹　　歎 than⁵

透 thəu⁵　　　湯 thang¹　　　聽 thinh⁵　　　天 thien¹　　　鐵 thiet⁵

土吐 tho³　　　通 thong¹　　　統 thong³　　　腿 thoai³

例外：挑跳 khieu¹

丙. 定母。[d]，聲調 2、4、6

駝 da²　　　度 dac⁶　　　臺 dai²　　　待 dai⁴　　　大 dai⁶

淡 dam⁶　　　彈 dan²　　　桃 dao²　　　道 dao⁶　　　踏 dap⁶

達 dat⁶　　　頭 dəu²　　　特 dyc⁶　　　堂塘 dyɐng²　　　題 de²

田 dien²　　　調 dieu⁶　　　笛敵 dich⁶　　　庭 dinh²　　　定 dinh⁶

圖 do²　　　毒 doc⁶　　　隊 doi⁶　　　屯 don²　　　突 dot⁶

同童 dong²　　　團 doan²　　　斷 doan⁶　　　奪 doat⁶

丁. 泥母。[n]，聲調 1、4、6

男南 nam¹　　　難 nan¹　　　難(去)nan⁶　　　囊 nang¹　　　惱 nao⁴

納 nap⁶　　　能 nʌng¹　　　泥 ne¹　　　黏 niem¹　　　念 niem⁶

年 nien¹　　　寧 ninh¹　　　佞 ninh⁶　　　怒 no⁶　　　內 noi⁶

農 nong¹

舌頭音總討論

例外字祇有"挑、跳"作 khieu¹，由[t']轉入[k']，這是頗難解釋的。

端定作 d，和精從的 t 不至於相混。泥和娘相混是不足怪的，因爲漢語各地的方言都混了。最令人感覺興趣的，是透清審三母相混（滂母一部分字亦與此混，見下文）。下面各組的字都是同音的，或同輔音的（＊號的字，其韻母不盡相同）：

替：砌：世　　　鐵：切：設　　　聽＊：清：聲

○：親：身　　　○：七：失　　　踢：剌：釋

湯＊：倉：傷　　　偷＊：秋：收

但是，這祇是後起的現象，我們不能說原始漢越語裏它們就是相混的。

尤其是端定和精從，現在既不相混，古時更不至於相混。人們很容易誤會:以爲端母在唐代顯然是個[t],若精母也讀[t],豈不相混了? 實際上,當端母讀[t]的時候,精母決不會是個[t],否則後代它們決不會再分家的。大約在最初的時候,端母的[t]也許是一個捲舌音[ʂ](如馬伯樂所説的)。

(八)半舌音和半齒音

甲.來母。[l],聲調 1、4、6

羅 la¹	落 lac⁶	來 lai¹	藍 lam¹	蘭 lan¹
朗 lang¹	冷 lanh⁴	老 lao⁴	臘 lap⁶	樓 ləu¹
略 lyɐc⁶	量 lyɐng⁶	力 lyc⁶	廩 ləm⁴	鄰 lən¹
立 ləp⁶	流 lyu¹	陵 lʌng¹	禮 le⁴	令 lenh⁶
廉 liem¹	連 lien¹	料 lieu⁶	歷 lich⁶	路 lo⁶
籠 lɔng¹	雷 loi¹	纍 luy⁴	累 luy⁶	六録緑 luc⁶
論 luən⁶	律 luət⁶			

乙.日母。[ɲ],聲調 1、4、6

人 nhən¹	忍 nhən⁴	認 nhən⁶	入 nhəp⁶	日 nhət⁶
仍 nhyng¹	染 nhiem⁴	然 nhien¹	熱 nhiet⁶	饒 nhieu¹
兒 nhi¹	二 nhi⁶	若 nhyɐc⁶	讓 nhyɐng⁶	妊 nhəm¹
柔 nhu¹	如 nhy¹	儒 nhu¹	乳 nhu⁴	絨 nhung¹
冗 nhung⁴	閏 nhuən⁶			

半舌半齒總討論

這裏毫無例外。來母和泥娘並没有相混的現象。日母似乎和疑母開口二等相混,但是日母没有二等字,它不在[a]前面出現,所以也不至於相混。

(九)重脣音

甲.幫母。[b],聲調 1、3、5

波 ba¹	駁 bac⁵	百 bach⁵	拜 bai⁵	半 ban⁵
幫 bang¹	包 bao¹	保 bao³	稟 bəm³	逼 byc⁵
北 bʌc⁵	冰 bʌng¹	變 bien⁵	表 bieu³	兵 binh¹

補 bo^3　　本 bon^3

例外: 賓濱 $tən^1$　　必 $tət^5$　　蔽 te^5　　卑 ti^1

比 ti^3　　臂 ti^5　　姘 $tinh^2$　　并 $tinh^5$

辟 $tich^5$　　鞭 $thien^1$

乙. 滂母。 [fʻ], 聲調 1、3、5

判 $phan^5$　　礅 $phao^5$　　抛 $phao^1$　　珀 $phach^5$　　頗 pha^3

坡 pho^1　　樸 $phac^5$　　烹 $phanh^1$　　品 $phəm^3$　　批 phe^1

丕 phi^1　　片 $phien^5$　　鋪 pho^1　　配 $phoi^5$

例外: 匹 $thət^5$　　譬 thi^5　　篇偏 $thien^1$　　聘 $sinh^5$

丙. 並母。 [b], 聲調 2、4、6

婆 ba^2　　薄 bac^6　　白 $bach^6$　　排 bai^2　　伴 ban^6

旁 $bang^2$　　袍 bao^2　　朋 $bʌng^2$　　貧 $bən^2$　　皮 bi^2

平 $binh^2$　　別 $biet^6$　　病 $benh^6$　　部 bo^6　　僕 boc^6

倍 boi^6　　盆 bon^2

例外: 頻瀕 $tən^2$　　牝 $tən^4$　　脾 ti^2　　避鼻婢 ti^6

便 $tien^6$　　並 $tinh^6$

丁. 明母。 [m], 聲調 1、4、6

魔 ma^1　　馬 ma^4　　莫 mac^6　　脉麥 $mach^6$　　梅 mai^1

買 mai^4　　蠻 man^1　　盲 $manh^5$　　毛 mao^1　　冒貌 mao^6

末 mat^6　　墨 $mʌc^6$　　某 mo^4　　迷 me^1　　免 $mien^4$

廟 $mieu^4$（又 $mieu^5$ 例外）　　命 $menh^6$　　美 mi^4

明 $minh^1$　　謀 myu^1　　募 mo^6　　木 moc^6　　門 mon^1

夢 $mong^6$　　目 muc^6

例外: 名 $zanh^1$　　茗 $zanh^4$　　酩 $zanh^5$　　民岷泯 $zən^1$

彌瀰 zi^1　　藐 $zieu^1$　　眇 $zieu^4$　　妙 $zieu^6$

面靦靦 $zien^6$ 滅 $ziet^6$

重脣音總討論

重脣音的例外字最多。大致看來，幫並兩母的例外字混入精從兩母，作 t；滂母混入清母，作 th；明母混入喻四，作 z。此外，如幫母的"鞭"字作 thien¹，滂母的"聘"字作 sinh⁵，祇好認爲誤讀(th 和 s 相通，見上文)。

脣和齒，在音理上講，頗難相通，所以這一類的事實甚饒興趣；尤其是輕脣音(脣齒)倒反不和齒音相通(見下文)，更爲奇特。滂非敷奉四母皆讀[f‘]音，獨滂母字有讀 th 的，最值得注意。

重脣音的變音字，在《韻鏡》中都屬四等，在《切韻》中是所謂重紐字。輕脣音因爲祇有三等字，所以完全沒有變音。由此看來，在音理上我們雖不能滿意地說明它們是如何變的，但在事實上我們總算能證明它們在什麼條件之下發生了變化的了①。

(十) 輕脣音

甲.非母。[f‘]，聲調 1、3、5

反返 phan³	法 phap⁵	發 phat⁵	分 phən¹	粉 phən³
弗 phət⁵	廢 phe⁵	沸 phi⁵	飛 phi¹	販 phien⁵
放 phɔng⁵	方 phyɐng¹	風封 phɔng¹	夫 phu¹	府 phu³
富 phu⁵	諷 phung⁵	福 phuc⁵		

乙.敷母。[f‘]，聲調 1、3、5

忿 phən³	拂 phət⁵	紛芬 phən¹	肺 phe⁵	妃 phi¹
費 phi⁵	番 phien¹	芳 phyɐng¹	豐峰蜂 phong¹	
覆 phuc⁵	敷 phu¹	撫 phu³	副 phu⁵	

丙.奉母。[f‘]，聲調 2、4、6

伐 phat⁶	分(份) phən⁶	憤 phən⁴	佛 phət⁶	房防 phɔng²
肥 phi²	蕃 phon²	奉 phung⁶	扶 phu²	父婦負附 phu⁶
服伏 phuc⁶				

丁.微母。[v]，聲調 1、4、6

---

① 補注：這一段是改寫過了的。

萬 van[6]	晚 van[1]	文 vʌn[1]	聞 vən[1]	刎 vən[4]
問 uən[6]	物 vət[6]	亡 vɔng[1]	網 vɔng[4]	望 vɔng[6]
微 vi[1]	尾 vi[4]	味 vi[6]	無 vo[1]	誣 vu[1]
武 vu[4]				

輕脣音總討論

非母和敷母沒有分別，跟漢語各地的情形一樣。因此，下列的每一組字是相混的。

方：芳　　分：芬　　弗：拂　　沸：費　　廢：肺

飛：妃　　富：副　　風：豐　　福：覆

微母和喻三沒有分別，這一點和現代漢語頗有相同之處。試看下列的每一組字都是相混的：

聞：雲　　微：爲　　味：胃　　誣：于　　武：雨

但是，有些字，它們在《廣韻》裏是同韻同等的，既然微、于相混，應該是完全同音的了；事實上，雖然字首的 v 音相同，它們的主要元音並不相同，例如：

文 vʌn[1]：雲 vən[1]　　無 vo[1]：于 vu[1]　　亡 vɔng[1]：王 vyɐng[1]

網 vɔng[4]：往 vang[4]　　望 vɔng[6]：旺 vyɐng[6]

這顯然因爲它們在古漢越語裏本來是不同聲母的；受了不同聲母的影響，韻母可能變爲不同。等到聲母已經相混了之後，韻母仍舊不混。由此一說，"文"和"聞"、"無"和"誣"，應該是不同時代傳進來的。

以上所説，是由漢語音韻的系統來看漢越語的聲母；我們現在可以反過來，以越南話的輔音爲綱，看看漢越語的聲母是怎樣分配在這些輔音之下的。下面這一個表就是爲了這個目的而造的。

漢越語聲母表

聲調 輔音	3、5	1	4、6	2
b		幫		並
ph		滂、非、敷		奉
t		精、心、幫*		從、邪、並*
th		清、審、透、滂*		神、禪
d		端		定
x		穿		○
tr		知、莊		澄
ch		照		○
s		徹、初、山		床
gi		見開二		○
c、k、qu		見		群
kh		溪		○
h		曉		匣
○		影		
m	○	明		○
v	○	微、喻三		○
n	○	泥、娘		○
z	○	喻四、明*		○
l	○	來		○
nh	○	日、疑開二		○
ng、ngh	○	疑		○

*表示一小部分字。

中古漢語裏聲母的清濁,在漢越語裏不復分別;但是,清濁的遺迹可以從聲調上分辨出來。其分配如下:

全清和次清:1、3、5

全濁:2、4、6

次濁:1、4、6

最有趣的是次濁的聲調,它們不是2、4、6,而是1、4、6。次濁和全濁的畛域是那樣分明,令人佩服古人把它們分爲兩類。

五、漢越語的韻母

明清的等韻學家把開口一、二等叫做開口呼,三、四等叫做齊齒呼;合口一、二等叫做合口呼,三、四等叫做撮口呼。嚴格説起來,這是不很對的;但是,四呼的説法,在説明方言上有相當的便利。現在我們試從四呼來看漢越語的情形。

(1)開口呼。開口呼大部分字的主要元音是 a,例如:

河 ha²	鞋 hai²	鹹 ham²	寒 han²	行 hanh²
杭 hang²	豪 hao²	洽 hap⁶	轄 hat⁶	核 hach⁶
鶴 hac⁶				

另有一個 ʌ,只見於蒸登韻(登韻讀 ʌng 爲正)及其入聲:

登 dʌng¹　　層 tʌng²　　得 dʌc⁵　　賊 tʌc⁶

又有一個 ə,這又可分爲兩類:第一類是 əu,它是本來的開口,例如:

鈎 cəu¹　　頭 dəu²　　口 khəu³　　後 həu⁶

第二類是 ən、ət 和 əm、əp。它們是本來的齊齒字,在漢越語裏變了開口,例如:

銀 ngən¹　　臣 thən²　　悉 tət⁵　　質 chət⁵
吟 ngəm¹　　沈 trəm²　　吸 həp⁵　　執 chəp⁵

(2)齊齒呼。主要元音是 i 或 e。其以 i 爲主要元音者,例如:

欺 khi¹　　而 nhi¹　　丁 dinh¹　　形 hinh²　　歷 lich⁶
逆 nghich⁶

其以 e 爲主要元音者,例如:

計 ke⁵	題 de²	令 lenh⁶	病 benh⁶	天 thien¹
顯 hien³	亦 ziec⁶	隻 chiec⁵	別 biet⁶	節 tiet⁵
曉 hieu³	要 yeu⁵			

又有一個 y(越語羅馬字寫作"有鬍子的 u"），當其用於韻頭或韻腹
的時候，是表示齊齒呼：

> 章 chyɐng[1]　娘 nyɐng[1]　興 hyng[1]　應 yng[5]
>
> 九 cyu[3]　牛 ngyu[1]

當其用爲主要元音的時候，祇有一小部分是本來的齊齒呼的字：

> 私 ty[1]　慈 ty[2]　子 ty[3]　四 ty[5]

大部分却本來是撮口呼的字：

> 去 khy[5]　諸 chy[1]　慮 ly[6]　恕 thy[5]

注意：主要元音 a、ə、i、e 的前面如果有韻頭[w]（寫作 o 或 u），
就代表合口或撮口了。見下文。

（3）合口呼。主要元音是 o、ɔ 或 ɐ，或韻頭是 o-或 u-者，都代表
合口呼。其主要元音是 o 者，例如：

> 都 do[1]　布 bo[5]　雷 loi[2]　隊 doi[6]　門 mon[1]
>
> 損 ton[3]　忽 hot[5]　突 dot[6]　送 tong[5]　空 khong[1]
>
> 木 moc[6]　穀 coc[5]

其主要元音是 ɔ 或 ɐ 者，例如：

> 窗 sɔng[1]　房 phɔng[2]　朔 sɔc[5]　學 hɔc[6]　阻 trɐ[3]
>
> 楚 sɐ[3]

其韻頭是 o-或 u-者，例如：

> 花 hoa[1]　壞 hoai[6]　算 toan[5]　寬 khoan[1]　橫 hoanh[2]
>
> 黃 hoang[2]　撮 toat[5]　獲 hoach[6]　關 quan[1]　廣 quang[3]
>
> 春 xuən[1]　順 thuən[6]　國 quoc[5]　郭 quac[5]

（4）撮口呼。主要元音是 u：

> 驅 cu[1]　聚 tu[6]（齊齒尤韻讀與此混）　　　恭 cung[1]
>
> 鐘 chung[1]　菊 cuc[5]　燭 chuc[5]

又全韻是 uy 或韻頭是 uy-：

> 毀 huy[3]　水 thuy[3]　卷 quyen[3]　選 tuyen[3]　閱 zuyet[6]
>
> 説 tuyet[5]　兄 huynh[1]　傾 khuynh[1]　闋 khuych[5]

此外,有蟹攝合口四等的"桂、惠、歲、税、鋭"諸字,它們的韻母是 -ue。就理論上説,它們是撮口字;實際上,它們已經變了合口字了。

以上所説,當然是很粗的説法。現在我們想要更仔細地研究,就非分攝分韻研究下去不可。

(一)果攝① ［a］［wa］

甲.開一、二、三、四:歌、麻。［a］

河 ha²	羅 la¹	多 da¹	我 nga⁴	
下 ha⁶	查 tra¹	巴 ba¹	牙 nha¹	紗 sa¹
鴉 nha¹(又 a¹)	爺 za¹	也 gia³	邪 ta²	寫 ta³
謝 ta⁶	蔗 gia⁵	且 tha³	蛇 xa²	車 xa¹

乙.合一、二、三、四:戈、瓜(麻合)

(子)脣音。［a］

波 ba¹	婆 ba²	魔 ma¹	破 pha⁵

(丑)非脣音。［wa］

火 hoa³	和 hoa²	貨 hoa⁵	禍 hoa⁶	科 khoa¹
訛 ngoa¹	臥 ngoa⁶	鍋 oa¹	躲 doa³	妥 thoa³
唾 thoa⁵	鎖 toa³	坐 toa⁶		
花 hoa¹	化 hoa⁵	跨 khoa⁵	瓦 ngoa⁴	

果攝總討論

果攝在漢越語裏袛有開口呼和合口呼,没有齊齒呼和撮口呼。本來齊齒呼的字,混進開口呼裏去了("車"讀如"叉")。本來撮口呼的字太少,故不顯。

歌戈麻三韻是相混的,它們的主要元音都是 a。因此,下列每一組的字都變爲同音了:

波:巴	婆:爬	磨:麻	蹉:嗟	左:寫
佐:瀉	娑:些	訶:煆	何:遐	戈:瓜

---

① 補注:這裏所謂果攝包括假攝。

果：寡　　科：誇　　貨：化　　和：華

祇有見母開口的歌韻字和麻韻的字不混，前者的聲母是 k，後者的聲母是 gi-。因爲後者的聲母是 gi-，所以倒反是"假"和"者"混，"嫁"和"蔗"混了。

(二)止攝 ［ɯ］［i］

甲.開二、三、四：支脂之希(微開)。

(子)精系(包括精清從心邪莊初床山)。［ɯ］

私思咨 ty^1　　慈辭詞 ty^2　　子死 ty^3　　四 ty^5　　字自嗣 ty^6

師獅 sy^1　　史 sy^3　　　使 sy^5　　事 sy^6

例外：絲司 ti^1

(丑)非精系。［i］

知 tri^1　　脂支之 chi^1　　是 thi^6　　奇旗 ki^2　　記 ki^5

欺 khi^1　　氣 khi^5　　喜 hi^3　　戲 hi^5　　疑 $nghi^1$

而 nhi^1　　依 i^1　　　遺 zi^1　　異 zi^6　　碑 bi^1

皮 bi^2

例外：義 $nghia^4$　　　　　地 dia^6

機姬基箕幾譏 $cɐ^1$　　　詩 $thɐ^1$

起 $khɐi^3$　　　利 $lɐi^6$

始 $thuy^3$(但又 thi^3)　　匙 $thuy^3$

梨 le^1

乙.合二、三、四：隨(支合)，雖(脂合)，微。

(子)脣音及喻三。［i］

被 bi^6　　美 mi^4　　飛 phi^1　　肥 phi^2　　費 phi^5

爲韋圍微 vi^1　尾偉 vi^4　　味位胃 vi^6

(丑)其他。［uj］(j 表示短弱的 i)

雖 tuy^1　　隨垂 tuy^2　　體 tuy^3　　水 $thuy^3$　　危 $nguy^1$

僞 $nguy^6$　　毀 huy^3　　諱 huy^5　　壘 luy^4　　累 luy^6

衰推 $thuy^1$　　威 uy^1　　　畏 uy^5　　歸 quy^1　　鬼 quy^3

貴 quy⁵　　　　惟 zuy¹　　　　炊 xuy¹　　　　嘴 chuy³

例外：類 loai⁶　　　瑞 thoai⁶　　　　未（干支）mui⁶

止攝總討論

乍看起來，似乎精系的止攝開口字之所以讀-y，係受了近代漢語官話的影響，越南人拿-y 來表示漢語官話裏的[ɿ]和[ʅ]。但是，等到我們仔細觀察之後，會覺得這種猜想是不對的，因爲知系的"知癡持"等字和照系的"支鴟時試"等字並沒有跟着走。我想，比較安全的假定應該是精系字比較地和元音-y 容易接近，自然而然地由-i 變了-y。

在許多例外字當中，最能啓示我們的，莫若"義、地"兩字。它們顯然是古音的殘留。我們知道，"義"在古音屬歌部，"地"若認爲從"也"得聲，也該屬於歌部，它們的上古音是-ia，應該是沒有問題的。其他的例外就衹能説是誤讀，或歸於暫未可知的原因了。

(三)遇攝　[o][ɐ][ʉ][u]

甲.合一：模。[o]

汙 o¹　　　　蒲 bo²　　　　補 bo³　　　　布 bo⁵　　　　步部 bo⁶

普 pho³　　　孤姑 co¹　　古鼓 co²　　　固 co⁵　　　　都 do¹

圖徒 do²　　　度 do⁶　　　路 lo⁶　　　　呼 ho¹　　　　乎胡湖 ho²

虎 ho³　　　　護戶 ho⁶　　枯 kho¹　　　苦 kho³　　　鋪 pho¹

募 mo⁶　　　怒 no⁶　　　蘇 to¹　　　　祖 to³　　　　素訴 to⁵

粗 tho¹　　　土吐 tho³　　梧 ngo¹

例外：五 ngu⁴　　　姥 məu⁴　　　　兔 thɔ³　　　簿 ba⁶

乙.合二：疏（魚二）。[ɐ]

初疏 sɐ¹　　　所楚 sɐ³　　　詛 trɐ⁵　　　阻 trɐ³　　　助 sɐ⁶

丙.合三、四。

(子)魚。[ʉ]

渠 cy²　　　　居 cy¹　　　　舉 cy³　　　　拒 cy⁴　　　　據 cy⁵

御 ngy⁶　　　餘 zy¹　　　預像 zy⁶　　　虛 hy¹　　　　去 khy⁵

慮 ly⁶　　　書 thy¹　　　恕 thy⁵　　　除 try²　　　貯 try³

於 y¹　　　鑢 ly¹　　　處 sy⁵　　　諸 chy¹　　　著 try⁵

例外：許 hya³　　　序 tya⁶　　　呂 la⁴　　　箸 trɐ⁶

（丑）虞。[u]

句 cu⁵　　　具 cu⁶　　　區驅 khu¹　　愚 ngu¹　　儒 nhu¹（又 nhɔ¹）

乳 nhu⁴　　　夫 phu¹　　　扶 phu²　　　府 phu³　　　父附 phu⁶

須 tu¹　　　聚 tu⁶　　　柱 tru⁶　　迂誣 vu¹　　　誅 chu¹

武禹雨 vu⁴　　寓 ngu⁶　　喻 zu⁶　　　趨 xu¹　　　霧 vu⁶

例外：俱 cəu¹　　珠 chəu¹　　輸 thəu¹　　戊 məu⁶　　無 vo¹

　　　　過 ngo⁶

遇攝總討論

在韻攝中，魚虞是没有分別的；在漢越語裏，它們的分別却是
十分清楚（試比較“居”與“拘”，cy¹：cu¹；“巨”與“懼”，cy⁶：cu⁶；
“諸”與“誅”chy¹：chu¹；“豫”與“裕”zy⁶：zu⁶）。遇攝二等衹有莊
系字，也讀與三等不同。一個遇攝分爲四個主要元音，這是漢語任
何方言所没有的現象。-y 是代表魚韻的；止攝的精系字衹可説是
讀入魚韻。至於-u 代表虞，也代表尤（見下文），就不能説是尤讀入
虞；衹能説是兩韻走到同一的路上去了。

有兩種例外字是富於啟示性的：第一種是“許、序”之讀作-ya
和“呂、簿”之讀作-a，這是古漢越語的殘留，表示上古的魚韻該是
a，或其類似的聲音。第二種是“俱、珠、輸、戊”之讀作-əu，這是讀
入侯韻。我們知道，在上古音系裏，虞韻一部分的字是歸入侯部
的，“俱、珠、輸”恰是這一部分的字；“戊”字則更在上古音的幽部
裏了。

其餘的例外字，“無、遇”由撮口呼變入合口呼，“五”字由合口
呼變入撮口呼，“姥”字由模入侯，“箸”字由魚入疏，“兔”字另讀ɔ
韻，都是偶然的現象。而且這些字除“姥”字外，都没有超出遇攝的
範圍，更是不足深怪了。

(四)蟹攝　［ai］［oi］［wai］［e］［we］

甲.開一、二:咍、泰、佳、皆。［ai］

　哀 ai¹　　　改 cai³　　　開 khai¹　　　鞋孩 hai²　　　海 hai³

　駭 hai⁴　　　害 hai⁶　　　胎 thai¹　　　臺 dai⁶　　　大 dai⁶

　太 thai⁵　　　財才 tai²　　　在 tai⁶　　　再 tai⁵　　　礙 ngai⁶

　齋 trai¹　　　債 trai⁵　　　寨 trai⁶　　　差 sai¹　　　曬 sai⁵

　排牌 bai²　　　拜 bai⁵　　　買 mai⁴　　　賣 mai⁶　　　解 giai³

　皆 giai¹

　例外:戒界芥 giɐi⁵　　　宰 te³

乙.合一:灰、會(泰合)。［oi］

　對 doi⁵　　　隊 doi⁶　　　回徊 hoi²　　　悔 hoi⁵　　　會 hoi⁶

　倍 boi⁶　　　魁恢 khoi¹　　　雷 loi¹　　　內 noi⁶　　　配 phoi⁵

　罪 toi⁶　　　每 moi⁴　　　最 toi⁵　　　催 toi¹　　　塊 khoi⁵

　堆 doi¹　　　媒 moi¹

　例外:梅 mai¹　　　外 ngoai⁶　　　妹眛 muoi⁶

丙.合二:蛙(佳合)、懷(皆合)、夬。

(子)脣音。［ai］

　派 phai⁵　　　敗 bai⁶

(丑)非脣音。［wai］

　懷 hoai²　　　壞 hoai⁶　　　拐掛 quai³　　　怪卦 quai⁵　　　快 khoai⁵

　話 hoai⁶

　例外:畫 hoa⁶　　　槐 hoe²

丁.開三、四:齊、祭。［e］

　蹄題 de²　　　帝 de⁵　　　第 de⁶　　　係 he⁶　　　雞 ke¹

　計 ke⁵　　　曀 e⁵　　　制 che⁵　　　霓 tre⁶　　　犀厮 te¹

　祭細 te⁵　　　妻梯 the¹　　　體 the³　　　勢世替 the⁵　　　齊 te²

　誓 the⁶　　　黎 le¹　　　禮 le⁴　　　例 le⁶　　　泥 ne¹

　陛 be⁶　　　髀 be⁴　　　迷 me¹　　　批 phe¹

例外：西 təy¹　　洗 təy³

戊.合三、四：圭(齊合)、歲(祭合)、廢。

(子)脣音及喻三。[e]

肺 phe⁵(又 phoi³)　　衛 ve⁶

(丑)其他。[we]

桂 que⁵　　奎 khue¹　　攜 hue²　　惠恚 hue⁶　　歲 tue⁵

稅 thue⁵　　銳 nhue⁶

蟹攝總討論

蟹攝開口一、二等相混，所以"孩"與"鞋"、"海"與"蟹"、"害"與"懈"，是沒有分別的。"該"與"皆"、"改"與"解"，却有分別，則因爲見母開二自成一類的緣故。

蟹攝合口一、二等不相混，這和現代漢語的情形相同。最值得注意的是"掛、卦、話"三個字讀-oai。它們在漢語各方言裏，似乎都混入麻韻去了。"畫"字讀 hoa⁶，大約是受了近代漢語的影響。"槐"字讀 hoe²，則是古漢越語的殘留。參看下文第七節。

蟹攝三、四等的讀音沒有什麼值得特別解釋的。中國廈門正是這種讀法，客家於這些韻的齊齒字，讀音也大致相同。"西、洗"二字讀 təy，原因不明。

(五)效攝 [ao][ieu]

甲.開一、二：豪、肴。[ao]

奧 ao⁵　　包 bao¹　　胞 bao²　　保飽 bao³　　報豹 bao⁵

暴 bao⁶　　高膏 cao¹　　告 cao⁵　　桃逃 dao²　　倒禱 dao³

道 dao⁶　　豪壕毫肴爻 hao²　　好 hao³　　蒿哮 hao¹

皓 hao⁶　　考拷 khao³　　勞 lao¹　　老 lao⁴　　毛 mao¹

帽冒貌 mao⁶　　惱 nao⁴　　傲 ngao⁶　　遨 ngao¹

掃早燥棗 tao³　　草 thao³　　爪 trao³　　罩 trao⁵　　巢 sao²

交 giao¹　　教 giao⁵　　敲 xao¹　　巧 xao³

例外：號效灝 hieu⁶　　孝 hieu⁵

乙.開三、四:蕭、宵。［ieu］

標 bieu¹　　表 bieu³　　招 chieu¹　　照 chieu⁵　　調條 dieu²

弔 dieu⁵　　曉 hieu³　　驕 kieu¹　　轎 kieu⁶　　僚 lieu⁶

料 lieu⁶　　廟 mieu⁵　　饒 nhieu¹　　消椒 tieu¹　　小 tieu³

燒 thieu¹　　韶 thieu²　　少 thieu³　　紹 thieu⁶　　朝 trieu²

兆 trieu⁶　　貓 mieu¹　　叫 khieu⁵　　夭 yeu³　　要 yeu⁵

例外:遙 zao¹

效攝總討論

在漢越語裏,一切二等韻(江佳皆刪山耕咸銜等)的開口字都是和一等字相混的,肴韻也不能例外,所以弄得"保""飽"同音,"報""豹"同音,"豪""肴"同音,"帽""貌"同音。又和其他二等韻字一樣,見母開二的肴韻字是不會和其他相當的豪韻字相混的,所以"高""交"不混,"告""教"不混。至於"尻"與"敲"有分別,"考"與"巧"有分別,則又因爲肴韻溪母讀 x-的緣故了。

例外字恐怕都是些偶然的現象,所以不談。

(六)流攝　　［əu］［u］［ɤu］

甲.開一、二:侯鄒(尤二)　　［əu］

鈎 cəu¹　　頭 dəu²　　斗 dəu³　　鬬 dəu⁵　　豆 dəu⁶

后後 həu⁶　　侯 həu²　　口 khəu³　　樓 ləu¹　　漏 ləu⁶

透 thəu⁵　　走嫂 təu³　　奏 təu⁵　　母 məu⁴　　鄒 trəu¹

愁 səu²

乙.開三、四:尤幽。

(子)聲母爲 ph、t、th、z、tr、nh、ch、x 者。［u］

婦負 phu⁶　　修 tu¹　　囚 tu²　　秀 tu⁵　　首守 thu³

獸 thu⁵　　受 thu⁶　　稠 thu²　　遊油 zu¹　　誘 zu⁶

紂 tru⁶　　周 chu¹(又 chəu¹)　　　　柔 nhu¹

醜 xu⁵(又 xəu⁵)

例外:副 phɔ⁵　　由猶 zɔ¹　　壽 thɔ⁶

　　　酉 zəu⁶　　　就 tyu⁶　　　㝷 tryu³

（丑）聲母爲 c、h、ng、m、l、s 者。[ɥu]

　　舅 cyu⁴　　　九久 cyu³　　救 cyu⁵　　　舊 cyu⁶　　　休 hyu¹

　　友有右 hyu⁴　牛 ngyu¹　　謀 myu¹　　　流劉 lyu¹　　抽 syu¹

　　丑 syu³

　　例外：求 cəu²　　謬 məu⁶　　　朽 hu³　　　柳 lieu⁴

（寅）字首爲元音者。[əu][u][ɥu]

　　憂 əu¹　　　幼 əu⁵　　　幽 u¹　　　　穋 yu¹

流攝總討論

　　流攝一、二等没有問題；三、四等的情形頗爲複雜。尤韻大部
分的字讀-u，這是和虞韻相混的。尤和虞在上古，相近是當然，相混
却不至於。依我們猜想，尤韻在古漢越語裏大約是個 yu，或其類似
的音（如 iu）；後來有一部分字受了聲母影響，就混進了虞韻去了，
以至"須""修"同音，"儒""柔"同音，"喻""誘"同音了。這些混入
虞韻的字大致都是舌齒音（t、th、z、tr、nh、ch、x）；至於輕脣音的"父"
"婦"相混之類，則恐怕又是另受近代漢語的影響了。

（七）宕攝①　　[aŋ][waŋ][ɥaŋ][ɔŋ][woŋ]
　　　　　　　　　　[ak][wak][ɥɐk][ɔk][wok]

甲．開一、二：唐、莊（陽）、江　[aŋ]

　　　　　鐸、覺　[ak]

　　黨 dang³　　　湯 thang¹　　幫 bang¹　　傍 bang²　　行 hang²

　　康 khang¹　　抗 khang⁵　　郎 lang¹　　　囊 nang¹　　喪臟 tang¹

　　藏 tang²　　　葬 tang⁵　　臟 tang⁶

　　莊粧 trang¹　　壯 trang⁵　　狀 trang⁶　　牀 sang²

　　江 giang¹　　　講 giang³　　降 giang⁵　　降（平聲）hang²

　　巷 hang⁶　　　邦 bang¹　　龐 bang²

---

① 這裏宕攝包括江攝。

度 dac⁶　　作 tac⁵　　鑿 tac⁶　　惡 ac⁵　　薄 bac⁶

各閣 cac⁵　　落 lac⁶　　莫 mac⁶　　愕 ngac⁵　　鶴 hac⁶

覺角 giac⁵　　確 xac⁵　　樂 nhac⁶　　朴 phac⁵

例外：堂塘唐糖 dyɐŋ²　　　當 dyɐŋ¹　　　倉蒼 thyɐŋ¹

　　　剛綱 cyɐŋ¹　　　　霜 syɐŋ¹　　　學 hɔc⁶

注：莊類入聲（藥二）祇有"斮"字，頗僻，不論。但以理推之，"斮"當讀作 trac⁵。

乙·合一：光（唐合）〔waŋ〕

　　　　郭（鐸合）〔wak〕

光 quang¹　　廣 quang³　　荒 hoang¹　　黃皇 hoang²

郭 quac⁵　　鑊 hoac⁶　　霍 hoac⁵

例外：汪 uong¹

丙·合二：雙（江合）〔ɔŋ〕

　　　　朔（覺合）〔ɔk〕

窗雙 sɔng¹　　朔稍槊 sɔc⁵　　捉 trɔc⁵

例外：桌 trac⁵

丁·開三、四：陽〔ɰɐn〕

　　　　　藥〔ɰɐk〕

強 cyɐng²　　章 chyɐng¹　　脹瘴 chyɐng⁵　　陽羊楊 zyɐng¹

香 hyɐng¹　　向 hyɐng⁵　　糧 lyɐng¹　　量 lyɐng⁶

娘 nyɐng¹　　讓 nhyɐng⁶　　暢 xyɐng⁵　　墻詳祥 tyɐng²

想 tyɐng³　　將相 tyɐng⁵　　槍傷商 thyɐng¹　　常 thyɐng²

長 tryɐng²　　仗 tryɐng⁶　　腳 cyɐc⁵　　虐 ngyɐc⁶

著 tryɐc⁵　　綽 xyɐc⁵　　約 yɐc⁵　　藥 zyɐc⁶

略 lyɐc⁶　　若 nhyɐc⁶　　爵雀削 tyɐc⁵

戊·合三、四：狂（陽合）

（子）牙音及影母〔woŋ〕

狂 cuong²　　誆 cuong⁵　　匡筐 khuong¹　　枉 uong³　　況 huong⁵

（丑）喻母　［ʉɐŋ］

　　王 vyɐng¹　　　旺 vyɐng⁶

　　例外：往 vang⁴

（寅）脣音　［ɔŋ］

　　房防 phɔng²　　放 phɔng⁵　　亡 vɔng¹　　網輞 vɔng⁴　　望 vɔng⁶

　　例外：方 phyɐng¹

注：狂類入聲（藥合）常用字衹有一個"縛"字，讀 phac⁶，是例外。依古漢越語 buoc⁶ 字看來，它應該讀 phɔc⁶（buoc→phuoc→phoc→phɔc）。

宕攝總討論

以漢越語本身的系統而論，宕攝的 ang、ac 代表開口呼，oang、oac 和 ɔng、ɔc 代表合口呼，yɐng 代表齊齒呼，uong 代表撮口呼。"堂塘當倉剛霜"等字由開口讀入齊齒，"學"字由開口讀入合口；"桌"字由合口讀入開口，"汪"字由合口讀入撮口；"往"字由撮口讀入開口，"王旺方"由撮口讀入齊齒，"房放亡望"等字由撮口讀入合口。這是頗爲雜亂的。

爲什麼 ɔng、ɔc 可認爲合口呢？因爲其他合口韻如東屋模之類都有些字是以 ɔ 爲主要元音的。爲什麼 uong 可認爲撮口呢？因爲那個 u-是重讀的 u，而 u 在漢越語裏恰表示撮口。

宕攝開口一、二等相混，合口一、二等不相混，情形和蟹攝相同。江韻分爲開合兩呼（入聲覺韻同），是依照《四聲等子》和《切韻指南》。

（八）曾攝　［ăŋ］［wăŋ］［ʉŋ］
　　　　　　　［ăk］［wăk］［ʉk］

甲.開一、二：登、礑（蒸二）　［ăŋ］
　　　　　　　德、側（職二）　［ăk］

　　恒 hʌng²　　登 dʌng¹　　　能 uʌng¹　　增僧 tʌng¹　　甑 tʌng⁵

　　層 tʌng²　　騰 dʌng²

黑 hᴀc^5　刻克剋 khᴀc^5　得 dᴀc^5　則塞稷 tᴀc^5　特 dᴀc^6

劾 hᴀc^6　側仄 trᴀc^5　賊 tᴀc^6　測穡色 sᴀc^5　北 dᴀc^5

匐 hᴀc^6

例外:肯 khyng^5　　曾(曾經)tyng^2

　　　德 dyc^5　　墨 myc^6(又姓墨 mᴀc^6)

乙.合一:肱(登合)〔wăŋ〕

　　　　或(德合)〔wăk〕

肱 quᴀng^1　弘 hoᴀng^2　或惑 hoᴀc^6

例外:國 quoc^5

丙.開三、四:蒸 〔ʉŋ〕

　　　　　職 〔ʉk〕

應 yng^5　興 hyng^1　蒸 chyng^1　證 chyng^5　稱 xyng^1

孕 zyng^6　繩 thyng^2　徵 tryng^1　懲 tryng^2　憑 byng^6

極 cyc^6　職織 chyc^5　識 thyc^5　逼 byc^5　翼 zyc^6

棘 cyc^5　抑臆 yc^5　實食 thyc^6　息即 tyc^5　直 tryc^6

例外:蠅 zᴀng^1　升陞 thᴀng^1　勝 thᴀng^5　陵 lᴀng^1

　　　冰 bᴀng^1　兢 cᴀng^1　承丞乘 thya^2

　　　陟 trᴀc^5　敕 sᴀc^5　匿 nᴀc^6

丁.合三:域(職合)〔ʉk〕

　　　域蜮 vyc^6　洫 hyc^5

曾攝總討論

在《切韻指掌圖》裏,蒸登及其入聲是和庚耕清青及其入聲合爲一攝的。在漢越語裏,前者和後者截然不紊(參看下文),所以我們依照《切韻指南》把它們分爲曾梗兩攝。

曾攝二等平聲只有"磳、殑"等僻字,上去聲没有字,入聲則有很普通的字如"側、仄、昃、測、色、嗇、穡"等。一等合口呼的字很少,三等合口(撮口)更少,而且衹有入聲。

一、二等讀-ᴀng,三、四等讀-yng,衹是從常理推測而定的;其中例外字頗多,如"肯、曾、德、墨"是一等字而讀-yng,"蠅、升、陵、冰、兢、陟、敕、匿"是三、四等字而讀-Ang。"國"字讀 quoc 也許是受了近代漢語的影響。最特別的是"承、丞、乘"讀-ya,可能是古音的殘留。

(九)通攝 [oŋ][uŋ]
　　　　　　　　[ok][uk]

甲·合一:東、冬　[oŋ]
　　　　屋、沃　[ok]

公功工攻 cong¹	貢 cong⁵	東冬 dong¹	同童銅桐 dong²
動 dong⁶	紅 hong²	空 khong¹	翁 ong¹　孔 khong³
控 khong⁵	農 nong¹	宗 tong¹	總 tong³　送宋 tong⁵
通 thong¹	統 thong³	捧 bong⁴	蒙 mong¹　夢 mong⁶
縠 coc⁵	酷斛 hoc⁵	督 doc⁵	毒獨 doc⁶　木 moc⁶
僕 boc⁶	鹿祿 loc⁶	屋 oc⁵	速 toc⁵　族 toc⁶

乙·合二、三、四:中(東二、三、四)、鍾　[uŋ]
　　　　　　　　竹(屋三、四)、燭　[uk]

宮恭 cung¹	窮 cung²	終鍾 chung¹	眾 chung⁵　兇 hung¹
雄 hung²	絨 nhung¹	膿 nung¹	諷 phung⁵　馮縫 phung²
奉 phung⁶	蟲 trung²	充 xung¹	崇 sung²　頌 tung⁶
中忠 trung¹	中(射中)trung⁵		廱 ung¹　容 zung¹
用 zung⁶	松 tung²		
菊 cuc⁵	育欲 zuc⁶	曲 khuc⁵	足 tuc⁵　俗 tuc⁶
六錄綠 luc⁶	目 muc⁶	福 phuc⁵	服伏 phuc⁶　束 thuc⁵
竹 truc⁵	燭 chuc⁵	蜀贖 thuc⁶	肉 nhuc⁶

例外:共 cong⁶(又 cung⁶)　　衝 xong¹　　風封峰蜂 phong¹
　　　龍 long¹　　　　　　　重仲 trong⁶(又 trung⁶,chuong⁶)
　　　從 tong²(又 tung²)　玉 ngoc⁶　　屬 thuoc⁶

通攝總討論

通攝二等祇有一個"崇"字(入聲無字),沒有什麼值得討論的。

一等没有例外字。東冬無別,中鍾無別,與漢語各方言的情形相同。但是,合口呼與撮口呼大有分別,爲漢語官話所不及。它是和客家話異曲同工的。客家話能分辨"公"與"恭"、"孔"與"恐"、"穀"與"菊"、"隆"與"龍"、"祿"與"六"、"農"與"濃"、"宗"與"蹤"、"叢"與"從"等字,漢越語也是如此。祇有"共、衝"二字是由撮口呼讀入合口呼的。

最值得注意的,是"風封峰蜂龍重仲從玉"等字,它們的主要元音是ɔ。試以"諷"與"風"比、"鍾"與"重"比、"中"與"仲"比、"松"與"從"比、"肉"與"玉"比,則見前者是合規則的,後者是不合規則的。但是,在這不規則的上頭,也許我們可以窺見古音的殘留。漢代的東鍾韻,也許正是一個ɔng,所以它那樣容易和陽部押韻。由此一説,則江韻的"雙窗"與其入聲"朔捉學",也都是古東鍾韻及其入聲的殘留。而"放房亡望"等字倒反可説是讀入古東鍾韻去了。我們可以假定漢代的東是個ɔng,而鍾是個uɔng("鍾"讀-uong是另一種殘迹)。

(十)梗攝　［aŋ］［waŋ］［iŋ］［yŋ］

　　　　　　　　［at］［wat］［it］［yt］

甲.開二:庚耕　［aŋ］

　陌、隔(麥開)　［at］

鶯鸚 anh[1]　庚耕更羹 canh[1]　行 hanh[2]　杏行(去聲)hanh[6]

冷 lanh[6]　　盲 manh[1]　　　爭 tranh[1]　孟 manh[6]

生 sanh[1](又 sinh[1]、senh[1])　百 bach[5]　白 bach[6]　隔革 cach[5]

核 hach[6]　客 khach[5]　　　額 ngach[6]　責 trach[5]　策册 sach[5]

宅 trach[6]

乙.合二:橫(庚合二)、宏(耕合)　［waŋ］

　　　　　　　麥　［wat］

橫宏 hoanh[2]　舽 quanh[1]　轟 hoanh[1]　獲 hoach[6]　蟈 quach[5]

例外:麥脈 mach[6]

丙.開三、四：京（庚開三）、清、青　［iŋ］

　　　　　　戟（陌開三）、昔、錫　［it］

瓶 binh² 　整 chinh³ 　正 chinh⁵ 　丁 dinh¹ 　庭廷停亭 dinh²

鼎 dinh³ 　訂 dinh⁵ 　定 dinh⁶ 　井省 tinh³ 　形刑 hinh²

輕 khinh¹ 　經京驚 kinh¹ 　敬鏡 kinh⁵ 　迎 nghinh¹（又 nghenh¹）

寧 ninh¹ 　侫 ninh⁶（又 sinh⁶?）　星精晶 tinh¹ 　淨靖 tinh⁶

靜 tinh⁴ 　貞 trinh¹ 　呈 trinh² 　性 tinh⁵ 　盛 thinh⁶

益 ich⁵ 　擊 kich⁵ 　逆 nghich⁶ 　的嫡 dich⁵ 　敵笛 dich⁶

歷曆 lich⁶ 　積迹 tich⁵ 　籍寂 tich⁶ 　釋刺 thich⁵ 　尺赤 xich⁵

例外：英嬰 anh¹ 　　影 anh³ 　　映 anh⁵ 　　名 zanh¹

　　　景境 canh³ 　　慶 khanh⁵ 　　釘 danh¹（但又 kinh¹）

　　　聲清 thanh¹ 　　腥 tanh¹ 　　餅 banh⁵（但又 binh⁵）

　　　病 benh⁶（但又 binh⁶）　　　令 lenh⁶（但又 linh⁶）

　　　盈贏 zoanh¹

　　　亦 ziec⁶ 　　隻 chiec⁵ 　　惜錫 tiec⁵ 　　席 tiec⁶

　　　石 thach⁶

丁.合三、四：兄（庚合三）、營（清合四）、螢（青合四）。

　　　　　　役（昔合三、四）、闃，（錫合四）。

（子）脣音及喻母　［iŋ］［it］

平 binh² 　　並 tinh⁶ 　　明 minh¹ 　　兵 binh¹ 　　丙 binh³

榮 vinh¹ 　　永 vinh⁴ 　　泳詠 vinh⁶ 　　營 zinh¹（又 zoanh¹）

碧 bich⁵（又 biec⁵）　　　役 zich⁶

例外：命 menh⁶（又 mang⁶）

（丑）其他　［yŋ］［yt］

兄 huynh¹ 　　螢 huynh² 　　傾 khuynh¹ 　　縈 quynh² 　　扃 quynh¹

闃 khuych⁵ 　　耆 huych⁵

梗攝總討論

梗攝和曾攝截然不同：非但主要元音不同，甚至字尾的收音也相差很遠。曾攝的收音是 ng、k,梗攝收音是 nh、ch。在《切韻指掌圖》裏,蒸登與庚耕清青共入一圖,因爲後一種韻沒有一等字,所以登韻還不至於和他韻相混;但是,蒸韻的字却和庚清青三韻的字混在一起了。依漢越語的系統看來,正如魚虞不該相混一樣,曾攝和梗攝也不該相混,試看下列的每一組字,在漢語各方言裏大約都讀成同音字了。它們在漢越語裏仍舊是不相混的。

驚 kinh^1：兢 cʌng^1　　　迎 nghenh^1：凝 ngyng^1

呈 trinh^2：懲 tryng^2　　　征 chinh^1：蒸 chyng^1

聲 thanh^1：升 thʌng^1　　　盈 zoanh^1：蠅 zʌng^1

馨 hinh^1：興 hyng^1　　　靈 linh^1：陵 lʌng^1

逆 nghich^6：嶷 ngyc^6　　　積 tich^5：即 tyc^5

辟 tich^5：逼 byc^5　　　釋 thich^5：識 thyc^5

益 ich^6：憶 yc^5　　　譯 zich^6：翼 zyc^6

歷 lich^6：力 lyc^6

梗攝脣音合口字都讀入開口(開口齊齒兩呼)。實際上,它們也許是假合口。合三的喻母字也讀入齊齒,這因爲聲母 v 已有合口的性質。"營、役"二字是喻四的字,也讀入齊齒是不可解的,除非我們假定它們是受了近代漢語官話的影響(官話"營"ing、"役"i)。

有些越化漢字,如"名景釘聲石"等,都變了開口呼;另有些讀成-enh。最特別的是"亦隻碧惜錫席"等字的韻母都讀作-iec。這是保存古漢越語的[k]尾了(參看下文第七節)。恰好這些都是昔韻字,令我們猜想這個韻有點兒特別。依照漢語古音的系統,梗攝入聲也該是[k]尾;其所以大多數入聲都變了[t]尾的原因,頗難索解,但這幾個字的[k]尾總算是古音的殘留。由此類推,平上去三聲也該是本來有[ŋ]尾的了。

(十一)山攝 　[an][wan][ien][yen]

　　　　　　　[at][wat][iet][yet]

甲.開一、二:寒、删、山　[an]

　　　　　曷、黠、鎋　［at］

安 an¹　　　　肝 can¹　　　　彈 dan²　　　寒 han²　　看 khan⁵

蘭 lan¹　　　　難(去)nan⁶　　殘 tan²　　　歎 than¹

姦間艱 gian¹　　閒 han²　　　　簡 gian³　　蠻 man¹　　慢 man⁶

顏 nhan¹　　　　眼 nhan⁴　　　鴈 nhan⁶　　晏 an⁵　　　燦 san⁵

曷 hat⁶　　　　渴 khat⁵　　　達 dat⁶　　　闥獺 that⁵

轄 hat⁶　　　　札 trat⁵　　　察擦 sat⁵

例外：山 sɐn¹　　　單丹 dɐn¹

乙．合一、二：桓、關(删合)、鰥(山合)。

　　　　　　末、滑(黠合)、刮(鎋合)。

(子)脣音　［an］

　　　　　　［at］

班 ban¹　　　半 ban⁵　　　潘 phan¹　　判 phan⁵　　滿 man⁴

鉢八 bat⁵　　拔 bat⁶　　　末 mat⁶

(丑)非脣音　［wan］

　　　　　　　［wat］

官棺 quan¹　　管 quan³　　館 quan⁵　　寬 khoan¹　款 khoan³

歡 hoan¹　　　完丸 hoan²　緩 hoan⁴　　換 hoan⁵　端 doan¹

盌 oan³　　　　短 doan³　　酸 toan¹　　算 toan⁵　　卵 loan⁴

亂 loan⁶

關 quan¹　　　還 hoan²　　患 hoan⁶　　頑 ngoan¹　撰饌 soan⁶

刮括 quat⁵　　闊 khoat⁵　活 hoat⁶　　奪 doat⁶　　撮 toat⁵

丙．開三、四：軒(元開三)、先、仙　［ien］

　　　　　　　歇(月開三)、屑、薛　［iet］

軒 hien¹　　　獻 hien⁵　　建 kien⁵　　健 kien⁶

堅 kien¹　　　見 kien⁵　　牽 khien¹　　研 nghien¹　賢 hien²

顯 hien³　　　現 hien⁶　　癲 dien¹　　典 dien³　　田 dien²

殿電 dien⁶　　演 zien⁴　　戰 chien⁵　　遣 khien⁵　年 nien¹

然 nhien¹　　連蓮 lien¹　　煙 ien¹　　　先仙 tien¹　　前錢 tien²

善 thien⁶　　天千 thien¹

竭 kiet⁶　　歇 hiet⁵　　謁 iet⁵

結 kiet⁵　　傑 kiet⁶　　潔 khiet⁵　　熱 nhiet⁶　　節 tiet⁵

切設鐵 thiet⁵　　哲 triet⁵

例外：練 luyen⁶　　綫 tuyen⁵　　蟬 thuyen²　　延 zuyen¹

　　　　　結髻 ket⁵（但"結"又讀 kiet⁵）

丁.合三、四：元、淵（先合）、緣（仙合）

　　　　　　月、穴（屑合）、雪（薛合）

（子）輕脣音　［an］

　　　　　　［at］

反返 phan³　　飯 phan⁶　　晚 van⁴　　　萬 van⁶　　發髮 phat⁵

伐罰 phat⁶

例外：番 phien¹　　煩 phien²　　筏 phiet⁶

（丑）重脣及喻三　［ien］

　　　　　　　　［iet］

園 vien¹　　　遠 vien⁴　　越 viet⁶　　曰 viet⁵

編邊 bien¹　　扁 bien³　　變 bien⁵　　員圓 vien¹　　院 vien⁶

面 zien⁶　　免 miən⁴　　片 phien⁵　　便 tien⁶　　篇偏 thien¹

別 biet⁶　　滅 ziet⁶

（寅）其他　［yen］

　　　　　　［yet］

元原源 nguyen¹　阮 nguyen⁴　　願 nguyen⁶　勸 khuyen⁵

月 nguyet⁶　　闕 khuyet⁵

捐 quyen¹　　權拳 quyen²　　卷 quyen³　眷 quyen⁵　淵 uyen¹

宛 uyen³　　玄懸絃 huyen²緣 zuyen¹　川 xuyen¹　釧 xuyen⁵

舛 xuyen³　　專 chuyen¹　　轉 chuyen³　傳 chuyen⁶　選 tuyen³

決 quyet⁵　　血 huyet⁵　　穴 huyet⁶　雪 tuyet⁵　絕 tuyet⁶

説 tuyet⁵ 閲 zuyet⁶ 輟 suyet⁵

例外:寃 oan¹ 怨 oan⁵ 鳶 zien¹

全旋 toan²(但又 tuyen²)

山攝總討論

漢越語裏先仙没有分别,正如蕭宵没有分别一樣。寒山没有分别却是出乎意料之外的。又在《切韻》裏,元仙距離頗遠,而《指掌圖》《四聲等子》等書則元仙同攝同等;現在漢越語是和後者相合的。元和仙,月和薛,實際上是相混的。

“山、單、丹”的韻母是-ɐn,這是很特别的(依照 Chéon,“單丹”仍該是 dan¹)。咸攝裏有個“膽”字讀 dɐm³,可以比對着看。

合口脣音和喻三總是一種特殊情形。因爲 b、f、v 之類既是脣音,近於合口,不必在它們的後面再加上一個[w]或[y]了。於是合一的脣音讀如開口呼。合三的喻母字及合口三、四的重脣字讀如齊齒呼,又合三的輕脣字讀如開口呼(少數讀入齊齒)。

元韻合口影母“寃怨”讀 oan,先韻合口影母“淵”字讀 uyen,似乎可以表示元和先仙是有分别的。但“寃怨”是三等字,“淵”是四等字,也許是等的影響,而不是韻的影響。

(十二)臻攝 ［ən］［on］［wən］
［ət］［ot］［wət］

甲.開一、二:痕臻 ［ən］

櫛 ［ət］

恩 ən¹ 痕 hən² 恨 hən⁶ 懇 khən³ 臻 trən¹

櫛 trət⁵ 瑟 sət⁵

例外:根 cʌn¹

乙.合一:魂 ［on］

没 ［ot］

盆 bon² 本 bon³ 屯 don² 昏婚 hon¹ 魂 hon²

混 hon⁵ 溷 hon⁶ 坤 khon¹ 困 khon⁵ 門 mon¹

尊孫 ton¹　　　損 ton³　　　溫 on¹　　　村 thon¹　　　存 ton²

奔 bon¹

骨 cot⁵　　　突 dot⁶　　　卒 tot⁵　　　訥 not⁵

忽 hot⁵

例外：論 luən⁶　　　悶 muon⁶

丙.開三、四：真、欣　〔ən〕

　　　　　　質、迄　〔ət〕

印 ən⁵　　　貧 bən²　　　民 zən¹　　　引 zən⁴　　　鄰 lən¹

人因 nhən¹　銀 ngən¹　忍 nhən⁴　認 nhən⁶　盡 tən⁶

新濱 tən¹　身親 thən¹　神臣 thən²　塵 trən²　鎮 trən⁵

陣 trən⁶　巾 cən¹　嗔 xən¹　殷 ən¹　隱 ən³

欣 hən¹　勤芹 cən²　斤筋 cən¹　垠圻鄞 ngən¹　謹 cən³

質 chət⁵　密 mət⁶　一 nhət⁵　不 bət⁵　日 nhət⁶

悉必 tət⁵　疾 tət⁶　失七 thət⁵　實 thət⁶　窒 trət⁵

溢 zət⁶

迄 hət⁵　訖 cət⁵　乞 khət⁵

例外：辰 thin²　　信 tin⁵　　　　進 tien⁵（但又 tən⁵）

　　　　筆 but⁵　　吉 cat⁵（但又 cət⁵）　姪 diet⁶

丁.合三、四：諄、文

　　　　術、物

（子）脣音及喻三　〔ən〕〔ət〕

分 phən¹　　粉 phən³　　分(去)憤 phən⁶　　　刎 vən⁴

問 vən⁵　　運 vən⁶　　云雲 vən¹

拂彿 phət⁵ 佛 phət⁶　物 vət⁶

例外：文聞 vʌn¹

（丑）其他　〔wən〕〔wət〕

均 quən¹　　遵荀 tuən¹　旬 tuən²　訓 huən⁵　　春 xuən¹

倫 luən¹　　閏 nhuən⁶　馴 thuən²　順 thuən⁶

軍君 quən¹　群裙 quən²　郡 quən⁶　薰醺勳 huən¹　醞蘊 uən³
橘 quət⁵　　出 xuət⁵　　律 luət⁶　　述術 thuət⁶　戌 tuət⁵
紬 truət⁵　尤 truət⁶　蜶 suət⁵
屈 khuət⁵　鬱 uət⁵

臻攝總討論

臻攝開一、二等和三、四等,在漢越語裏是相混的。但是,我們猜測古漢越語的情形並不如此。從幾個例外字的上頭,我們可以窺見古音的遺迹。"根"字讀 cʌn¹,我們由此猜想古漢越語的臻攝開口一、二等字本來是個[ăn],恰和曾攝開口呼的[ăŋ]相配。"辰"字讀 thin²,"信"字讀 tin⁵,我們由此推測臻攝三、四等字本來是個[in](參看下文第七節)。

等韻學家一向把諄文放在同一個攝裏,這在漢越語裏可以得到證明。所謂文韻,幾乎可説是從諄韻抽出來的喉牙脣三類的三等字。輕脣音及喻三,也像山攝那樣,變入開口。"文、聞"二字也變開口,但它們不變爲 ən 而變爲 ʌn,這是很富於啟示性的,因爲它們是古漢越語遺音,而古時臻攝的開口呼恰該是 ʌn[ăn]。

(十三)咸攝　　[am][iem]
　　　　　　　　　　[ap][iep]

甲.開一、二:覃、談、咸、銜　[am]
　　　　　　合、盍、洽、狎　[ap]

暗 am⁵　　　柑甘疳 cam¹　感敢 cam³　擔 dam¹　膽 dam³
(又 dɐm³)淡 dam⁶　　含函 ham²　堪 kham¹　婪 lam¹
三 tam¹　　暫 tam⁶　　貪 tham¹　探 tham⁵　蠶 tam²
酣 ham¹　　談壜 dam²　咸銜鹹 ham²　監 giam¹　減 giam³
鑑 giam⁵
荅 dap⁵　　雜 tap⁶　　臘 lap⁶　　踏 dap⁶　　塔 thap⁵
納 nap⁶　　甲 giap⁵　　鴨押壓 ap⁵
例外:　　盒 hop⁶　　合 hɐp⁶(但又 hɔp⁶,hap⁶)

乙.開三、四:鹽、添、嚴、劍（凡開）　〔iem〕

　　　　　葉、帖、業　〔iep〕

　　佔 chiem⁵　　　鹽閻 ziem¹　　嫌 hiem¹　　險 hiem³　　檢 kiem³

　　謙 khiem¹　　　廉 liem¹　　　斂 liem⁶　　黏 niem¹　　念 niem⁶

　　嚴 nghiem¹　　驗 nghiem⁶　　貶 biem³　　炎 viem¹　　掩 yem³

　　瞻 chiem¹

　　劍 kiem⁵　　　欠 khiem⁵

　　脅 hiep⁵　　　劫 kiep⁵　　　俠協 hiep⁶　　怯 khiep⁵　　業 nghiep⁶

　　接 tiep⁵　　　妾 thiep⁵　　涉 thiep⁶　　葉 ziep⁶

丙.合三:凡　〔am〕

　　　　乏　〔ap〕

　　凡 pham²　　　犯梵 pham⁶

　　法 phap⁵　　　乏 phap⁶

　　例外:汎 phiem⁵

咸攝總討論

　　咸攝二等和一等沒有分別,恰像山蟹效諸攝一樣。見母開二字和開一有別（甘 cam：監 giam）,亦與諸攝的情形相同。凡韻分開合兩呼,係依明清等韻書。凡韻輕脣字讀入開口,與元韻輕脣字同;"汎"字讀 phiem⁵ 爲例外,亦與元韻"番煩"二字之讀 phien¹、phien² 情形相同。

　　(十四)深攝　〔əm〕〔əp〕

　　開二、三、四:侵　〔əm〕

　　　　　緝　〔əp〕

　　錦 cəm³　　　禁 cəm⁵　　　欽 khəm¹　　吟 ngəm¹　　淫 zəm¹

　　林臨 ləm¹　　凜 ləm⁴　　　沈 trəm²　　簪 trəm¹　　朕 trəm⁴

　　侵 xəm¹　　　心 təm¹　　　尋 təm²　　浸 təm³　　深 thəm¹

　　審 thəm³　　　滲 thəm⁵　　稟 bəm³　　品 phəm³

　　急給 cəp⁵　　　及 cəp⁶　　　吸 həp⁵　　泣 khəp⁵　　入 nhəp⁶

邑揖 əp⁵　　執 chəp⁵　　十 thəp⁶　　習集 təp⁶　　立 ləp⁵

例外：金 kim¹

深攝總討論

深攝非常簡單。但是，我們應該特別注意者：侵韻在古漢越語裏應該是個-im。"金"字讀 kim¹ 已經足以啟示我們了；此外還有白話"尋"字説成 tim²，"沈"字説成 chim²，也可幫助證明。和侵韻相當的緝韻也有類似的情形："急"字白話是 kip⁵，"及"字白話是 kip⁶，由此可知緝韻的古音是 ip。再拿上文的真質韻來看，更覺得事非偶然的了。

果			止			遇			
a	ua			i	uy	o	ɐ	u	y
蟹									
ai	oi	uai	e	ue					
效			流						
ao		ieu	əu	u	yu				
宕				曾			通		
ang	uang	ɔng	yɐng	uong	ʌng	uʌng	yng	ong	ung
ac	uac	ɔc	yɐc		ʌc	uʌc	yc	oc	uc
				梗					
				anh	uanh	inh	uynh		
				ach	uach	ich	uych		
山				臻					
an	uan	ien	yen	(ʌn)	on	nɐ	uɐn		
at	uat	iet	yet	(ʌt)	ot	ət	tɐ		
咸				深					
am		iem		əm					
ap		iep		əp					

"稟"字今漢語官話讀 ping，"品"字讀 p'in；粵語本該有-m 尾的，但廣州"稟、品"都讀 pɐn。漢越語"稟、品"都能保持着字尾

-m,這是很難得的。

現在我們對於上述的韻母系統試作一個結論。上面的一個圖可以表示整個韻母系統的大概情形:

横看第一排,果止遇三攝是元音的韻,第二排蟹攝是前升的複合元音,第三排效流兩攝是後升的複合元音,第四排宕曾通三攝是舌根韻,第五排梗攝是舌面韻,第六排山臻兩攝是舌尖韻,第七排咸深兩攝是脣韻。

直看第一排,果蟹宕山咸五攝開口呼的主要元音都是 a;合口呼除灰韻的 oi 外,都是 ua-;齊齒呼除宕攝外,主要元音都是 e;撮口呼也是一樣。第二排止流曾梗臻深六攝比較地參差些,它們的齊齒呼可以分爲三類,止和梗的主要元音是 i,臻和深是 ə-,流和曾是 y-(有鬍子的 u)。第三排遇通兩攝頗整齊,合口呼的主要元音是 o,撮口呼的主要元音是 u,魚韻的 ɐ 和 y 在通攝裏沒有相配的韻。

六、漢越語的聲調

漢越語的聲調系統是很簡單的。在上文第二節末段裏,我們已經説了一個大概,在中國的吳語、閩語和粵語裏,大致説來,四聲都可以分爲兩類,即陰平、陽平、陰上、陽上、陰去、陽去、陰入、陽入,共八聲。上文説過,如果把收音於-c、-ch、-t、-p 的字認爲入聲字(事實上也代表了漢語的入聲字),則第五聲(sac[5])可分爲陰去和陰入兩類,第六聲也可分爲陽去和陽入兩類,連同 1、2、3、4,也是共有八聲,爲了稱呼的方便起見,我們直截了當地就用陰平、陽平……等字來表示越語的聲調:

陰平 = bʌng[2]　　　　　　　　陽平 = huyen[2]

陰上 = hɔi[3]　　　　　　　　　陽上 = nga[4]

陰去 = 以元音或鼻音收聲的 sʌc[5]

陽去 = 以元音或鼻音收聲的 nʌng[6]

陰入 = 以破裂音收聲的 sʌc[5]　　　陽入 = 以破裂音收聲的 nʌng[6]

　　在漢語各地的方言裏,如果聲調分爲陰陽兩類,則古清母的字讀入陰調類,古濁母的字讀入陽調類。在漢越語裏,大致也是依照這一個規則,只是對於次濁的字與漢語的規則稍有不同。

　　原來中國的等韻家非但把聲母分清濁,而且於清音還細分爲全清和次清兩種,濁音還分爲全濁和次濁兩種,如下:

　　全清:見端知幫非影精照心審;

　　次清:溪透徹滂曉清穿敷;

　　全濁:群定澄並奉匣從床邪禪;

　　次濁:疑泥娘明微喻來日。

全清和次清完全依照漢語的規則,讀入陰調類;全濁也完全依照漢語的規則,讀入陽調類。祇有次濁一類和漢語的規則不盡相同:它的平聲讀入陰調類,和漢語適得其反;祇有仄聲讀入陽調類是和漢語相同的。關於疑泥娘明微來日七母,它們是鼻音和邊音(二者在古希臘語裏都屬於 liquids),自然可以獨成一類,並不足怪。其中最特別的乃是喻母:喻三讀 v 與微相混猶有可説,喻四讀 z 則是齒音,應該和邪母相似,若按古音則應該和定母相似,怎會跟着鼻音和邊音走呢? 這是暫難解答的一個問題。在未得解答以前,我們祇有先佩服古人分類的高明。

　　現在對於漢越語的八聲,分別舉例如下:

(1)陰平聲

全清:	金 kim¹	公 cong¹	堆 doi¹	都 do¹	貞 trinh¹
	中 trung¹	班 ban¹	邊 bien¹	分 phən¹	飛 phi¹
	安 an¹	哀 ai¹	宗 ton¹	災 tai¹	章 chyɐng¹
	周 chu¹	心 təm¹	絲 ti¹	收 thu¹	身 thən¹
次清:	牽 khien¹	欽 khəm¹	通 thong¹	偷 thəu¹	癡 si¹
	抽 syu¹	潘 phan¹	拋 phao¹	敷 phu¹	峰 phɔng¹
	虛 hy¹	軒 huyen¹	親 thən¹	聰 thong¹	昌 xyɐng¹
	充 xung¹				

次濁： 疑母： 疑 nghi¹　　梧 ngo¹　　嚴 nghiem¹

牙 nha¹　　顏 nhan¹

泥母： 泥 ne¹　　年 nien¹　　南 nam¹　　農 nong¹

能 nʌng¹

娘母： 娘 nyɐng¹　　濃 nung¹　　尼 ne¹　　拏 na¹

明母： 蠻 man¹　　毛 mao¹　　民 zən¹　　彌 zi¹

謀 myu¹

微母： 文 vʌn¹　　微 vi¹　　亡 vɔng¹　　無 vo¹

喻三： 炎 vien¹　　尤 vyu¹　　于 vu¹　　員 vien¹

王 vyɐng¹

喻四： 遺 zi¹　　由 zɔ¹　　遊 zu¹　　容 zung¹

緣 zuyen¹

來母： 羅 la¹　　蘭 lan¹　　連 lien¹

日母： 人 nhən¹　　兒 nhi¹　　儒 nhɔ¹　　然 nhien¹

(2)陽平聲

全濁： 狂 cuong²　　橋 kieu²　　談 dam²　　騰 dʌng²　　呈 trinh²

陳 trən²　　貧 bən²　　蒲 bo²　　肥 phi²　　扶 phu²

還 hoan²　　侯 həu²　　曹 tao²　　慈 ty²　　愁 səu²

床 sang²　　隨 tuy²　　松 tung²　　辰 thin²　　常 thyɐng²

(3)陰上聲

全清： 改 cai³　　景 canh³　　鼎 dinh³　　董 dong³　　肘 tru³

冢 trung³　　飽 bao³　　本 bon³　　府 phu³　　粉 phən³

隱 ən³　　掩 yem³　　剪 tien³　　獎 tyɐng³　　整 chinh³

枕 chəm³　　選 tuyen³　　寫 ta³　　手 thu³　　少 thieu³

次清： 款 khoan³　　可 kha³　　桶 thong³　　討 thao³　　昶 syɐng³

逞 sinh³　　頗 pha³　　品 phən³　　撫 phu³　　髮 phong³

好 hao³　　海 hai³　　淺 thien³　　且 tha³　　齒 xi³

剗 san³

（4）陽上聲

全濁： 舅 cyu⁴　　待 dai⁴　　佇 try⁴　　朕 trəm⁴　　憤 phən⁴
　　　 駭 hai⁴　　緩 hoan⁴　　餞 tien⁴　　士仕俟 si⁴　　盾 thuən⁴

次濁： 藕 ngəu⁴　　雅 nha⁴　　惱 nao⁴　　弩 no⁴　　女 ny⁴
　　　 買 mai⁴　　馬 ma⁴　　尾 vi⁴　　晚 van⁴　　吻 vən⁴
　　　 網 vɔng⁴　　武 vu⁴　　雨 vu⁴　　遠 vien⁴　　往 vang⁴
　　　 永 vinh⁴　　矣 hi⁴　　勇 zung⁴　　右 hyu⁴　　衍 zien⁴
　　　 以 zi⁴　　引 zən⁴　　誘 zu⁴　　呂 la⁴　　禮 le⁴
　　　 忍 nhən⁴　　乳 nhu⁴

（5）陰去聲

全清： 幹 can⁵　　故 co⁵　　對 doi⁵　　帝 de⁵　　鎮 trən⁵
　　　 智 tri⁵　　布 bo⁵　　報 bao⁵　　諷 phung⁵　　放 phɔng⁵
　　　 暗 am⁵　　案 an⁵　　贊 tan⁵　　再 tai⁵　　證 chyng⁵
　　　 戰 chien⁵　　信 tən⁵　　四 ty⁵　　稅 thue⁵　　聖 thanh⁵

次清： 氣 khi⁵　　快 khoai⁵　　透 thəu⁵　　痛 thong⁵　　暢 syɐng⁵
　　　 詫 sa⁵　　判 phan⁵　　片 phien⁵　　費 phi⁵　　訪 phɔng⁵
　　　 漢 han⁵　　化 hoa⁵　　趣 thu⁵　　粲 than⁵　　唱 xyɐng⁵
　　　 處 xy⁵

（6）陽去聲

全濁： 共 cong⁶　　舊 cyu⁶　　電 dien⁶　　鈍 don⁶　　仲 trong⁶
　　　 傳 truyen⁶　　叛 ban⁶　　敗 bai⁶　　梵 pham⁶　　飯 phan⁶
　　　 恨 hən⁶　　賀 ha⁶　　暫 tam⁶　　聚 tu⁶　　助 sɐ⁶
　　　 事 sy⁶　　袖 tu⁶　　羨 tien⁶　　授 thu⁶　　慎 thən⁶

次濁： 傲 ngao⁶　　御 ngy⁶　　怒 no⁶　　耨 nəu⁶　　念 niem⁶
　　　 膩 ni⁶　　妙 zieu⁶　　夢 mong⁶　　務 vu⁶　　萬 van⁶
　　　 又 hyu⁶　　院 vien⁶　　耀 zieu⁶　　用 zung⁶　　亂 loan⁶
　　　 浪 lang⁶　　讓 nhyɐng⁶
　　　 二 nhi⁶

（7）陰入聲

全清：閣 cac⁵　　穀 coc⁵　　的 dich⁵　　督 doc⁵　　竹 truc⁵
　　　哲 triet⁵　　八 bat⁵　　百 bach⁵　　法 phap⁵　　髮 phat⁵
　　　一 nhət⁵　　鴨 ap⁵　　接 tiep⁵　　足 tuc⁵　　質 chət⁵
　　　執 chəp⁵　　雪 tuyet⁵　　索 tac⁵　　濕 thəp⁵　　設 thiet⁵

次清：刻 khʌc⁵　　哭 khoc⁵　　鐵 thiet⁵　　忒 thʌc⁵　　畜 suc⁵
　　　救 sʌc⁵　　樸 phac⁵　　匹 phət⁵　　拂 phət⁵　　蝮 phuc⁵
　　　黑 hʌc⁵　　歇 hiet⁵　　七 thət⁵　　切 thiet⁵　　綽 xyɐc⁵
　　　插 xap⁵

（8）陽入聲

全濁：局 cuc⁶　　傑 kiet⁶　　踏 dap⁶　　蝶 diep⁶　　著 tryɐc⁶
　　　直 tryc⁶　　拔 bat⁶　　僕 boc⁶　　佛 phɐt⁶　　伏 phuc⁶
　　　核 hach⁶　　學 hɔc⁶　　絕 tuyet⁶　　族 toc⁶　　續 tuc⁶
　　　席 tiec⁶　　食 thyc⁶　　術 thuət⁶

次濁：額 ngach⁶　　囓 nghiet⁶　　諾 nac⁶　　納 nap⁶　　搦 nac⁶
　　　聶 niep⁶　　目 muc⁶　　墨 myc⁶　　物 vət⁶　　襪 vat⁶
　　　越 viet⁶　　域 vyc⁶　　藥 zyɐc⁶　　育 zuc⁶　　獵 liep⁶
　　　劣 luyet⁶　　日 nhət⁶　　辱 nhuc⁶

　　和漢語一樣，漢越語的聲調也有些不規則的現象。首先值得提及者，是全濁上聲變去聲的情形。下面這些字，在《廣韻》裏是屬於上聲的，現在漢越語都讀入去聲了：

道 dao⁶　　肇 trieu⁶　　抱 bao⁶　　皂 tao⁶　　紹 thieu⁶
皓 hao⁶　　動 dong⁶　　重 trɔng⁶　　奉 phung⁶　　巨 cy⁶
杜 do⁶　　簿 ba⁶　　父 phu⁶　　敍 tu⁶　　豎 thu⁶
戶 ho⁶　　紂 tru⁶　　部 bo⁶　　受 thu⁶　　厚後 hɐu⁶
儉 kiem⁶　　簟 diem⁶　　范 pham⁶　　漸 tiem⁶　　件 kien⁶
但 dan⁶　　棧 san⁶　　善 thien⁶　　旱 han⁶　　篆 truyen⁶
伴 ban⁶　　近 cən⁶　　盡 tən⁶　　腎 thən⁶　　墮 doa⁶

坐 toa^6　　　禍 hoa^6　　　強 cyɐng^6　　蕩 dang^6　　項 hang^6

幸 hanh^6　　在 tai^6　　　跪 quy^6

據我所知,除溫州、衢州、無錫等地之外,全濁上聲的字,在漢語都變了去聲。劉鑑《切韻指南》自序云:"時忍切'腎'字,其蹇切'件'字,其兩切'強'字,皆當呼如去聲。"在《切韻指南》以前,《韻鏡》早有濁上讀去之説。現代漢語除"強緩"二字之外,沒有別的全濁上聲字仍舊保存上聲的了。粵語裏保存的全濁上聲較多,如"舅抱動重簿厚旱伴近坐禍在亥"等字都還保存着上聲(其中有些字在文言裏變了去聲),但還不及漢越語保存得多。試看"待朕憤饞士俟盾"等字,粵語不能保存上聲的,漢越語還能保存呢。據我們所知,除了溫州、衢州、無錫等之外,沒有其他的方言比漢越語能保存更多全濁上聲的了。

次濁上聲的保存,在漢語各方言頗能一致(有些吳語讀入陰上),但是,有極少數字在漢語已變了去聲,而漢越語仍讀上聲,例如"誘"字,現代漢語讀去聲,漢越語讀上聲;又如"右"字,連粵語也讀入去聲,漢越語仍舊維持着它的上聲。

除了全濁上聲讀入陽去之外,其他各聲大致依照常軌。零星的例外是有的,譬如:

1. 次濁平聲字,應讀陰平,而讀入陽平:寅 zən^2
2. 全濁上聲字,應讀陽上或陽去,而讀入陰去:混 hon^5
3. 清音上聲字,應讀陰上,而讀入陰去:統 thong^5　　腿 thoai^5
　　　　　　　　　　　　　　　　　　餅 banh^5　　丙 binh^5
4. 濁音去聲字,應讀陽去,而讀入陰去:問 vən^5

例外少到了這個程度,漢越語的聲調系統,仍舊可以説是很整齊的。

七、古漢越語及漢語越化

所謂古漢越語,指的是漢字尚未大量傳入越南以前,零星傳到

越南口語裏的字音。這個時代，大約是在中唐以前。它們是比漢
越語更古的一種語言形式。所謂漢語越化，和古漢越語恰恰相反，
它們的産生，是在整套的漢越語傳入了之後。但是，前者和後者有
一個共同之點：它們都是脱離了漢越語，混入了日常應用的越語裏
去了的。它們在越語裏生了根，完全改變了漢家的面目，越南語裏
再也少不了它們。將來漢越語也許將會漸趨消滅；但是，那些和越
南話融爲一體的古漢越語及越化漢語是永遠不會消滅的。古漢越
語好比漢族人在越南住了十幾代，現在已經没有人知道他們是漢
族的血統了。越化漢語好比漢族人和越南人結婚生的兒子，事實
上他們已經不是純粹的漢族了。總之，漢越語是死的或半死的語
言①，越化漢語纔是活的語言；古漢越語能傳到現在，也就和越化漢
語的性質相似。撇開歷史不論，二者的價值是一樣的。正因爲它
們的性質相似，有時候頗難分辨。再説，它們和那些道地的越南字
也不是容易分辨的。所以這一節裏所談的話恐怕不能没有多少牽
強或誤解的地方。

　　有些字，依馬伯樂説是來自泰語的；但是，泰語裏的字也有來
自漢語的，越語裏一些字也許直接來自泰語，而間接來自漢語。現
在不打算一一加以説明。

　　古漢越語裏，有些非常有趣的事實。現在試舉出三個例子
如下：

　　《説文》：“鴈，鵝也。”上古天鵝和普通的鵝都叫做“鴈”。“鴈、
鵝”雙聲，寒歌對轉。越語有 $ngan^1$ 字，是“鵝”之一種（《三千字》釋
$ngan^1$ 爲“鵝”），越字寫作從鳥，奸聲（或安聲），其實就是古“鴈”字
（今“鴈”字作 $nhan^6$）。漢族人没有稱“鵝”爲“鴈”的了，而越南人
還稱“鵝”爲“鴈”呢。

　　“爲”字，依古文字學的研究，就是“象”字。那麼，上古的“爲”

---

① 補注：漢越語不應認爲死的語言，理由見上文的補注。

字到底讀如"象"音呢,還是讀如"爲"音呢？依越語看來,正該讀作"爲"音。越語有 $vɔi^1$ 字,是"象"的意思。"爲"字在漢越語裏讀 vi^1,和 $vɔi^1$ 音相近,也許就是一個字。越字寫作從犬,爲聲。

"鮮"字,在《詩·新臺》與"沵、彌"爲韻("沵、彌"皆支部字,或云脂部,非),那麼,它該是支部字。越語有 $tyɐi^1$ 字,是新鮮的意思。譬如說 $ca^5 tyɐi^1$,就是"鮮魚"。漢越語裏"鮮"字雖讀 $tien^1$,但是,依我們猜想,它在古漢越語裏該是讀 $tyɐi^1$。支韻字,古漢越語裏有讀作-ɐi 的,例如"移" $zɐi^2$,甚至也有讀作-yɐi 的,例如"寄" $gyɐi^3$。這樣,《詩經》"鮮"字讀入支部就有了很好的證明了。

其他的古漢越字也許沒有這樣新奇有趣,但它們的真實可靠的程度卻遠勝於這三個字。我們如果走得太遠了,就不免有危險。雖然我們對於一部分疑似的古漢越字不妨暫作一個假設,但是,可能性太小了的假設我們也應該放棄的,例如 $song^5$ 字,它雖和"生"字音義俱近,但我們不能假定它是古漢越語的"生",一則因爲聲母 s 是從 r 來的,二則因爲有事實可以證明它是來自高棉語,和漢字毫無淵源可言。

現在我們分爲聲韻調三方面去討論古漢越語。

(一) 古聲母

甲. 牙音開口二等字。

在上文第四節裏,我們敘述了見母開二讀 gi-,溪母開二讀 x-,疑母開二讀 nh,那是和漢語古音不合的。依照漢語古音,它們應該和其他各等的字一樣地讀爲 k、kh、ng；古漢越語也正可以證明這一點。

cai^3,越字從艸,改聲,其意義正與"芥"同,可見它就是古"芥"字。漢越語"芥"字作 $giɐi^5$,反爲後起。cai^3 字來源較古,倒反是日常用語。由此看來,古漢越語是白話,漢越語是文言；在越南一般人看來,後者倒反顯得古,前者因爲是活的語言,倒反顯得是現代的了。後仿此。

cei^3，越字從手，改聲，其意義恰等於解開的"解"，例如 $cei^3 zəy^1$ 即"解繩"。"解"作 $giai^3$ 爲後起。

ca^4，當即"價"字。漢越語"價"字作 gia^5，但在越語裏偶然以 $gia^5 ca^4$ 二字連用，共成一義。gia^5 入白話，ca^4 反趨於消滅，這是違反常例的。

ga^3，當即"嫁"字，越語以"許配"爲 ga^3，意義稍有轉移。"嫁"字的聲音演變大致如下：$ke→ka→ga→gia$。

$kheo^5$，越字作"窖"，解作機巧、靈敏，其實就是古"巧"字。漢越語"巧"字作 xao^3 爲後起。

nga^2，當即"牙"字，來自泰語，疑間接來自漢語。越語稱齒爲 $rʌng^1$，但於"象牙"則稱 $nga^2 vɔi$。"牙"讀 nha^1 爲後起。

$ngan^1$，即"鴈"字，今作 $nhan^6$。説見上文。

乙.古舌頭音

錢大昕説古音舌上歸舌頭，又説齒音也歸舌頭。怎樣歸法，不是一言所能盡的；但在古漢越語裏確有這種現象。

duc^6，當是古"濁"字，"濁水"叫做 $nyɐc^5 duc6^6$。漢越語"濁"字讀 $trɔc^6$，是由定母變爲澄母。《釋名·釋言語》："濁，瀆也。""濁"讀入定母。

$duoc^5$，越字從火，篤聲，炬也。此當是古"燭"字。《禮記·曲禮》"燭不見跋"疏："古者未有燭，唯呼火炬爲之也。"朱駿聲云："大燭樹地曰庭燎，葦薪爲之，小者麻蒸爲之。"可見"燭"的本義是火炬，與 $duoc^5$ 義正同。"燭"字今作 $chuc^5$，是由端母變爲照母。按《古今人表》顏燭雛，《左傳·哀二十七年》作"涿聚"，是"燭"字本歸知母；知端古同聲，則"燭"又本屬端母。

du^3，越字從足，覩聲，它的意義是"够"。疑即古"足"字。"足"屬古侯部，侯的古音正該是 u，或其近似的音。

dua^4，越字從竹，杜聲，它的意義是筷子。此當是"箸"字。今"箸"字讀 $trɐ^6$，是由定入澄。

theu[1]，越字從系，兆聲，繡也。疑即古"繡"字。"繡"字屬心母，今讀 tu[5]，古代或混入審，而審母正讀 th-音。

上面這幾個舌頭字，如果我們的考證不錯的話，除了"繡"字之外，它們傳入越南應該是很早，甚或早到漢代。

丙.古重脣音

一般人都相信古無輕脣音。我們似乎只可以説，許多輕脣字在古代讀重脣，但我們不能證明一切輕脣字都是如此，更不能證明現代的非輕脣字在古代一定不念輕脣，尤其不知道古代是否每一個方言都缺乏輕脣。但是，越南古代却似乎是没有輕脣音的。現在的 ph 在古代祇代表吐氣的[p]，v 祇代表介音[w]。因此，有一部分非敷奉微的字在古漢越語裏是和幫滂並明没有分别的。

bay[1]，越字從冠（疑是草書"飛"字之訛），悲語。按即古"飛"字。如 chim[1] bay[1] 即"鳥飛"。今"飛"字讀 phi[1]，是由幫變非。

buon[1]，越字從手，奔聲，或逕省作"奔"，經商也。疑即"販"字。buon[1] ban[5] 就是做生意（直譯是"販賣"）。

buong[1]，越字從手，芃聲（芃亦是越字），即古"放"字。buong[1] tha（放捨）就是"釋放"；buong[1] tuông[2] 就是"放縱"。今漢越語"放"字讀 phɔng[5]，實爲後起的現象。在古代，它是像 quong[2]（狂）khuong[1]（匡）等字讀入撮口的。

byc[5]，越字寫作"幅"，疑即"幅"字，未敢斷言。

byng[1]，越字從手，邦聲，是雙手拿起的意思，當係古"捧"字，其後由幫母轉入滂母，復變輕脣入敷母。

bua[5]，越字從金，布聲，斧也。這無疑是古"斧"字。

bua[2]，符也。這無疑是古"符"字，因爲連韻母和聲調都對了。漢越語作 phu[2]，是由並母轉入奉母。

buom[2]，帆也。這也無疑是古"帆"字，因爲"帆"字屬合口三等，由"房放"等字推之，它的韻母正該是 -uom。這是音韻學上的奇迹。本來，依照異化作用（dissimilation），像漢越語裏的"帆"字作

pham^2，字尾的-m 已經難於維持了（所以廣州"帆"字變了 fan），何況再加上一個脣元音 u 呢？越語裏維持着這個字，可以證明 dissmilation 只是可能的，並不是必然的。

buoc^6，縛也，越字從糸，僕聲，或假"撲"爲之。實即古"縛"字。漢越語"縛"字作 phac^6。

buong^2，越字從房，蓬聲，實即古"房"字。臥房叫做 buong^2，繡房叫做 buong^2 theu^1。漢越語"房"字作 phɔng^2。

buon^2，越語從心，盆聲，是傷心或憂愁的意思。馬伯樂以爲是"煩"字，大概是不錯的。漢越語"煩"字讀 phien^2。

bua^6，只在 goa^3 bua^6 一個成語裏用得着。goa^2 bua^6 就是"寡婦"，可見 bua^6 就是古"婦"字。拿"符"字比較着看，"婦"字讀 bua^6 是很正常的。今客家白話"婦"字念［pu］，廣州白話"新婦"（媳婦）說成［sɐm p'ɔu］，也仍保持着重脣音。漢越語"婦"字作 phu^6，讀入輕脣。

bo^5，父也，越語"父"義共有 cha^1、bo^5、thay^2 三字，但東京平常衹把前二者稱父，後一字則用來稱師，"父母"可稱爲 cha^1 me^6，亦可稱爲 bo^5 me^6。bo^5 當是古"父"字。現在漢越語裏變爲 phu^6，也是由並入奉。

but^6，越字從人，孛聲，佛也。這顯然是古"佛"字，因爲 bud-dha 正該讀作 but。但這一個字並不是印度直接傳入的，而是由漢字間接傳入的。今越南白話念 but^6，文言讀 phət^6。

mu^2，越字從雨，謨聲，或作戊聲，暗也，又作"霧"解，如 khi^5 mu^2（"氣霧"）。這是來自泰語的字，但也可能是從漢語"霧"字傳來的。漢越語"霧"字作 vu^6，是後起的字。

mua^5，越字從手，某聲，舞也。看它從手，是着重手的姿勢的舞。載歌載舞叫做 mua^5 hat^5（hat^5 唱也）。這應該是古"舞"字。漢越語"舞"字作 vu^4，由明母轉入微母。

mui^2，越字寫作"味"，但漢越語的"味"字讀 vi^6；mui^2 和 vi^6 是

古今字。白話的 mui² thɛm¹（香味）和 mui² thui⁵（臭味）之類讀成
mui² 音；文言的 vo¹ vi⁶（無味）和 mi⁴ vi⁶（美味）讀成 vi⁶ 音。注意
thɛm¹ 和 thui⁵ 是越語，而 vo¹（無）和 mi⁴（美）是漢越語。干支的
"未"字就祇讀作 mui²，不讀作 vi⁶，可見干支傳到越南的時代是很
古的（參看下文"卯"字的韻母）。

（二）古韻母

甲.外轉二等韻的主要元音

所謂外轉二等韻，就是麻肴佳皆刪山咸銜臻耕江等韻。這些
韻，除了麻韻有少數三等字之外，都是祇有二等字的。依上文所述
的漢越語的系統看來，它們的韻值和一等韻的韻值完全相同，例如
麻與歌混，肴與豪混，佳皆與哈泰混，刪山與寒桓混，咸銜與覃談
混，臻與痕混，江與唐混（耕因梗攝無一等字，故無可混）。唯一的
例外是佳皆的合口呼未與灰混。但是，我們相信古漢越語裏的情
形並不如此。除了臻韻字少不論，又江耕兩個收-ng 的韻或當別論
之外，我們有充分證據，可以證明麻肴佳皆刪山咸銜八個韻的字
（及其入聲）的主要元音本來不是一個 a，而是一個 ɛ（越語羅馬字
寫作 e）。下面我們將舉一些古漢越語的實例，以爲證明。

（子）麻韻　[ɛ][wɛ]

chɛ²，就是"茶"字。漢越語"茶"字作 tra²，但日常談話裏的"泡
茶"祇説成 pha¹ chɛ²。

xɛ¹，就是"車"字，越語徑寫作"車"，但也有寫作"更"的。漢越
語"車"字讀 xa¹，但日常談話都説成 xɛ¹。"車"是三等字，我們猜想
古漢越語裏全麻韻字的主要元音都是 ɛ；"車"在古漢越語裏也許有
介音 i，讀-iɛ，也許根本没有介音 i。

chɛ¹，越字從雨，支聲，遮也，覆也，匿也。當即古"遮"字。chɛ¹
mya¹ 即"禦雨"（直譯是"遮雨"）。今漢越語"遮"作 cha¹。"遮"是
三等字，情形與"車"字相同。

hɛ²，就是"夏"字。nʌng⁵ hɛ² 就是"夏熱"。漢越語"夏"作 ha⁶，與

“賀”字同音。古漢越語 hɛ² 讀入陽平，陽去多混入陽平，不足怪。

khoɛ¹，就是“誇”字。漢越語“誇”字似乎也作 khoɛ¹，待考。這一個例子很重要，它可以證明麻韻非但開口呼讀 ɛ，連合口呼也讀-uɛ 了。

ngɔi⁵，越字從土，瓦聲，疑是古“瓦”字。nha² ngɔi⁵ 是瓦房子，ngɔi⁵ əm¹ 是陰瓦，ngɔi⁵ zyɐng¹ 是陽瓦。這字的主要元音雖不是 ɛ，但它消極地證明了“瓦”字在古漢越語裏並不讀 a。現在“瓦”字在文言裏讀 ngoa⁴。“瓦”字的語音演變情形大概是 ngoɛ→ngoe→ngoi→ngɔi；至於 ngoa⁴ 則是漢越語時代的官音，它並非由 ngɔi⁵ 變來的。

（丑）肴韻　〔ɛo〕

kɛo¹，越字從肉，喬聲，是膠或膠水的意義，當即是古“膠”字。漢越語“膠”字作 giao¹，與豪韻混。按：kɛo¹ 也可以證明見母開二字本讀 k-，不讀 gi。

khɛo⁵，即“巧”字，見上文。

chɛo²，越字從手，朝聲，是蕩槳的意義，又用作名詞，就是槳。今按：此即古“棹”字（或作“櫂”）。依漢越語當作 trao⁶。

mɛo²，就是“貓”字，依漢越語“貓”字應該是 mao¹ 或 mieu¹（因“貓”字入肴宵兩韻），所以 mɛo² 是古漢越語的遺迹。

mɛo⁶，就是“卯”字。在《廣韻》裏，“卯”“貌”同音異調；但在漢越語裏，它們却是同調異音（“貌”讀作 mao⁶），這顯然因爲它們不是同一個時代傳入的。干支名稱之傳入越南，遠較一般漢字爲早。

bɛo¹，就是“豹”字。依漢越語的系統，“豹”字應該是 bao⁵；這 bɛo¹ 乃是古音的遺留。

（寅）佳皆韻　〔ɛ〕

vɛ⁴，越字從畫，尾聲，畫也。按：此當即古“畫”字。本來該是 hwɛ⁴（依越語羅馬字該是 hoe²），其後因匣母合口字前面的 h 在口語中多數不能保持了（參看下文），所以變爲 wɛ，再變爲 vɛ。這個 hwɛ⁴字大約曾經在漢越語裏當“畫”字用過，而 hoa⁶ 字則係近代的形式，比"快話卦"等字尤爲後起,因爲"快話卦"還可以讀 khoai⁵、hoai⁵、quai⁵,比較地接近古音,hoa⁶ 則完全是中國近代官話的形式了。

que³,越字從卦,鬼聲,卦也。按:此當即古"卦"字。今漢越語"卦"字讀 quai⁵,是後起的音讀。

hoe²,就是"槐"字。漢越語裏似乎没有另造一個 hoai²。

(卯)删山韻　［ɛn］［wɛn］。

　　入聲黠鎋　［ɛt］［wɛt］。

kɛn⁵,擇也。kɛn⁵ re³ 是"擇壻";kɛn⁵ zəu¹ 是"擇媳"。這應該是古漢越語裏的"揀"字。今漢越語裏,"揀"當作 gian³。

hɛn⁶,就是"限"字,和漢越語裏的 han⁶ 通用,例如"限定日期"可作 hɛn⁶ ngay²,亦可作 han⁶ ngay²。但是前者要比後者常用些,如"到期"是 den⁵ giɛ² hɛn⁶,"展期"是 hɛn⁶ lai⁶,皆不作 han⁶。

chɛn⁵,越字從土,戰聲,是酒杯的意義,按:即"盞"字。漢越語當作 tran³。

quɛn¹,越字寫作"悁"(這是越字,和"悁悁、悁急"的"悁"毫無關係),慣也,熟習也。按:當即"慣"字,但有時引申,相熟亦曰"慣",如言與某人"悁熟"(quɛn¹ thuoc⁶),像廣東人所謂"慣熟"。漢越語裏"慣"當作 quan⁵。

xɛt⁵,越字從目,察聲,或徑作"察",其實就是"察"字。常用語有 tra¹ xɛt⁵(查察)、xɛt⁵ doan⁵(察斷)、phan⁵ xɛt⁵(判察,即審判)等等。漢越語當作 xat⁵。

(辰)咸銜韻　［ɛm］

　　入聲洽狎　［ɛp］

chɛm⁵,斬也。依漢越語的系統,"斬"字當作 tram³。今 chɛm⁵、tram³ 通用,不過前者比較通俗些。

kɛp⁵,越字從衣,劫聲,複也。疑即古"夾"字,故"夾衣"叫做 ao⁵ kɛp⁵。今漢越語"夾"當作 cap⁵。

hɛp⁶,就是"狹"字。"狹路"是 dang² hɛp⁶。依照漢越語的系統，“狹”當作 hap^6。

以上所述這些二等韻是一致的，它們的主要元音都是 ɛ。這是事實。但是，爲什麼不把它們認爲比漢越語更晚的事實（漢語越化），而偏要認爲古漢越語呢？這因爲一等字沒有讀 ɛ，只有二等字讀 ɛ，假使先有漢越語，然後由 a 變 ɛ，就不會衹影響到二等字了。

乙.魚虞兩韻的古讀

在漢越語裏，遇攝魚韻讀 y，虞韻讀 u，已見上文第五節。談到古漢越語，它們又是另一個樣子，魚韻的古音應該是 ya，虞韻的古音應該是 ua。它們的主要元音是 y 和 u，後面的 a 衹是複合元音裏的短弱部分。試讀 mya^1（雨）和 mua^1（買），就可以證明這一點。現在越語裏 y 後的 a 實際念 ə，u 後的 a 實際念 ɔ，我們猜想它們當初也許是一致的，大約一律念 ɔ。總之，虞韻的 ua 和戈韻的 ua 是有分別的；戈韻 ua 的主要元音是 a，a 前的 u 實際是 w。試比較 cua^3（財産）和 qua^3（水果），就明白這兩種-ua 是完全不同性質的。下面是一些魚虞古讀的例子。

（子）魚韻　［ya］

ngya^6，越字寫作“馭”，其實是“馬”的意思。我們以爲也許就是古“御”字。使馬曰“御”，其後意義變遷（metonymy），由“御”而轉爲“所御之物”，就是“馬”。這衹是一種假設。

hya^5，就是“許”字。lɐi^6 hya^5 是“諾言”。

lya^2 就是“驢”字，依漢越語當作 ly^1。lya^2 的韻母和聲調都和漢越語的系統不合，依漢越語當讀陰平，今讀陽平。大約古漢越語的次濁平聲字也和全濁字一般地讀陽平，例子很多，如上文所述的“寅”字讀 zən^2 就是。下文論古聲調時當再詳論。

tya^6，就是“序”字，依漢越語的系統當作 ty^6，但今漢越語亦作 tya^6，想是古漢越語的遺迹。

chya^5，就是“貯”字，但漢越語另作 try^3。

xya^1，越字從古，初聲，是“從前”的意義。馬伯樂以爲即“初”

字,可信。今漢越語另作 sɐ¹。

thya¹,或作 sya¹,即"疎"字,不密也。今漢越語另作 sɐ¹。

thya³,疑即"所"字。今漢越語另作 sɐ³。"初疎所"都是二等字,它們在漢越語是和三等字不同韻母的。但是依它們的古音看來,却該是本來韻母相同,祇聲母有異;到了後代,才因聲母不同而影響到韻母不同的。

ngya³,越字從仰,語聲,仰也。ngya³ mʌt⁶ 就是"仰面",nʌm² ngya³ 就是"仰臥"。"仰"雖是陽韻字,但魚陽對轉即可入魚。

(丑)虞韻 〔ua〕

khua¹,追也,驅也,擊也。疑是古"驅"字,未敢十分斷定。

chua⁵,就是"主"字。"主"字在漢越語裏有 chua⁵、chu³ 兩式,其實前者應該是古漢越語。

thua¹,越字借用"收"字,敗也。當是古"輸"字。"戰敗"叫做 thua¹ trən⁶(輸陣),"認輸"叫做 chiu⁶ thua¹。這字雖是古漢越語,但也許產生較晚,因爲"輸"字當輸贏講祇是近古的事。今漢越語"輸"字作 thəu¹。

zua¹,即"諛"字。a¹ zua¹ 即"阿諛",zua¹ ninh⁶ 即"諛佞"。漢越語"諛"字也是這樣寫的。

bua²,符也;bua⁵ 斧也;mua⁵,舞也。並見上文。

dua⁴,即古"箸"字,見上文。"箸"是魚韻去聲字,今讀 dua⁴,是讀入虞韻。漢越語中,"箸"不讀 try⁶ 而讀 trɐ⁶,亦是超出常軌。

vua¹,越字從王,布聲,君也,王也。疑即古"王"字。"王"之作 vua,與"仰"之作 ngya 同理,都是魚陽對轉的關係。古漢越語陽韻開合齊撮四呼大約是-ang、-wang、-yang、-uang;魚韻和陽韻齊齒呼相當,虞韻和陽韻合口呼相當。

ma³,越字從土,馬聲,墓也,當即古"墓"字,大約本作 mua 音,其後受脣音影響(是可能的,不是必要的)喪失了 u 音,就只讀作 ma³ 而與麻韻混了。"簿"字讀 ba⁶,也是這個道理。

丙.侵真兩韻的古讀

侵真兩韻的古讀應該是 im 和 in,我們在第五節裏已經説過了。關於侵韻,現在再補幾個字。第一個是"嬸"字作 thim⁵,雖然聲調不合,但在意義上確是"嬸"字。又尊稱女人也叫做 thim⁵,這和廣東人尊稱不認識的女人爲"阿嬸"正同。第二個是"針"字作 kim¹ 或 ghim¹。"針"是照母字,讀入牙音,頗爲可怪。也許因爲"針"本作"鍼","鍼"從咸聲,本是牙音的緣故罷。總之,就意義上看,kim¹ 一定就是"針"。第三個是"沈"字作 chim² 或 trim²。這些都可以補充第五節的話,證明侵韻在古漢越語裏是一個-im。

關於真韻,上文第五節裏已經提及"辰"(thin²)、"信"(tin⁵)等字,現在不再贅述了。

丁.梗攝古尾

漢越語裏梗攝的韻尾是 nh,它的入聲的韻尾是 ch,這是很特別的。一般人祇知道漢語在古代鼻音韻尾有-m、-n、ng 三種,入聲韻尾有-p、-t、-k 三種,現在依漢越語看來,却有了四種。若説漢語上古的鼻音韻尾本來也有四種,那是很難説得通的。"盲"從"亡"聲,爲什麼"亡"是-ng 尾而"盲"是-nh 尾呢?《詩·雞鳴》"明、昌、光"押韻,爲什麼"昌、光"是-ng 尾,而"明"是-nh 尾呢? 甚至同是一個"行"字,也讀爲-ng、-nh 兩種韻尾,那也太難索解了。比較合理的答案還是承認梗攝的古尾和宕攝一樣地是個-ng;它的入聲也和宕攝入聲一樣地是個-k。關於這個假定,我們可以提出若干證據。

mang⁶,就是"命"字。因爲"命"在梗攝,所以又作 menh⁶,依我們猜想,mang⁶ 該是較古的形式。

zyng²,停也。zyng² kieu⁶ 就是"停轎",zyng² chən¹ 就是"停脚"(休息),zyng² ngya⁶ 就是"駐馬"。上文説過,z 在古音原是一個[d],所以 zyng² 就是古"停"字。今漢越語"停"作 dinh²。

gieng¹,越字從月,正聲,正月也。陰曆第一個月叫做 thang⁵ gieng¹。今漢越語"正"字讀平聲時作 chinh¹。

bac⁵，越字借用“博”字，是伯父的意思。父之姊則稱爲 bac⁵ gai⁵（女伯）。這就是古“伯”字。今漢越語另作 bach⁵。

thyɐc⁵，越字從尺，托聲，尺也。當即古“尺”字。今漢越語另作 xich⁵，但日常用語皆作 thyɐc⁵。

ngyɐc⁶，越字借用“虐”字，其實就是古漢越語的“逆”字。nyɐc⁵ ngyɐc⁶ 就是“逆流”，di¹ ngyɐc⁶ giɔ⁵ 就是“逆風而行”。今漢越語作 nghich⁶。

第五節裏所舉的“隻”（chiec⁵）、“亦”（ziec⁵）、“惜錫”（tiec⁵）、“席”（tiec⁶）等字也都可以證明梗攝入聲古尾是-k。

戊.覃韻古讀

在山宕兩攝裏，開口一等祇有一個韻：在山攝是寒，在宕攝是唐。咸攝一等却有兩個韻：一個是覃，另一個是談。這樣，令人猜想覃韻和談韻實際上是有分別的。假使是有分別的話，覃的元音應該是比談的元音後些，譬如覃是 om 而談是 am；入聲準此，合是 op 而盍是 ap。古漢越語裏有相當充足的證據，可以證明這一點。

nom¹，越字從口，南聲，意義是俗的或民衆的。chy⁴ nom¹ 就是越南的文字。依 A. Chéon 説，“喃”，就是“南”；“字喃”就是“越南字”。如果這話是不錯的，則“南”在古漢越語裏是 nom¹，到了漢越語裏纔變爲 nam¹。

hɔm²，越字從木，函聲，其實就是“函”字。hɔm² 的意義是箱、櫃，而漢語“函”字也有“匱”義。《晉書·張華傳》：“掘獄屋基入地四丈餘，得一石函。”今漢越語“函”字讀 ham²。

nop⁶，就是“納”字。漢越語寫作 nop⁶、nap⁶ 均可。其實 nop⁶ 和 nap⁶ 應該是古今字。

hop⁶，就是“盒”字，這是很常用的一個字。“函、盒”對轉（或平或入），古所謂“函”，即今所謂“盒”。漢越語似乎没有爲它另製 hap⁶ 字。

hɐp⁶，或作 hɔp⁶、hap⁶，就是“合”字。hɔp⁶ 和 hap⁶ 應該是古今

字，hɐp⁶ 則是 hɔp⁶ 的變相。

己.鍾韻古讀

鍾韻字和東韻三、四等字，在漢越語裏是没有分別的，但它們在古漢越語裏却很可能是有分別的。有些鍾韻字共有兩個音讀，一個是 ung（或 ɔng），另一個是 uong。馬伯樂以爲 uong 是産生於漢越語之後；我們的意見恰恰相反，我們以爲它是古漢越語的遺迹。而這 uong 正代表了鍾韻，它藉此與東韻撮口的 ung 有了分別。入聲由此類推，例如：

$$\text{鍾 chuong}^1 \qquad\qquad \text{重 chuong}^6$$
$$\text{從 tuong}^2 \qquad\qquad \text{容 zuong}^1$$
$$\text{贖 chuoc}^6 \qquad\qquad \text{辱 nhuoc}^6$$

庚.支韻古讀

我們在上文第五節討論止攝的時候，提到“義”（nghia⁴）、“地”（dia⁶）二字，以爲這是支韻的古讀。歌韻缺乏齊齒呼（麻韻在古漢越語裏讀ɛ，與歌有別），支韻恰好填補。假定歌韻古音是 a，支韻是 ia，這是説得過去的。除了“義地”兩字之外，古漢越語裏還有幾個例子，第一個是“碑”字，它在漢越語裏雖讀 bi¹，但在古漢越語裏却讀 bia¹，例如 tac¹ bia¹ 即“鑿碑”。

第二個是“離”字，它有 li¹、lia² 兩音，後者顯然是古漢越語的殘留。第三個是“紫”字，它也有 ti³、tia⁵ 兩讀，後者雖另寫作從紫，祭聲，但也有人徑寫作“紫”，其實也就是古漢越語的“紫”字。第四個是“匙”字，它本字雖讀作 thi²，但另有 thia² 字，寫作從土，施聲，或作他聲，其實也就是“匙”字。“義、地、碑、離、紫、匙”共有六個字，例子雖不多，已經足以顯示支的古讀了。

（三）古聲調

關於古漢越語的聲調，祇有一件事值得討論的。就是次濁字的平聲。如上文所述，漢越語次濁字平聲讀作陰平，這和全濁字並不一致，和漢語各地的方言也不相同。依照漢語各地的方言，次濁字的平聲是讀陽平的。現在我們試從古漢越語來觀察,就可以發見,次濁的平聲字在古代也並不讀陰平,而是和漢語一樣地讀陽平,例如:

(1)明母:　眉 may²

(2)來母:　連 lien²　樓 ləu²　鐮 liem²　籠 long²　離 lia²

(3)疑母:　疑 ngɐ²

(4)喻四:　姨 zi²　移 zɐi²

此外像"歡"讀平而不讀去,"刺"讀入而不讀去,"館"讀去而不讀上,"過"(經過)讀平而不讀去(寫作"戈"),都比現代漢語爲比較地靠近古音。

其他像陽去往往讀入陽平之類,祇能認爲不規則的現象,而不必認爲古漢越語的特徵了。

和古漢越語的時代相反,然而又很難辨別的,是漢語越化。譬如某一個字有兩種形式:其中一種是官定的漢音(正音),另一種呢,也許比官定的漢音更早,它是由老百姓口口相傳得來的白話音;又也許比官定的漢音更晚,它是"文字口語化",漸漸和"字音"距離更遠。我們的困難就是祇知道它不是漢字的官音,換句話説就是知道它並非漢越語,然而我們沒有充分的材料去證明它是不是更古或更晚。上文所述的古漢越語,是以漢語古音爲標準的説法,那也是唯一比較可靠的辦法。下文我們將敘述另一種事實,就是漢越語傳入越南以後,漢語越化的情形。

(一)聲母的越化

甲.清音濁化

依馬伯樂的研究,越南古代是沒有濁音聲母的。他拿芒語及其他方言來比較,他的證據頗爲確切可信。現在我們根據這一點,來判斷清音字之讀入濁音是漢語越化的結果。這種字大約都是見群母字,例如:

漢字	漢音	越字	越音
鏡	$kinh^5$	姜+司	$gyɐng^1$
強(上)	$cyɐng^6$	—	$gyɐng^1$
閣	cac^5	木+閣	gac^5
肝	can^1	—	gan^1
鋼	$cang^1$	—	$gang^1$
近	$cən^6$	貝+斤	$gən^2$
錦	$cəm^3$	—	$gəm^5$
筋	$cən^1$	—	$gən^1$
急	$cəp^5$	—	$gəp^5$
記	ki^5	竹(上)+記(下)	ghi^1
寡	qua^3	化(借)	goa^5
寄	ki^5	口+改	gyi^3
薑	$cyɐng^1$	艸(上)+澄(下)	$gyng^2$
劍	$kiem^5$	金+兼	$gyɐm^1$

乙.匣母越化

匣母合口呼的字,本來應該是讀 hw- 的,後來有些常用字的[h]失掉了,祇剩一個[w],又變爲[v](其實越南的 v 與 w 頗近似),例如:

漢字	漢音	越字	越音
劃	$hoach^6$	拍(借)	$vach^6$
畫	hoa^6	尾+畫	$vɛ^4$
禍	hoa^6	—	va^6
鑊	$hoac^6$	—	vac^6
回	hoi^2	衛(借)(其中韋改爲米)	ve^2
完(無缺)	$hoan^2$	援(借)	$vɛn^6$

至於開口字的情形就不容易明瞭了。有一個 $giəy^2$ 字,又讀作 $giay^2$,越字寫作從皮,苔聲,鞋也。這應該是古"鞋"字。越南古代

也許没有鞋,祇有屐;鞋是由中國傳入的。但"鞋"讀爲 giay²,祇像一個群母二等字,不像匣母字。而且字喃從"苔"得聲,又恐怕本當作 day²(今＝zay²),不屬匣母,也就不能説是古"鞋"字,除非假定這個字喃造得晚,直到 gi-、d-相混的時期纔由東京人造出來的。這始終是一個疑案。此外還有一個 nhan² 字,當是"閒"字。nhan² ha⁶就是"閒暇",但我們不懂爲什麼 h-變了 nh-。

丙.脣音越化

《切韻指掌圖》把一切脣音字都歸入合口。實際上,脣音既然用脣,和合口介音[w]的性質有其共通之點。因此,本來合口的脣音字很容易變爲開口(見上文第五節);本來開口的字也很容易變爲合口。當其本爲合口或變爲合口時,就是 bw-、b'w-、fw-之類,後來脣輔音失掉了,半元音[w]再帶一點輔音性,就變爲 v-了。因此,有一部分幫滂非奉的字混入微母作 v,例如:

漢字	漢音	越字	越音
本	bon³	本(資本)	von⁵
板	ban³	—	van⁵
壁	tich⁵	—	vach⁵
譬	thi⁵	啥	vi⁵
補	bo³	播(借);衣+白;糸+伯	va⁵
破	pha⁵	手+氵+尾	vɐ⁴
方	phyɐng¹	方+匡(方尺)	vuong¹
婦	phu⁶	嬸(妻也)	vɐ⁶

再從字喃的諧聲來證明,譬如 va² 從巴聲,vac⁵ 從博聲,vai³ 從罷聲,vay⁶、vɐy⁶、vɐy⁵ 皆從丕聲,vao² 從包聲,vɐng¹ 從邦聲,ve⁵ 從閉聲,vɔc⁵ 從卜聲,vɔi⁶ 從倍聲,voi¹、vui¹ 皆從盃聲,voi⁶ 從倍省聲,vang² 從旁聲,vuc⁶ 從仆聲,vun¹ 從奔聲,vung⁶ 從奉聲,vuot⁵ 借用"撥"字,vya⁵ 借用"皮"字,或從吧聲,都是幫滂並非敷奉和 v 相通的證據。

丁.端定母字

依神父 Rhodes 的説法，越南共有兩種 d 音，他把第一種寫作 đ（本文作 d），説明它是舌尖後音；第二種寫作 d（本文作 z），説明它是舌尖前音。在漢越語裏，前者代表端定兩母，後者代表喻母四等，本來是很清楚的；但像下面的三個字却有兩種或三種讀音：

刀	dao^1		zao^1
帶	dai^5	dai^1	zai^3
停	dinh^2		zyng^2

這雖可認爲後起的現象，但也應該是發生在舌尖前 d 未變爲 z 之前，因爲舌尖後的 d 混入舌尖前的 d 比較容易，若變爲 z 音就較難了。

我們可否倒過來説，“刀、帶、停”之説成 zao^1、zai^3、zyng^2，是古漢越語的遺迹呢？這似乎是不可能的。因爲非但 d 被認爲舌尖後音，連 t、th 和 n 也被認爲舌尖後音，d、t、th 和 n 是整套的，不會祇有 d 跑到舌尖前去了。

戊.照莊系

照莊兩系裏，偶然有幾個字是超出常軌者。像下面四個字都有兩種讀音：

牀	sang^2,	giyɐng^2
正（正月）	chinh^1	gieng^1（越字從月，正聲）
種	chung^3	giong^5（越字作“橦”）
紙	chi^3	giəy^5（越字作“緣”）

依馬伯樂的説法，giyɐng^2 是來自芒語的；但是，我們還疑心它是間接來自漢語。至於 giong^5 和 giəy^5，連馬伯樂也承認它們是越化了的 chung^3 和 chi^3。這三個音——s、ch、gi——本來性質相近，稍爲有些流動，也是不足深怪的。

己.來母越化

來母越化，有兩種情形：第一種變爲 s，第二種變爲 r。現在分別討論於下：

第一種：l—s，例如：

漢字	漢音	越字	越音
力	lyc^6	飭（借）	syc^6
蓮	lien^1	——	sen^1

這兩個字的韻母聲調都和漢越語相符（"蓮"字由齊齒變開口，説見下文），可見得就是越化的"力"和"蓮"。我們知道，越語聲母 s 的來源是複輔音 tl、tr 之類，那麼由 l 變 tl 就是不難瞭解的了。

第二種：l—r，例如：

漢字	漢音	越字	越音
龍	lɔng^1	蟧	rong^2
簾	liem^1	—	rem^2

大家知道 r 和 l 的性質有其相似之點，所以 l 會變爲 r。但是，這種變化一定發生在 r 未變 z 之前。rong^2 的韻母聲調都比 lɔng^1 更爲正常。"簾"字由齊齒變爲開口，情形恰和"蓮"字相同。

（二）韻母的越化

甲．齊齒呼變開口呼

這是最常見的一件事實。也許齊齒呼對於越語不甚相宜，所以果攝没有齊齒呼，臻深蟹三攝的齊齒字實際念了開口，宕曾流三攝的齊齒字實際念近合口，真正的齊齒呼祇存在於山咸效止四攝裏。最後這四攝的齊齒字在白話裏仍有不能保持之勢，所以有許多變了開口。又宕曾流三攝的齊齒字也有變爲開口的。舉例如下：

欠 khiem^5—kɛm^5（差也，不足也）　簟 diem^6—dem^6（褥墊也）

添 thiem^1—them^1　　　　　　　　朝（觀見）trieu^2—chəu^2

朝（施禮）trieu^2—chao^2　　　　　節（年節）tiet^5—tet^5（新年）

殿 dien^6—den^2（從土，殿聲）　　繭 kien^3—kɛn^5

樣 zyɐng^6—zang^6　　　　　　　　兩（斤兩）lyɐng^6—lang^6

良 lyɐng⁶—lanh²（hien²lanh²，賢良；lɐi²lanh²，良言）（從善，令聲）

邊 bien¹—ben¹　　　　　　　青 thinh¹—xanh¹（從青，撑聲）

便 tien⁶—ben²（寫作卞，即也）　箭 tien⁵—ten¹（從矢，先聲）

橋 kieu²—cəu²（從燃，求聲）　　結 kiet⁵—ket⁵

舅 cyu⁴—cəu⁶（從舅，舊聲）

叫 khieu⁵—keu¹（從口，喬聲或高聲）

娘 nyɐng¹—nang²（女人尊稱）　摺 chiep⁵—xəp⁵（？）

妙 zieu⁶—məu²　　　　　　　紙 chi³—giəy⁵（從系，曳聲）

遲 tri²—chəy²（從遲，從甚，會意；或寫作迡）

屍 thi¹—thəy¹　　　　　　　眉 mi¹—may²

稚 tri⁶—trɛ³（從少，雉聲）　　理 li⁴—lɛ⁴

寄 ki⁵—cɐi³，gyi³，gyai³，（從手，改聲）

移 zi¹—zɐi²（從手，移聲）　　待 dai⁴—dɐi⁶（從足，待聲）

時 thi²—thɐi²　　　　　　　利（　）—lɐi⁴

起（　）—khɐi³

乙．撮口呼變合口呼，或變齊齒呼

此類甚少。撮口變合口者，例如“券”當作 khuyən⁵，而另有 khoan⁵ 字。“券約”即作 khoan⁵ yɐc⁵。變齊齒者，例如“髓”當作 tuy³，而另有 ti³ 字。這些都是偶然的現象而已。

丙．魚虞模韻字

有些魚虞模韻字念成-ɔ，這可說是由合口和撮口變爲開口，例如：

魚韻：　慮 ly⁶—lɔ¹（寫作屢戰懅）

虞韻：　扶 phu²—phɔ²　　付 phu⁵—phɔ⁵　　住 trɔ⁶

模韻：　户 ho⁶—hɔ⁶（家也，姓也）　庫 kho⁵—khɔ¹

　　　　爐 lo¹—lɔ²

還有像“婦”的古式是 vɐ⁴，“姆”的古式是 mɐ⁶，那又是更進一步了。

丁．雜類

還有些字也是有文言、白話兩式的,但是不容易分出一個系統來,尤其不容易說出爲什麼變成那樣。姑且雜列於此,以待將來作進一步的研究。

每 moi⁴—mɔi⁶ 　　疑 nghi¹—ngɐ²(從心,疑聲,心中以爲也)

法 phap⁵—phɛp⁵ 　槌 truy²—giui² 　　拔 bat⁶—byt⁵

寶 bao³—bau⁵("珠寶"作 chɘu¹bau⁵)

割 cat⁵—cʌt⁵("剪髮"即 cʌt⁵tɔc⁵)

齋 trai¹—chay¹("吃齋"作 ʌn¹chay¹)

劫 kiep⁵—cyɐp⁵(從手,劫聲)

(三)聲調的越化

其實聲調無所謂越化,祇有誤讀。越化語聲調之不合於漢越語者甚多,不能盡述。但是,有些字,它們的聲母韻母和漢越語完全相同,或差不多相同,祇有聲調不同。我們對於這種情形,打算舉出一些例子。例如:

陰平—陽去: 　來 lai¹—lai⁶

陰上—陰平: 　試 thy³—thi¹

陰上—陰去: 　粉 phɘn³—phɘn⁵ 　　斗 dɘu³—dɘu⁵

　　　　　　感 cam³—cam⁵ 　　　賭 do³—do⁵(打賭)

　　　　　　子 ty³—ti⁵(甲子)

陰去—陰平: 　糞 phɘn⁵—phɘn¹ 　　稅 thue⁵—thue¹(租賃也)

　　　　　　印 ɘn⁵—in¹ 　　　　帶 dai⁵—dai¹(從巾,帶聲)

　　　　　　耗 hao⁵—hao¹ 　　　散 tan⁵—tan¹

　　　　　　算 toan⁵—toan¹(打算) 　　炭 than⁵—than¹

　　　　　　對 doi⁵—doi¹(雙也) 　　四 ty⁵—ty¹

陰去—陽平: 　種 chung⁵—trong²(種植)

陽去—陰平: 　怒 no⁶—ny¹

陽去—陽平: 　份 phɘn⁶—phɘn² 　　樣 zyɐng⁶—zyɐng²

　　　　　　爲(因爲)vi⁶—vi² 　　墓 mo⁶—mo²

願 nguyen^6—nguyen^2　　　　座 toa^6—toa^2

幔 man^6—man^2　　　　　　運韻 vən^6—vən^2

玳瑁 doi^{6}moi^6—doi^{2}moi^2　　二 nhi^6—nhi^2

代 dai^6—dɐi^2（從世，代聲，世代也）

類 loai^6—loai^2　　　　　　外 ngoai^6—ngoai^2

自 ty^6—ty^2（寫作"詞"自從也）

剩 thya^6—thya^2　　　　　跪 qui^6—qui^2

陽去——陰上：兑 doi^6—doi^3（換也，從手，對聲）

陽去——陽上：暴 bao^6—bao^4（暴風雨也）（？）

陽去——陰去：遁 tron^6—tron^5

朗 lang^6—lang^5（從火，朗聲，明也）

廟（　　）——mieu^5

　　上文説過，凡一字有兩種形式的時候，一定是"非官式"的一種在口語裏最佔勢力——不管它是古漢越語或漢語越化。如果連"非官式"的漢字也算起來，漢語對於越語的影響確也不小。

八、仿照漢字造成的越字

　　當我們研究漢越語的時候，似乎和越字是没有關係的。實際上，越字的關係頗大，因爲：（1）越字往往透露出漢字的古音，這是研究古漢語的旁證；（2）越字既是仿照漢字造成的，就是受了漢越語的直接影響，不能不連帶談及。

　　在法國人没有統治越南以前，越南衹有兩種字：一種是儒字（chy^4 nho^1），就是中國字（漢字）；另一種是字喃（chy^4 nom^1），或喃字，這是依照漢字的造字方法，替越南土話造出來的字。其實這兩種字衹是一種字，因爲字的構造成分完全相同。法國人未統治越南以前，神父 Rhodes 所造的越語羅馬字衹是爲傳教之用的，並没有被認爲正式的字體。現在越語羅馬字盛行了之後，字喃漸歸消滅。在大都市裏，衹有老年人認得它；聽説鄉下人認得它的倒反多些，但是我們没有調查過。

依 Chéon 的説法，“喃”就是“南”，“字喃”就是越南字的意思。但是，nom¹ 又解作“民間的”或“土俗的”，也許 chy⁴ nom¹ 就是“土字”的意思。現在爲印刷的方便起見，改稱“越字”。

越字可以説是根據六書而造的。但是，象形和指事祇是儒字裏的事；如果説越字裏也有象形指事的話，就祇等於説那些借用漢字的偏旁如“人、八”之類罷了。轉注原是不知所指的東西，可以不談。於是六書之中，就祇有三書是越字所采用的，即：假借；會意；形聲。

我們把假借排在第一，因爲所假借的就是漢字，可以説是越南人最初采用的一種方法。口語裏的越南字，用同音或聲音相近的漢字表示出來，這是最自然而又最方便的，例如：

越語	意義	漢字	越語	意義	漢字
toi¹	（我）	碎	cho¹	（給）	朱
nhau¹	（互相）	饒	phai³	（是）	沛
cai⁵	（個）	丐	mot⁶	（一）	没
biet⁵	（知）	別	rʌng²	（説道）	浪
lang²	（村）	廊	nha²	（家）	茹
diem²	（兆）	恬	dɤng²	（路）	塘
ai¹	（誰）	埃	anh¹	（兄）	英
ban⁵	（賣）	半	ca³	（一切）	奇
deu²	（一齊）	調	gɔi⁶	（呼）	噲
hat⁵	（唱）	喝	kia¹	（彼）	箕
kien⁶	（訟）	件	lanh⁵	（避）	另
nʌng¹	（常）	能	que¹	（鄉）	圭
bao¹	（幾何）	包	bəy¹	（現在）	悲
mɔc⁶	（生出來）	木	ta¹	（我們）	些
khong¹	（不）	空	nay²	（這）	尼

越語	意義	漢字	越語	意義	漢字
roi^2	（矣）	耒	cung^4	（亦）	拱
dyɐc^6	（能，可）	特	lai^6	（又）	吏
zan^6	（不怕）	憚	chʌc^5	（靠得住）	側
cɔn^2	（尚）	群	hay^1	（知）	咍
mua^1	（買）	謨			

有些字，本來大約祇是假借漢字，後來因爲要有分別，纔有人改爲形聲字。現在這兩種形式是隨便通用的。爲了書寫的簡便，似乎還是用假借字的人多些，例如：

越語	意義	借用漢字	另造形聲字
cɔ^5	（有）	固	在"固"的左邊加"有"
den^5	（至）	典，且	在"典"或"且"左邊加"至"
mɐi^5	（始，方）	買	在"買"的上面加"始"

也許可以倒過來説，先有形聲字，然後省作"固、典、買"等。但是，我們仍舊傾向於先有假借字的説法。

介乎假借字和新形聲字之間，有一種加記號的辦法。普通總是在漢字的右邊加［く］號，使漢字變爲字喃。例如：

越語	意義	加記號的漢字
mɐi^5	（新）	買
nhyng^4	（複數冠詞）	伱
mɔc^6	（生出來，推出）	木
cut^5	（孤兒）	骨
nay^5	（掛慮）	乃
lɛ^1	（song^1 lɛ^1 但也）	离

有一種形聲字，很近似於這一種加記號的字，就是以"口"字爲形符。這"口"字並沒有意義，它祇表示那字和不加"口"旁的字意義不同。這和中國新造"咖、啡"一類的字是同一的方法，例如：

va^2，並也，從口，巴聲

hʌn², 讎恨也,從口,韓聲

hɛn², 凡劣也,從口,寒聲。（或作從心,賢聲,則是真正的形
　聲字）

gɐi³, 寄也,從口,改聲（或作從手,則是真形聲字）

　說到這裏,我們因爲避免印刷上的困難,把若干越字寫在另
紙,用影印印出來,作爲附頁。每字編有號碼,以便檢查。下文述
及越字的時候,如果這字是附頁裏有的,就把號碼注上,讀者請對
照着看。

　在越語裏,會意字非常罕見。現在只能舉出五個例子:

giɐi²(trɐi²),天也,從天上(403ₐ)

trum², 鄉長也,從人上(203)

chəy², 遲也,從甚遲(1409)

mət⁵, 失也,從亡,從失(503ₐ)

myɐi², 十也,從辵,從什(403ᵦ)

mət⁵ 字從亡從失恰好成爲一個反切字,亡失相切則爲 mət⁵,但是造
字的人不會想得那麼深,只因"亡"和"失"意義相同,就把它們合成
一個字就是了。myɐi² 字從辵不可解。

　越字也和漢字一樣,形聲字佔大多數。其中有一大部分的字
是依照《説文》的部首而改成的,例如:

lao², 老摳人也,從人,牢聲

cʌt⁵, 割也,從刀,吉聲

an¹, 食也,從口,安聲

gai⁵ 女兒也,從女,丐聲

ngɔ⁴, 巷也,從土,午聲

chau⁵, 姪也,孫也,從子,召聲

myng², 滿意也,從心,明聲

dɔng⁵, 關閉也,從手,東聲

luc⁵, 時也,從日,六聲

gieng¹,正月也,從月,正聲

cau¹,檳榔也,從木,臯聲

zɔng²,流派也,從水,用聲

bep⁵,廚也,從火,乏聲

bɔ²,黃牛也,從牛,甫聲(407ₐ)

chuot⁶,鼠也,從犬,尤聲

hɔ¹,咳嗽也,從广,乎聲

xɛm¹,視也,從目,占聲

manh²,簾也,從竹,明聲

may¹,縫也,從系,埋聲

nghɛ¹,聽也,從耳,宜聲

ruot⁶,腸也,從肉,律聲,或聿聲

byɐm⁵,蝶也,從虫,砭聲

khoai¹,芋也,從艸,虧聲

cɐm¹,飯也,從米,甘聲

chʌn¹,被也,從衣,真聲

cua³,財也,從貝,古聲

gɔt⁵,踵也,從足,骨聲

lyng¹,背也,從身,夌聲

chɐi¹,玩耍也,從辵,制聲

say¹,醉也,從酉,差聲

məy¹,雲也,從雨,迷聲

nɔ¹,飽也,從食,奴聲

tom¹,蝦也,從魚,心聲

vit⁶,鴨也,從鳥,越聲

rəu¹,鬚也,從髟,婁聲

　　此外,我們勉強可以說,越字另有一個部首,就是"巨"部。字數雖然不多,總算是把幾種意義放進同一個範疇裏去的:

lɐn⁵(nhɐn⁵)，大也，從巨，懶聲。或作賴聲(579)

giəu²，富也，從巨，朝聲(584)

sang¹，貴顯也，從巨，郎聲(563)

　　還有另一種形聲字，也可以叫做注音字，因爲它們無所謂部首，祇有一個義符和一個音符。這個義符就是一個字的意義，而不是意義的範疇，例如 chong² 是"夫"（夫妻）的意思，於是越字從夫，重聲(409ᵦ)。假使這字是從人或從士，就是意義的範疇；現在從夫，就等於徑用"夫"字表示 chong²，不過又怕人們讀作漢越語的 phu¹，所以注上一個"重"字，表示這字是讀若重的。這種注音字可說是超出了六書的範圍之外。例如：

vao²，入也，從入，包聲(205ᵤ)

tam⁵，八也，從八，參聲(208ₐ)

ba¹，三也，從三，巴聲(304)

nghin²，千也，從千，彥聲(309)

bɛ⁵，小也，從小，閉聲(311ₐ)

tren¹，上也（或在上），從上，連聲(310)

zyɐi⁵，下也（或在下），從下，帶聲(311ᵤ)

zəng¹，上也（獻上），從上，登聲(312)

tɔ¹，大也，從大，蘇聲(320)

nthɔ³，小也，細也，從小，乳聲(371)

təc⁵，寸也，從寸，則聲(372)

it⁵，少也，從少，乙聲(401)

tʌm¹，片也，從片，心聲(404ᵦ)

chia¹，分也，從分，支聲(404ₐ)

vua¹，王也，從王，布聲(405ₐ)

nay¹，今也，從今，尼聲(405ᵦ)

vua¹，方也（始也），從方，皮聲(405ᵤ)

vuong¹，方也（平方），從方，匡聲(406ᵤ)

nʌm¹,五也,從五,南聲(409$_a$)

thang⁵,月也(年月),從月,尚聲(408$_e$)

len¹,升也,從升,連聲(410$_c$)

ləy⁵,以也,取也,從以,禮聲(451)

trɛ³,少也(年幼),從少,雉聲(458)

nya³,半也,從半,女聲(503$_b$)

bon⁵,四也,從四,本聲(505$_a$)

da⁵,石也,從石,多聲(506$_b$)

va³,且也,從且,尾聲(507$_a$)

ten¹,名也,從名,先聲(606$_a$),又矢也,從矢,先聲(506$_c$)

ngay¹,正也(廉忠),從正,宜聲(508$_a$)

dɛ³,生也(分娩),從生,底聲(508$_b$)

thʌng³,正也(嚴正),從正,尚聲(508$_a$)

dɐi²,世也,從世,代聲(523)

bɔ³,去也(拋棄),從去,浦聲(537)

trʌng⁵,白也,從白,壯聲(543)

chɐ⁶,市也,從市,助聲(552)

xya¹,古也,從古,初聲(562)

cɔng¹,彎也,從曲,弓聲(603)

chy⁴,字也,從字,宁聲(605$_a$)

giy⁴,守也,從守(或從手),宁聲(605$_b$)

ze¹,羊也,從羊,氏聲(605$_c$)

vieng⁵,憑弔也,從弔,永聲(605$_d$)

giɔ¹(trə¹),灰也,從灰,由聲(605$_e$)

vay⁶,曲也,從曲,丕聲(605$_f$)

vəy⁵,邪也,從曲,丕聲,與 vay⁵ 同

thit⁶,肉也,從肉,舌聲(606$_b$)

canh^5,翼也,從羽,更聲(607$_a$)

tr∧m^1,百也,從百,林聲(608$_b$)

n∧m^1,年也,從年,南聲(609$_a$)

het^5,盡也,從盡,曷聲(609$_b$)

ma^2,而也,從而,麻聲(611$_b$)

nhieu^2,多也,從多,堯聲(612$_a$)

nghεɔ^2,危也,從危,堯聲(612$_c$);又貧也,從貧,堯聲(1112)

tuoi^3,年齡也,從年,歲聲(613)

chet^5,死也,從死,折聲(634)

rɐ^6,夷狄也,從夷,助聲(652)

linh^5,兵也,從兵,另聲(705)

quεɔ^6,彎也,從曲,轎聲(679)

cat^5,沙也,從吉,沙聲(706$_a$)

zai^2,長也,從長,曳聲(706$_b$)

thieng^1,灵也,從灵,聲聲(707$_a$)

nen^1,宜也,從宜,年聲(806$_a$);又成也,從成,年聲(706$_c$)

gɔc^5,隅也,從角,或從方,谷聲(707$_d$)

m∧inh^2,身也,從身,命聲(708$_b$)

hang^1,谷也,從谷,香聲(709$_a$)

thəy^5,見也,從見,体聲(725)

ngoi^2,坐也,從坐,外聲(732)

duoi^1,尾也,從尾,堆聲(738)

ngya^3,仰也,從仰,語聲(777)

dɔ^3,紅也,從赤,覰聲(797)

vu^5,乳也,從乳,于聲(803)

va^2,數也(數年,數日),從數(寫作效),巴聲(804)

chiu^6,受也,從受,召聲(805)

trai^5,果也,從果,至聲(806$_b$)

vɛ^3,彩色也,從采,尾聲(807$_b$)

nʌm^2,臥也,從臥,南聲(809)

quɛ^3,卦也,從卦,鬼聲(810)

cya^4,門也,從門,棒聲(811)

buong^2,房也,從房,蓬聲(815)

vac^5,以肩承之也,從肩,博聲(829)

may^1,幸也,從幸,枚聲(844)

xanh^1,青也,綠也,從青,撐聲(839)

mʌt^6,面也,從面,末聲(905)

gom^2,並也,從並,兼聲(910)

zəy^2,厚也,從厚,苔聲(909)

bay^1,飛也,從飛,悲聲(912)

lay^6,施礼也,從拜,礼聲(951)

lai^4,利息也,從息,乃聲(1002)

cɔ^3,草也,從草,古聲(1005)

zəy^6,起也,從起,曳聲(1006)

xyɐng^1,骨也,從骨,昌聲(1008$_a$)

suot^5,通也,從通,卒聲(1008$_b$)

gəp^5,倍也,從倍,急聲(1009)

chɔng^5,速也,從速,衆聲(1011)

lɛ^3,單也,從隻,禮聲(1051)

ben^2,堅也,從堅,卞聲(1104)

nhɛ^4(lɛ^4),理也,從理,尔聲(1105)

mɐ^3,開也,從開,美聲(1209)

tia^5,紫也,從紫,祭聲(1211)

nɐ^6,債也,從債,女聲(1303)

sieng^1,勤也,從勤,生聲(1305)

cəu⁶,舅也,從舅,咅聲(1308)

gɔp⁵,聚斂也,從聚,合聲(1406)

mɐi⁵,新也,從新,買聲(1312)

so³,窗也,從窗,數聲(1408)

mui⁴,鼻也,從鼻,每聲(1407)

chya⁵,貯也,從聚,渚聲(1439)

tha²,老實也,從實,他聲(1423)

via⁵,魄也,從魄,尾聲(1507ᵦ)

rong⁶,廣也,從廣,弄聲(1507ₐ)

rʌng¹,齒也,從齒,夋聲(1508)

rɛ³,價賤也,從賤,礼聲(1551)

tay¹,手也,從手,西聲(406ₐ)

thuoc⁵,藥也,從藥或從艸,束聲(1907)

其中從小、從寸、從方、從石、從矢、從白、從羽、從肉、從長、從谷、從赤、從老、從身、從見、從門、從青、從飛、從面、從艸、從骨、從鼻、從齒、從手之類,表面上像是依照《說文》的部首,實際上造字的並沒有這個意思。試看thit⁶字從"肉",tay¹字從"手",就規規矩矩地寫一個"肉"字或"手"字,並沒有寫作"月"或"扌",cɔ³字從艸,也並沒有寫作艹,就明白它們不是當部首用字了。至於像下列這些字,則認爲形聲字或注音字均可:

chɔ⁵,犬也,從犬,主聲(305ₐ)

cɔn¹,子也,從子,昆聲(308)

bɔ²,牛也,從牛,甫聲(407ₐ)

lɔng²,心也,從心,弄聲(407ᵦ)

mʌt⁵,目也,從目,末聲(505ₐ)

gao⁶,米也,從米,告聲(607ᵦ)

有些越字,偶然和漢字的字形相同,却是一種越語形聲字,不可不辨,例如:

喑,代表 ngɔn¹,味美也,不是弔喑的喑

坦,代表 dət⁵,地也,不是平坦的坦

疸,代表 dɐn⁵,傷心也(猶言"心碎"),不是黃疸病的疸

瀝,代表 sach⁶,潔也,不是滴瀝的瀝

縬,代表 giəy⁵,紙也,不是縲縬的縬

核,代表 cəy¹,樹也(或從苂聲),不是果核的核

湄,代表 mya¹,雨也(或從雨,眉聲),不是水湄的湄

瘖,代表 om⁵,病也,不是瘖啞的瘖

汦,代表 chay³,流也,不是沼汦的汦

搭,代表 dɐp⁵,築也,不是搭船搭車的搭

甚至有意義相反的,例如"憚"字代表 zan⁶,是不怕的意思,和漢語"憚"字的意義是適得其反的。

《説文》裏有省聲,越語裏也有這一種辦法。字喃比儒字的筆畫繁得多了,省聲可以稍稍補救,例如:

lɐn⁵,大也,從巨,賴聲。即懶省聲(579);或徑從大,懶聲

lʌm⁵,多也,從多,稟聲,即廩省聲(612ᵦ)

di¹,去也,從去,多聲,即移省聲(506ₐ)

moi²,餌也,從食,某聲,即媒省聲

tuoi³,歲也,從歲,卒聲,即碎省聲;或從年,歲聲(613)

dət⁵,地也,從土,旦聲,即怛省聲

hai¹,二也,從二,台聲,即咍省聲(205ₐ)

ngyɐi²,人也,從人,導聲,即碍省聲(208ᵦ),ngay² 從日,導聲(408ᵦ),同理

ngʌn⁵,短也,從短,艮聲,即銀省聲(1206)

chay⁶,走也,從走,豸聲,即豺省聲(707ᵦ)

ngoi¹,位也,從位,鬼聲,即巍省聲(713)

dɐp⁶,美也,從美,某聲(913),當是牒省聲,其後再加草頭

quat⁶,扇也,從扇,夬聲,即決省聲(1004),或作橛

cu^4,舊也,從舊,屢聲,即屨省聲(814)

zʌm^6,里也,從里,炎聲,即淡省聲(708$_c$)

tai^1,耳也,從耳,思聲,即腮省聲(609$_c$)

thɤ^2,事也,崇奉也,從事,余聲,即途省聲(807$_a$)

xoi^1,蒸也,從米,欠聲,即吹省聲

ao^1,池也,從水,幻聲,即𡎴省聲

同音異義的字,在越語羅馬字裏是混了,但它們在字喃裏並没有混,例如上文所舉的 nghɛo^2,其義符從危與從貧不同,又 nʌm^1 有從年、從五之不同,nen^1 有從宜、從成之不同,ten^1 有從名、從矢之不同。現在再舉兩個例子:

may^1,縫也,從系,埋聲;又幸也,從幸,枚聲

tra^3,還也,償也,從月(未詳其用意),叱聲,即咤省聲;又翡翠也,從鳥,查聲

如果一個是漢字,一個是越語,更不相混,例如:

cao^5,告也,即漢語"告"字;又狐也,從犬,告聲

cai^3,改也,即漢語"改"字;又芥也,從艸,改聲

有些義符(形符)是頗難索解的。上面所述 tra^3 的從月,就是一例。現在再舉幾個例子:

gən^2,近也,從貝,斤聲

gyɐng^1,鏡也,從司,姜聲

hay^1,知也,從巨,台聲(但又借作"咍")

the^5,如此也,從力,世聲

"近"義從貝,"鏡"義從司,都是説不出一個所以然的。"知"義從巨,也許是從能省;至於從世、從力的字,大約就是"勢"的省筆字,那麽,它就衹是假借字,不是形聲字了。

在這裏,我們順便述及兩個很特別的字:一個是"辰"字,越南人總把它當作"時"字用,連最著名的典籍如《大越史記》之類亦所不免。越語裏 thi^2 字當"然則"講,本該借用"時"字,但一般也寫作

"辰"。另一個是"坤"字,普通不當乾坤的坤字用,袛是用來代表 khɔ⁵ 字,是"難"的意思。若說這是假借字,則該借"庫",不該用 "坤";若說這是新形聲字,則從土,申聲,更不合理了。

就一般情形而論,字喃形聲字的形符和聲符都是借用原有的 漢字;但也有一些更複雜的情形,就是以字喃爲形符或聲符,例如:

(1)以字喃爲聲符者

lɐi²,語也,從口,giɐi² 聲。因爲 giɐi² 是從天上,所以 lɐi² 是 從口從天上

mɐi²,邀請也,從口,myɐi² 聲。因爲 myɐi² 是從辵從什,所以 mɐi² 是從口從辵從什

vuong¹,平方也,從方,bong¹ 聲(但又匡聲,見上文)。因爲 bong¹(棉花)是從艸,風省聲(省筆的"風"見附頁三),所以 vuong¹ 是從方從艸,風省聲

bua²,扶也,從手,vua¹ 聲。因爲 vua¹ 是從王,布聲,所以 bua² 是從手從王,布聲

ngay⁵,齅也,從口,ngay¹ 聲。因爲 ngay¹ 是從正,宜聲,所以 ngay⁵ 是從口從正,宜聲

gəu⁵,流蘇也,從糸,gəu⁵ 聲("熊"義的 gəu⁵)。因爲"熊"義 的 gəu⁵ 是從犬,禺聲,所以"流蘇"的 gəu⁵ 是從糸從犬,禺聲

mya³,嘔吐也,從口,mya¹ 聲。因爲 mya¹ 是從雨,眉聲,所以 mya³ 是從口從雨,眉聲

xoi⁵,灑也,從雨,xoi¹ 聲。因爲 xoi¹ 是從米,欠聲(吹省聲), 所以 xoi⁵ 是從雨從米,欠聲

nəu¹,栗色也,從木,nao¹ 聲。因爲 nao¹ 是從少從免,所以 nəu¹ 是從木從少從免

di⁴,妓也,從女,di¹ 聲。因爲 di¹ 是從去,多聲(移省聲),所 以 di⁴ 是從女從去,多聲

(2)以字喃爲形符者

$d_{\Lambda}t^5$，價貴也，從 ban^5（賣也），惲聲，因爲字喃借“半”爲“賣”義，所以 $b_{\Lambda}t^5$ 是從半，惲聲。或徑借“惲”字爲之

就聲母方面而論，有三種聲符在一般人看來是很奇怪的，就是以[l-]諧[ç]、以[l-]諧[tʂ-]、以[d-]諧[z]。其實這也不是奇怪的事，因爲字喃産生頗早，當時還是古音時代，若依古音看來，就不奇怪了。

第一：[ç]，越語羅馬字寫作 s，依馬伯樂的研究，它的古音是 r，再加前附成分（prefixes），如 gr-、jr-、pr-、mr-、kr-、dr-、čr-等。r 和 l 音相近，自然不妨以 l 諧 r 了，例如：

$sach^6$，潔也，從水，歷聲

sau^5，六也，從六，老聲（406_b）

sao^1，星也，從星，牢聲（907_b）；又何也，從何，牢聲（707_c）

$sang^1$，度過也，從辵，郎聲；又貴顯也，從巨，郎聲（563）

sau^1，後也，從後，婁聲（611_c）

$s_{\Lambda}n^1$，獵也，從犬，粦聲（但或又從眞聲，或從足，詵聲）

$s\partial m^5$，雷也，從雨，稟聲，即廩省聲

$s\partial n^1$，庭也，從土，粦聲

$s\partial u^1$，深也，從水，婁聲；又蟲也，從虫，婁聲

$sɔi^1$，照也，從水，雷聲

$sɔi^5$，狼也，從犬，磊聲

$sɔn^1$，硃也，從朱，侖聲（608_c）

$sɔng^5$，波也，從水，弄聲

soi^1，沸也，從火，雷聲，與 $sɔi^1$ 同

$song^1$，河也，從水，龍聲（“龍”作省筆字，見附頁三）

$song^5$，生也，從生，弄聲

$s_{\varepsilon}t^5$，霆也，從雨，列聲

$s_{\varepsilon}m^5$，旦也，從旦，或從日，斂聲（594）

$suoi^5$，源也，泉也，從水，磊聲

syng,角也,從角,夌聲(708_d)

第二:[tʂ],越語羅馬字作 tr,它的古音是 bl-、tl-、ml-之類,所以用 l-爲聲符是可以的。神父 Rhodes 的字典裏仍寫作 bl-之類,可爲鐵證。下面是一些以 l-諧 tr-的例子:

trai^3,歷也,從歷省,吏聲(506_d)

trao^1,授也,從手,牢聲

trᴀm^1,百也,從百,林聲(608_b)

trᴀm^5,黑魚也,從魚,廩省聲

trəu^1,水牛也,從牛,婁聲(411)。古音是 bləu^1

trɛo^1,懸也,借"撩"字爲之

tren^1,在上也,從上,連聲

tr^2,伶人也,從人,路聲

trɔi^5,束也,借"摺"字爲之

trɔn^2,圓也,從員,侖聲

troi^1,溺也,從水,雷聲

trɔng^1,清也,從清,龍(寫作竜)聲(1110_a);又内也,從中,龍(寫作竜)聲(410_a)

trong^1,望也,從目,或從望,龍(寫作竜)聲(1110_b)

tryɐc^5,先也,從先,或從前,略聲(611_a)

第三:[z],越語羅馬字作 d,本文裏作 z。它在 Rhodes 時代還讀作[d],也許是[dj],那麽,以[d-]爲聲符正是應該的。這在上文已經談過了,這裏衹須補充三個例子:

zo^4,誘也,從口,杜聲

zoi^5,瞞也,從口,對聲

zot^5,無知識也,從心,突聲

有些字,已經由 bl-變 tr-而東京又再變爲 gi-,但它們的聲符仍舊是 l-,顯示出它們的古音,例如:

giai^1,男子也,從男,來聲(708_a)。因爲:blai^1→trai^1→giai^1

giʌng¹，月亮也，從月，爰聲（408_d）。因爲：blʌng¹→trʌng¹→giʌng¹

另有些字，已經由 ml-變 l-，而東京又再變爲 nh-，但它們的聲符也仍舊是 l-，例如：

nhɐi²，語也，從口，利聲（或從 giɐi² 聲，見上）。因爲 mlɐi²→lɐi²→nhɐi²

nhɐn⁵，大也，從巨，賴聲。因爲 mlɐn⁵→lɐn⁵→nhɐn⁵

東京的語音對於 z(d) 和 gi 没有分别，所以在越語羅馬字裏往往混用。但是，有些字在字喃裏是用端母字（或定母字）作聲符的，由此可知它們本該寫作 z(b)，不該寫作 gi，例如：

za¹，皮也，從肉，多聲，東京人往往寫作 gia¹

zəu¹，桑也，從木，兜聲，東京人往往寫作 giəu¹

zot⁶，漏也，從水，突聲，東京人往往寫作 giot⁶

我們在第三節裏説過，漢越語没有聲母 r 和 g；在字喃裏，越南人總得用漢字作聲符，於是以相近的音替代，就是以 l-代 r-，以 k-代 g-，例如：

r:l　ryng²，林也，從木，爰聲

g:k　ganh⁵，挑擔也，從手，更聲

至於 gi-，它在漢越語裏代表見母開口二等（參看上文第四節），那麽，字喃對於從 gi-的字，應該用見母二等字作爲聲符纔是。但是，事實上並不如此。大約在字喃的造字時代，見母開二的字還没有由 k-變爲 gi-，倒反是知系字和 gi-音相近（有些竟是由 tr-變來），所以就用知系字（或照系字）作聲符了，例如：

gia²，老也，從老，茶聲（610）

giəu²，貴顯也，從巨，朝聲（584），本音 trəu²

giən⁶，怒也，嗔也，從心，陣聲

giup⁵，助也，從助，執聲（783）

偶然有些字，放棄了聲音較近的聲符，而用了聲音較遠的聲

符,就祇認爲不規則的現象了,例如:

r:tr　rieng^1,私也,從私,貞聲(709$_b$),似當從靈聲

r:ch　rach^5,裂也,從衣,責聲。或從歷省聲,較合理

gi:t　giɐ^2,時也,從日,徐聲。或從余聲,可認爲惟省聲,較合理

就韻母方面而論,字喃没有什麽特別值得注意的地方,總是韻母大致相同的字就用爲聲符了。聲調方面,儘可能地以平諧平,以上諧上,以去諧去,以入諧入,但必要時也可以通融,所以不必細論了。

字喃裏也有省筆字。它們有些是和漢文省筆字相同的,但是,大部分都和漢文的不同,或大同小異。我們挑選了九十多個,寫在附頁三,作爲舉例。有些字,在字喃裏幾乎祇見省筆,不見正體,例如"龍"。

另有一種省筆字却是和繁筆字有分别的。嚴格地説,那些不能算是省筆字,祇能算是特製字,因爲繁筆字不能作爲它們的正體。我們揀了十一個例字,寫在附頁一的頭兩行。現在一一加以解釋,如下:

lam^2,爲也,從爲省(祇寫上半的"爪"),缺聲符(104$_a$)

əy^6,此也,不知從何字省作。似是從衣省,若然,則缺形符(104$_b$)

da^4,已經也,似從拖省,或從駝陀等字省,若然,則缺形符(105)

nao^2,哪也(哪一個,哪一種),似從閙省(106)

chʌng^1,疑問助詞,從莊省(107$_a$);又 chʌng^3,不也,亦從莊省

cung^2,共同也,從窮省(107$_b$)

la^2,是也,繫詞,從羅省(108)

nao^1,搖亂也,從少從免(111),不知何故

tɔn^6(lɔn^6),全也,從長省,侖聲(112$_a$)。其所以從長之故未詳

ve^2,歸也,從衞省,其字行中從米不從韋,似專爲 ve^2 而設

者,與衛護之衛不同字（112_b）

　　chang²,男人之稱,從撞省（132）

　　末了,我們從 A.Chéon 的《字喃講義》裏録出一篇故事,寫作附頁四,以見整段的字喃是這樣寫的。下面是它的譯文:

牛飛的故事

　　有一個鄉下人,拿十二塊錢買了一條牛,回家種田。這牛力氣很大,很好用。有一天晚上,那人做了一個夢,夢見那牛身上長出兩個翅膀來,竟飛去了。等到那人醒來的時候,他以爲是一個不祥之兆。他想:"如果我不把這牛賣掉,結果也會失掉的。"明兒一早起來,就把那牛牽到市場上去,便宜賣給人家,得了六塊錢。他已經很滿意了,連忙把錢縛在腰帶裏,匆匆地回家。回到了半路,看見一隻很大的鳥,正站在那裏吃着一隻死老鼠。那人又走近去看,那鳥倒也不怕人,沒有飛去。於是那人把它捉住了,就拿那縛錢的腰帶縛住了它的雙脚,纔走向家裏去。走不到一會兒,鳥用力掙扎,並且啄那人的手。那人痛極了,祇好放了那鳥。於是那鳥帶着那錢,一起都飛上天空,不見了。那人回到家裏,纔想道:"我夢見牛飛,已經把牛賣得六塊錢,以爲是靠得住的了,誰知道還會受這一場損失呢? 都是因爲我貪心要捉那鳥,纔弄成這樣的結局啊!"

九、結　語

　　以上所論,關於漢越語的各方面都説到了。但是,因爲這一個題目的範圍太大了,文章雖然寫得很長,仍舊意有未盡,自己知道不免有許多疏漏之處。

　　關於聲母方面,我們的主要參考資料是馬伯樂的《越語音韻學史的研究》(H.Maspéro, Phonétique historique de la Langne Annamite. Les Initiales)。他似乎祇寫了聲母的部分,就擱筆了。我們從漢越語的觀點去看,和馬伯樂氏從越語的觀點去看,見解稍有不同。馬氏除了漢語之外，兼注意到泰語、高棉語和芒語的來源；我們則很少談到後者，而於前者則作更詳細的分析。

　　關於韻母和聲調方面，沒有什麼書籍可供參考，全靠自己從越語字典及《三千字》《金雲翹》《征婦吟》《宮怨吟曲》和《二度梅》一類的書（都有越語羅馬字的譯文）歸納出一個系統來。關於古漢越語和漢語越化，我們也是這樣地進行研究的。

　　關於字喃，我們的主要參考書是 A.Chéon 的《字喃講義》（Cours de Chǔ-nôm）。但是 Chéon 祇從字喃本身研究，不從形聲字的觀點去研究，所以我們研究的結果和他研究的結果大不相同。此外，《三千字》和《金雲翹》一類的書也是研究字喃的好資料。記得聞宥先生在《燕京學報》上發表過一篇《字喃研究》，我們因爲手邊沒有《燕京學報》，暫時不能參考到它了。

　　末了，我趁此機會感謝清華大學當時給我一個休假進修的機會，並且在外匯上給我許多便利，使我能在河內安居一年（實際上是十個月），否則這一篇文章是不會產生的。

1948 年 10 月 26 日至 11 月 19 日

附頁一　　　字喃舉例　上

104a 夗	104b 氏	105 乞	106 帠	107a 庄	107b 窮
108 罘	111 瓮	112a 喬	112b 衖	132 払	
203 企	205a 台	205b 尬	205c 色	206 珍	208a 参
208b 敢	＝ 得	210 戥	＝ 罷		
304 壐	305a 狂	305b 旪	307 喥	308 琨	309 犐
310 達	311a 蘭	＝ 𤓆	311b 數	311c 幣	312 䯔
313 𪔂	320 蘇	371 𧍋	372 剄		
401 屹	403a 委	403b 迸	404a 妢	404b 㣧	405a 𣛠
405b 㿺	405c 放	406a 𢭮	406b 㪗	406c 旌	407a 㭲
407b 悉	＝ 悉	408a 旒	408b 尋	408c 森	408d 胺
408e 腊	409a 𦣻	409b 獻	409c 退	410a 衝	410b 毽
410c 蓮	411 㦿	451 祕	458 難		
503a 誅	503b 姅	505a 罘	505c 相	506a 趍	506b 砥
506c 牷	506d 疏	507a 閶	507b 穀	508a 疽	508b 蚳
508c 器	＝ 齫	508d 踽	509 詞	510 黜	513 龜
523 䟸	535 悴	557 輔	543 昆	552 帒	562 智
563 䏣	579 𪕨	＝ 瀨	584 朝	594 嚴	＝ 嚴
603 弛	605a 䇸	＝ 字	605b 守	＝ 挣	605c 蘱
605d 脈	605e 𥹉	605f 曲	606a 銘	606b 葫	607a 翹
607b 粘	608a 頸	＝ 涇	608b 㷌	608c 輪	609a 輪

附頁二　　字喃舉例　下

609b 閼　609c 聰　610 蘙　＝ 薿　611a 糳　＝ 䯴

611b 麿　611c 齻　612a 竸　612b 鬐　612c 麁　613 轍

634 竸　635 鼐　652 虋　653 箈　679 讍

705 殈　706a 藔　706b 䚦　706c 䙚　707a 䞉　707b 嶷

707c 䵣　707d 舩　708a 䊞　708b 䮇　＝ 䮏　708c 嫯

708d 皴　709a 酪　709b 稬　713 魖　＝ 譴　725 覓

732 牭　738 雊　777 囂　783 甐　797 巎

803 狅　804 敡　805 飴　806a 䭄　806b 䎬　807a 藗

807b 䠂　808 稬　809 醐　810 魁　811 䶩　812 鑛

814 虘　815 鼺　824 䙹　854 把攷　839 齳　844 襃

905 褊　907a 鼭　907b 舜　908 踌　909 䚩　910 鱍

912 寇悲　＝ 㶚　913 蘱　951 袒

1002 䖇　1004 歙　＝ 橪　1005 砧　1006 越　1008a 髑

1008b 䪤　1009 儙　1011 聚　1051 禮　1110b 鞨　1112 贛

1104 牭　1105 鐘　1110a 鞱　1110b 鞾　1112 贛

1205 鐣　1206 矮　1207 鬔　1209 翱　1211 繠

1303 婧　1305 難　＝ 㹴　1307 敯　1308 鮋　1312 斢

1406 黔　1407 鞥　1408 戀　1409 邐　1423 龕　1439 黪䝤

1507a 韀　1507b 魖　＝ 鯤　1508 皴　1551 襱

1805 避怖

1907 蘪　＝ 策

圣　鴛　疴　会　厌　也　欵　訐　綱　迊　边　門　卒　市　巳　寻　仄　爪　炉　离

聖　驚　癡　會　獻　出　數　護　綱　運　道　門　率　嫩　能　時　意　饑　爐　離

舉　寺　聖　岜　勹　苗　䫻　扒　赳　仃　㳥　村　回　圤　亏　乂　竜　万　当　㽵

李　寺　聖　登　單　舊　類　撞　隨　停　溂　禍　圖　辦　戯　没　龍　萬　當　雛

岙　界　柏　䒾　羊　穷　烧　外　侢　退　涯　伏　㞋　開　身　廿　𣲽　为　为　鴌

曾　羅　霜　無　蕭　窮　饒　張　傳　遮　瀝　佛　風　關　謝　弊　飛　德　歸　驚

省　筆　尊　盤　盤　棠　余　昊　卡　橫　㝵　婅　倸　秌　回　尚　古　艮　哭　ソ　亐　宝

　　字　寺　盛　柰　命　敱　書　鑶　觀　博　㛛　傷　輝　圓　南　固　銀　器　錢　疑　寶

　　　字　尊　盤　寶　命　敱　書　鑶　觀　博　㛛　傷　輝　圓　南　固　銀　器　錢　疑　寶

三　李　杰　畕　羑　宅　笂　芸　烊　郑　栓　詞　阶　同　囘　米　蒙　导　体　咱　斉

附　学　黙　䨙　義　審　翁　藝　群　鄭　輕　調　險　闠　圑　術　樣　眾　體　聽　齊

附頁四　　半飛的故事